新编大学生心理健康教程

主　编　王亚楠

副主编　赵贞卿　张　静

ZHEJIANG UNIVERSITY PRESS
浙江大学出版社

图书在版编目(CIP)数据

新编大学生心理健康教程 / 王亚楠主编. —杭州：
浙江大学出版社，2021.8(2023.7重印)
ISBN 978-7-308-21535-0

Ⅰ．①新… Ⅱ．①王… Ⅲ．①大学生－心理健康－健
康教育－高等学校－教材 Ⅳ．①G444

中国版本图书馆 CIP 数据核字(2021)第 123039 号

新编大学生心理健康教程
王亚楠 主编

责任编辑	马海城	
责任校对	柯华杰	
封面设计	周　灵	
出版发行	浙江大学出版社	
	(杭州市天目山路 148 号　邮政编码 310007)	
	(网址:http://www.zjupress.com)	
排　　版	杭州晨特广告有限公司	
印　　刷	浙江省邮电印刷股份有限公司	
开　　本	787mm×1092mm　1/16	
印　　张	13.75	
字　　数	318 千	
版印次	2021 年 8 月第 1 版　2023 年 7 月第 4 次印刷	
书　　号	ISBN 978-7-308-21535-0	
定　　价	45.00 元	

《新编大学生心理健康教程》
编委会

前　言

当你进入大学之后,生活变得与以往不同,各种烦恼也会接踵而至。例如,你可能发现理想与现实之间存在差别,你可能丧失生活目标而茫然不知所措,你可能鼓起勇气追求但被所爱之人拒绝,你也可能内心充满压力却无处排忧解烦……当面对成长中的诸多烦恼时,你应该在心理上做好怎样的准备,如何去面对和解决这些困扰和问题。一个人身体的成长在 20 岁左右就停止了,但心理的成长却需要持续一生的时间。本书不仅会帮助你适应大学生的角色、处理大学阶段的问题,还会帮助你了解人类本身的知识、一个人成长发展过程中的心理问题,使你懂得如何去应对现在和未来人生中的各种问题。

第一章"什么是心理健康"将为你打开心理健康这扇门,帮助你理解身心健康的关系和心理健康的含义,尝试评估自己当前的生活状态是否健康,开始重视并呵护自己的心理健康。

第二章"认识真实的自我"建议你把成长自我作为人生的课题,引领你去面对世界上最困难的课程,帮助你了解自己、悦纳自己并成为自己。

第三章"探索人际的奥秘"和你分享人际交往中的心理效应,指导你学习人际互动的沟通技巧,帮助你学会人际困扰的调适方法。

第四章"体会世间的爱意"与你探讨"爱"这一永恒的话题,希望你能领悟爱的含义并培养爱的能力,慢慢学会如何被爱与如何去爱。

第五章"做积极的学习者"与你讨论为什么学习和如何学习这两大问题,也为你提供了一些克服拖延行为的建议,希望你能做一名爱学习的生活者。

第六章"解析情绪方程式"使你了解什么是情绪,开始关注和调节自己的情绪,找到适合自己的情绪管理策略,帮助你掌握一些简单而实用的放松技巧来应对压力。

第七章"了解心灵的痛苦"将为你呈现来自人类心灵深处的痛苦,带领你客观科学地看待精神障碍,理解心理治疗的存在意义。

第八章"成为一个幸福的人"给你带来有关人生幸福的、包含哲学思考的幸福心理学理论，希望你能够通过探索与积累找到属于自己的那份幸福。

本书的完成要感谢众多从事心理健康教育工作的教师，要感谢投身于心理咨询工作的咨询师们，还要感谢奉献于学生工作的一线教工们。正是他们与学生们之间的亲密互动、积极分享与深入交流，才让本书的内容更加鲜明、更加生动、更加丰富！本书的内容还参阅并引用了部分专家和学者的研究成果与著作文献，在此一并致谢。

感谢正在阅读本书的你，希望你能从书中收获心灵的温暖和人生的启迪，也希望你指出书中存在的不足。

王亚楠

2021 年 3 月于杭州电子科技大学

马克思主义学院心理教研室

目 录
CONTENTS

第一章　什么是心理健康

【案例导读】

象牙塔里的玻璃心

高三的时候,你的父母或老师是否说过"等你上了大学就轻松了"这样的话? 在一些高中生的眼中,大学等于目标,等于未来,甚至等于天堂。但是,当他们怀揣着憧憬和想象走进象牙塔后,可能会发现,"理想很丰满,现实很骨感",现实与理想之间存在着落差。听不懂的专业课、进不去的学生会、吃不惯的食堂、难以交流的室友、会挂科的功课……每年的9月,庞大的高中生群体以大一新生的身份走进大学校门,面对这样一些问题的时候,他们的心是否依旧坚强呢?

1. 理想与现实的落差

人有两个"自我"。"理想自我"是个人从自己愿望出发对于将来的"我"的认识;"现实自我"是个人从自己的实际出发对现实中的"我"的认识。周亮(化名)作为同辈人中的佼佼者,在步入大学殿堂前一直是校园里的宠儿、学生中的尖子。因此他脑海中设计的"理想自我"是完美的。对于他来说,考入重点大学,再次成为宠儿就是他的理想和目标。但是进入大学之后,他发现身边的同学们不是"学霸"就是"健将",他们个个都很优秀,自己不再是校园里的"宠儿"。这种理想和现实的落差导致他滋生了强烈的失落、沮丧、消沉等情绪,从而一蹶不振。

2. 学习目标的迷失

晓光(化名)是计算机学院的大一新生,因为第一学期五门挂科,来到学校心理咨询室。他告诉心理咨询师:自从上了大学,自己的学习目标就不明确了。因为这个专业是父母选的,他觉得学的都不是自己喜欢的,甚至觉得是没有用的。高中时代过惯了心无旁骛埋头学习的相对单一生活的他,如今面对丰富多彩的大学生活感到眼花缭乱、难以选择,迷失了自我本应有的目标。于是,他开始玩游戏、逃课或上课睡觉。就这样,一年过去了,晓光在学期末收到了来自学校的无学位警示书。

3. 人际交往的障碍

小黎(化名)进入大学后,离开了高中熟悉的老师和同学,离开了和自己朝夕相处的父母,置身于新的人际环境,面对陌生的人际关系感到无所适从。由于中学时"一心只读应试书",小黎的交往面很狭窄,几乎与社会没有接触。进入大学面对来自四面八方而性格不同的同学,小黎手足无措,不知道该怎样和别人相处,不知道如何表达自己,也不知道怎样与人沟通,更是缺乏人际交往的方法、技巧和智慧。结果,小黎成了"宿舍里面不吭声,互联网上诉衷肠"的"自闭"一族。

4.情感困惑和危机

刚上大学的时候,张奇(化名)决心以学业为重,不想在大学期间谈恋爱。可是,他发现周围的许多同学都已经成双成对,只剩下自己是个孤家寡人。一到周末,室友们都有各自的约会,自己实在寂寞孤单。朋友聚会时,自己没有女朋友也显得没有面子。于是,在室友的"怂恿"和"帮助"下,他认识了一位女生并迅速建立了恋爱关系。但是,相处一段时间后,他发现对方与自己根本没有共同话题,在一起的时候更多地感到"浪费时间",他决定分手。可是,这深深地伤害了那位女生,张奇也陷入了如何结束这段"情"的纠结之中。

……

你觉得自己现在过得怎么样呢?事实上,大部分人在生活中都会遇到这样或那样的问题,心理困扰相当普遍,但这并不是什么可怕的事情,大可不必畏之如虎,但也不能置之不理。只要我们学会正视并合理应对心理困扰,健康与幸福也将随之而来!

问题思考

(1)如何评估一个人心理是否健康?

(2)怎样才算心理不健康或异常?

(3)我们遇到心理问题后怎么办?

(4)"心理医生"能做些什么?

(5)什么样的生活态度和生活方式是健康的?

由于超负荷的学习、复杂的人际关系、过大的工作压力、过快的生活节奏等,越来越多的人处于心理亚健康状态。那么,在日常的学习、工作和生活中,我们该如何认识心理问题?心理健康又有哪些标准?如何做才能保持良好、平和的心态?心理健康成了现代人的必修课。本章将为你打开心理健康这扇大门。

第一节　你的心理健康吗

"祝你身体健康!"这是人们最常用的祝福语,你听了会觉得很温馨。但如果有人说:"祝你心理健康!"你会有什么感觉呢?你会感到不自在吗?健康是我们生存和生活的基本条件,也是人生的第一财富。那么,我们该如何判定自己是否健康呢?也许很多人会说:"无病无灾、身体健康就是健康。"其实,现代社会所说的健康早已超出传统认识,它不仅指生理上的健康,还包括心理和社会适应等方面的完好状态,所以说健康包括身、心两个方面,并且心理健康已经成为现代健康概念中一个不可缺少的部分。

世界卫生组织对健康的界定是:"健康乃是一种生理、心理和社会适应的完美状态,而不仅仅是没有疾病和虚弱的状态。"也就是说,健康这一概念的基本内涵包含生理健康、心理健康和社会适应良好这三个方面,表现为个体生理和心理上的一种良好的机能状态,亦即生理与心理上没有缺陷和疾病,能充分发挥心理对机体和环境因素的调节作用,能保持与环境相适应的、良好的效能状态和动态的相对平衡状态。

❤【心理百科】

"一颗自我发现的心"

　　心理健康的兴起与一位大学生的贡献分不开。20世纪初，美国有一位来自康涅狄格州，就读于耶鲁大学商科的名叫比尔斯的大学生。比尔斯与他的哥哥住在一起，他哥哥患有癫痫（俗称"羊角风"），发作时四肢抽搐、口吐白沫、声似羊鸣，痛苦万分，使他非常害怕。他听说此病有遗传性，总担心自己也会像哥哥一样，于是终日生活在恐惧、担忧、焦虑的情绪当中。终于在1900年，他因心理失常，被送进了精神病院。住院期间，他目睹了精神病人所受到的种种粗暴、残酷的待遇与所过的非人的生活，不胜悲愤。同时有感于社会对心理异常者的歧视、偏见、冷漠，病愈出院后，他根据自己三年的亲身经历和体会，用生动的文笔写了一本书，名为《一颗自我发现的心》。1908年3月该书出版时，美国哈佛大学心理学教授威廉·詹姆斯给予了高度评价，并为此书作序。康奈尔大学校长列文斯通·法兰等名人也被此书所感动，纷纷支持比尔斯。于是在1908年5月，世界上第一个心理卫生组织"康涅狄格州心理卫生协会"诞生了。1909年2月，在比尔斯等人的积极努力下，"美国全国心理卫生委员会"在纽约成立。此后，心理卫生运动不仅在美国发展迅速，而且扩展到世界各国。1930年，"第一届国际心理卫生大会"在华盛顿召开，到会3042人，代表53个国家和地区，会上成立了一个永久性的"国际心理卫生委员会"。它的宗旨是："完全从事慈善的、科学的、文化的、教育的活动，尤其是关于世界各国人民的心理健康的保持和增进，对心理疾病、心理缺陷等的研究、治疗与预防，以及全体人类幸福的增进。"

一、身心关系

　　在中国传统文化中，人们总是把身体健康放在第一位，对自己的身体呵护备至，却忽略了自己的心理健康，或者把心理健康问题当作身体疾病来对待。特别是现如今，诸如食疗药膳、减肥健身等各种养生之道层出不穷，这充分说明了人们对身体健康的热切关注。重视身体的健康无可非议，但有识之士的冷静思考和触目惊心的事实不能不让我们发出这样的感慨：心理健康与身体健康是密切相关的，我们不能忽视自己的心理健康。

每年5月25日是全国大学生心理健康日。525的谐音是"我爱我"，意为关爱自我的心理成长与健康

　　身体健康与心理健康是同等重要的。心理健康是身体健康的精神支柱，身体健康是心理健康的物质基础。身体是生命的物质载体，没有身体，生命就无法存在；心理则是生命的精神载体，没有良好的心理素质，其他一切也将失去意义。身体健康与心理健康如一枚硬币的两面，两者缺少哪一个都是不完整的：身体疾病可以导致心理问题，而长期累积的心理问题会形成心理障碍，无疑又会对身体健康造成负面影响。

　　"笑一笑，十年少；愁一愁，白了头。"这句话形象地说明了心理与身体健康的关系。我国古代的医学经典《黄帝内经》认为，人的情绪、情感、思维等心理活动会影响身体健康，指出"怒则气上，喜则气缓，悲则气消，恐则气下，惊则气乱，思则气结；大怒伤肝，暴喜伤心，

思虑伤脾,悲忧伤肺,惊恐伤肾",也就是七情过度百病增。《黄帝内经》还特别强调:"心者,五脏六腑之主也……故悲哀愁忧则心动,心动则五脏六腑皆摇。"现代医学更进一步证明了心理健康对身体健康的重要影响,如癌症、高血压、心脏病、溃疡病、结核病、支气管炎等疾病都与心理疾病有关。曾有研究指出,情绪可能是癌症细胞的促活剂。还有研究表明,具有什么性格的人容易得什么样的病,是有规可循的。更有专家提出,人体70%左右的疾病是由心理因素引起的。

关于身心健康的关系,有位心理学家曾经做过一个实验:把同一窝出生的两只健壮的羊羔安排在相同的条件下生活,唯一不同的是,在一只羊羔的旁边拴了一匹狼,而另外一只羊羔旁边没有。前者在可怕的威胁下,本能地处于极其恐惧紧张的状态,很少吃东西,于是逐渐瘦弱下去,不久之后便死亡。而另一只羊羔由于没有狼的威胁,没有这种恐惧的心理状态,一直生活得很好。

现代有关医学和心理学的研究也表明两者之间的密切关系。20世纪70年代,医学研究人员有两项重大发现:首先,大脑中的化学物质不仅调节身体的免疫系统,同时还影响人们的思维和情感。这意味着人们的心理状况和生理状况有着紧密的联系。其次,这种化学物质不仅存在于人的大脑中,而且在身体的各个系统中循环传递,包括免疫系统。这意味着人们的身心之间可以相互影响。

心身疾病是对这一关系的一种证明。心身疾病是指那些发病、发展、转归与治疗都与心理因素密切相关的疾病。一方面,负面的心理活动如消极的情绪、长期的焦虑、巨大的精神压力等会导致不良的生理反应。这种生理反应若持续过久,就会导致身体的损害,甚至造成身体器质性病变。常见的心身疾病有溃疡、炎症、疼痛、高血压、心脏病等。另一方面,乐观、积极的心理状态又可以预防疾病,在患病的康复治疗中有时可以起到药物甚至手术都无法起到的作用。所以,我们不仅要关心自己的身体健康,也要关注自己的心理健康。

❤ 【经典实验】

猴子的心理学实验

预备实验:把一只猴子放在笼子里,并把它的双脚绑在铜条上,然后给铜条通电。猴子因为电击挣扎乱抓,旁边有一弹簧拉手(事实上是电源开关),一拉就可以避免痛苦。就这样,猴子学会了一被电击就拉开关。接下来,在每次通电前,猴子面前的一个红灯就会亮起来。反复多次以后,猴子知道,只要红灯一亮,它就要受苦了,所以只要红灯一亮,它就会迅速拉下开关。到此为止,预备实验完成。

正式实验:在第一只猴子旁边,再放一只猴子,与前者串联在铜条上。隔一段时间就亮红灯并且通电,每天持续6小时。第一只猴子注意力始终高度集中,一看到红灯就赶紧拉下开关,而第二只猴子不了解红灯的意义,所以无所用心、无所事事。就这样过了二十几天,第一只猴子死掉了。

究竟是什么原因导致了第一只猴子的死亡呢?研究发现,第一只猴子死于严重的胃溃疡。而在实验前的体检中并没有发现它患有任何胃病。所以,第一只猴子是在这二十几天内患上了疾病。由于第一只猴子要经常保持注意力高度集中,精神紧张,担惊受怕、焦虑不安,它的内分泌系统紊乱了,因而患了胃溃疡,并因此而死亡。由此可见,心身之间的联系是如此密切。

扫描学习

微课:《你的心理健康吗》

二、评估心理健康

心理健康不比身体健康,迄今为止还很难像检查身体健康那样检查心理健康。身体健康与否可以通过体温、脉搏、血压、心电图、肝功能等一系列的客观数据进行反映,而许多心理现象与规律尚处于未知或知之不多阶段,并且由于不同的社会文化背景、经济水平、意识形态、民族特色等导致的不同认知体系、价值观念的影响,至今尚无公认的、科学的心理健康评估标准。下面是心理健康的七项标准,它是目前在世界范围内认同程度较高的。

1. 正常的智力水平

智力是衡量一个人心理健康与否的最重要的标志之一。正常的智力水平是一个人生活、学习、工作的最基本的心理条件。智力不是某种单一心理成分,而是人的观察力、记忆力、注意力、想象力、思维能力以及实践活动能力的综合,是大脑活动整体功能的体现,其中思维能力是核心。虽然目前还没有非常完善的测定智力和全面衡量大脑功能的科学方法,但已有人发明出了具有相对科学性和实用性的、国际公认的智力量表,比如比内-西蒙智力量表、韦氏智力量表和瑞文标准智力量表等。世界卫生组织规定,包括青少年和儿童在内的正常人,其智商不能低于85(韦氏儿童智力量表规定,智商不能低于80),这是智力正常的最低要求;智商 70~79

你能根据上方的图形排列,在下面的图片中选择一张将上面空白处补全吗?

为智力缺陷,属于心理缺陷;智商低于70为低能,属于心理疾病范畴;智商超过130为智力超常,属于心理健康范畴。智力属于低能的人很难适应正常的社会生活、完成正常的学习或工作任务。与同龄人的智力水平相比较是衡量一个人的智力发展水平的基本方法,可以及早发现和防止智力的畸形发展。对外界刺激的反应过于迟钝或敏感、思维出现妄想、出现幻觉等,都是智力不正常的表现。

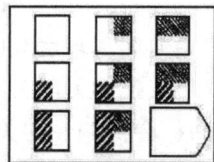

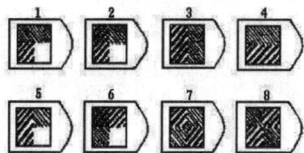

2. 健全的人格

人格是一个人的整体精神面貌,是一个人所具有的稳定的心理特征的总和,具体是指一个人在适应社会生活的过程中,在其身心行为上所表现出来的对自己、对他人、对外界事物的个性特征,又被称为个性或个性心理。人格的各种要素不是孤立存在的,它们有机结合而形成一个整体。健全的人格是指构成人格的诸要素,如气质、能力、性格、理想、信念、人生观等各方面均平衡、健全地发展。

从人本主义自我实现的需求出发,美国心理学家阿尔波特提出了健全和成熟的人格标准:

(1)有自我扩展的能力:健康的成人能够积极广泛地参与社会活动,有许多兴趣爱好。

(2)有与他人热情交往的能力:能与他人保持亲密关系,无占有欲和嫉妒心;有同情心,能容忍与自己在价值观念和信息上有差别的人。

(3)在情绪上有安全感和认同感:能忍受生活中无法避免的冲突和挫折,能经得起突然袭来的打击。

(4)具有现实性:健康成人看待事物是根据事物实际情况而非自己所希望的情况,是看清情境和顺应它的"明白人"。

(5)有清醒的自我意识:对自己所拥有的或所缺的都有清楚、准确的认识。理解真实的自我与理想的自我之间的差别,也知道自己与他人对于自己认识的差别。

(6)有一致的人生哲学:有符合社会规范的、科学的人生观,为一定的目的而生活。在意识形态、信念和生活方面能够对他人产生创造性的推动力。

3. 较强的社会协调性

较强的社会协调性,是指一个人能够根据客观环境的需要,不断调整自己的身心行为,达到与客观环境和睦相处的协调状态。社会协调性主要表现在以下三个方面:

(1)较强的人际关系适应能力:能够正确对待、处理和协调好各种人际关系,这是衡量和判断社会协调性的关键和核心因素,是心理健康的重要标准之一。

(2)较强的自然环境适应能力:为了某种需要,任何一个心理健康者,尤其是青年人,应该具备在各种自然环境中生存的能力。

(3)较强的适应不同情境的能力:一般地,情境是指个人行为所发生的现实环境与氛围,分狭义情境和广义情境两种。狭义情境是指个体心理活动和行为发生的场所、氛围,交涉对象的态度、情绪等,如面试、演讲、竞赛等场合;广义情境是指宏观的社会历史进程、国际形势等。狭义的情境受广义情境所影响和制约。心理健康者能够在不同时空和各种情境中保持自己的心理状态平衡,并充分发挥个人心理潜能和优势。

4. 稳定适中的情绪和情感

愉快、喜悦、乐观、通达、恬静、满足、幽默等良好情绪,有益于心身健康与调动心理潜能,有利于人们充分发挥其社会功能。激烈的情绪波动,如欣喜若狂、悲痛欲绝、暴跳如雷、激动不已等,以及长时间的消极情绪,如悲伤、忧虑、恐慌、惊吓、暴怒等,都可能导致心理失衡,不仅使认识和行为受到影响,还可能造成生理功能的紊乱,导致各种身体疾病的产生。所以,保持稳定适中的情绪和情感以及良好的心境也是心理健康的重要标准之一。

心理健康者能经常保持愉快、乐观、开朗的心境,对生活和未来充满希望。当然,我们在日常生活中也会有悲、忧、哀、愁等消极情绪体验,但只要我们主动调节并控制表达,便可以做到喜不狂、忧不绝、胜不骄、败不馁。

5. 健全的意志,协调的行为

每个人都有或大或小的理想,自觉地确定你的理想目标,并支配自己的行动,努力实现这个目标的心理过程,就是意志。意志与行为是一体的:行为受意志支配和控制,称为"意志行为";通过行为,我们可以看出一个人意志活动的实质。通过以下四种心理品质,我们可以衡量一个人意志品质的高低、强弱、健全与否:

(1)果断:善于迅速明辨是非,合理决断和执行的心理品质。

(2)自觉:对自己行动的目的和意义有明确认识,并能主动地支配和调节自己的行动,使之符合预定目的。自觉性强的人既能独立自主地按照客观规律支配和调节自己的行为,又可以不屈从于周围环境的压力和影响,坚定地达到目标。懒惰、盲从和独断是与自觉性相反的意志品质。

(3)自制、自控:是指善于促使自己执行已采取的决定,排斥与决定无关的行为,克制自己的负面情绪和冲动行为。

(4)坚韧:坚持自己的决定,百折不挠、克服困难以达到目标。

协调的行为是指:行为大多数受理智控制而尽量不受情感和非意识支配;能够采取弹性方式处理问题,不固执僵化。

6. 和谐的人际关系

和谐的人际关系是心理健康的重要标准,也是维持心理健康的重要条件之一。人际关系和谐有以下具体表现:

(1)在人际交往中,能够与他人心理相容,互相接纳、尊重,而非心理相克,互相排斥、贬低。

(2)对他人真挚善良、真诚可信,而非冷漠无情、伤害别人。

(3)懂得付出与奉献,以集体利益为重,而非损人利己。

7. 心理特点符合心理年龄

每个人都有三种年龄:实际年龄、生理年龄和心理年龄。实际年龄是指人们的自然年龄。生理年龄是指人生理发育成长所呈现的年龄特点,与实际年龄往往有差别。例如,若一个人营养不良,那么其生理发育就迟缓,将导致其生理年龄小于实际年龄。心理年龄是指人的整体心理状况所呈现的年龄特征,与实际年龄也不完全一致。人的一生可以分为八个心理年龄期:胎儿期、乳儿期、幼儿期、学龄期、青少年期、青年期、中年期、老年期。人在不同的心理年龄期具有不同的心理特点,如人在幼儿期天真活泼;在青少年期自我意识增强,身心飞跃突变,心理活动往往动荡剧烈;在老年期心理倾向成熟稳定、老成持重,但身心功能弹性降低,情感容易变得忧郁。

心理特点符合心理年龄,主要有两方面的标准:
(1)个体的实际年龄应当与心理年龄、生理年龄相符。
(2)个体在不同心理发育期应表现出相应的心理特征。

扫描学习

《从心理健康到心盛》

三、了解异常心理与行为

界定异常心理与行为时通常要考虑很多因素,而不仅是与众不同或行为另类,尽管它们可能是一个人有点不对劲儿的信号。判断心理是否异常的标准包括主观体验标准、社会适应标准、统计学标准、医学标准和心理学标准。

1. 主观体验标准

大部分人都有自省能力。一个人或茶饭不思、夜不能寐,或焦虑、抑郁、躁狂,抑或不能有效地调节自己的情绪、控制自己的行为,他可能会忍不住问自己:"我是不是病了?"人的主观体验是判断自己心理是否异常的重要标准。

主观体验之所以能成为判断心理是否异常的标准,首先是因为你知道"正常"的自己是什么样的,当你的状态偏离"正常"的自己太远时,你可以认为自己的心理出现了"异常"。其次,异常的心理常常伴随着痛苦的主观体验,它影响我们的工作和社会适应,让我们的生活质量极度下降。而减轻或消除痛苦体验正是心理咨询和治疗的重要目标。

然而,并不能简单地把痛苦体验看做心理异常。当我们的生活出现重大变故(亲人离世、失恋、离异、身体病变)时,痛苦体验反而是我们对这些事情的正常反应。因此,把主观体验作为判断心理异常的标准,必须从情绪体验和发生事件的关系、体验的持续时间和体验的强度等方面综合考虑。另外,主观体验作为心理是否异常的判断标准有很大的主观性,受个体的文化背景、生活阅历的影响。有些人对自己的主观体验较为敏感,而另一些人则较为迟钝。当怀疑自己心理异常时,可以向受过专业训练的心理咨询师或精神科医生咨询和求助。

2. 社会适应标准

要成为成熟的社会成员的一分子,人需要经历漫长的社会化的过程。社会化对人提出了两方面的要求:在行为准则上,能够根据社会要求的道德规范行事;在行为能力上,能够在他人的配合下完成自己的工作。行为规范和行为能力是社会适应能力的重要标志。如果一个成年人不具备社会适应能力,那么我们可以推断,这个人可能存在心理异常或心理障碍。

社会适应标准,是指以社会上大部分人的行为作为判断心理是否异常的依据。这同样是一个主观的标准。首先,不同地区、时代、社会文化和习俗对于"正常"都有不同的定义。其次,"正常"并不等于"正确"。历史的经验告诉我们,不仅社会规范会塑造人的行为,一些偏离正常的"少数派"也可能推动社会规范的发展和改变。因此,要判断人的心理和行为是否异常,除了社会适应标准,还需要结合其他标准进行综合考察。

3. 统计学标准

统计学标准认为,与其他个体特征一样,心理的正常和异常在人群中的分布是一个连续体,并不存在把两者完全分开的绝对标准。在这个分布的连续体中,心理特征越接近平均数,人数越多;越偏离平均数,人数越少。这被称为正态分布。为了方便,我们常常人为地设定一个统计标准(通常为 5%),作为心理异常的判断依据。在心理上处于最极端的 5% 的人群,常常被认为心理异常。

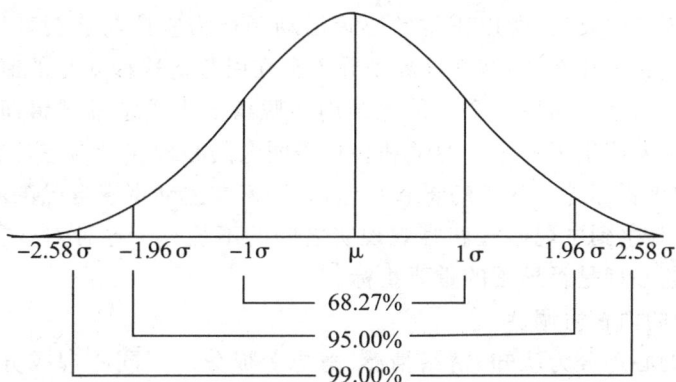

在心理测量中,处于最极端的 5% 的人群常常被认为心理"异常"

统计学标准在以心理量表为异常心理的诊断工具时较为常用。因为心理量表能提供统计学标准所需要的客观的统计指标,如某个心理特征在人群中分布的平均数和标准差,以及个体在某种心理特征上的得分。但统计学标准也存在缺陷。首先,正常和异常的划分是人为设定的,无论受评估人群真实的心理特征如何,都会有一定比例的人被划分为异常。其次,统计学标准以心理特征在人群中呈正态分布为前提,但并不是所有的心理特征都符合正态分布。最后,统计学标准在使用之前,需要做大量工作确定人群中某个心理特征的平均数和标准差,即测量的常模。人们的心理特征随着时代、社会环境和人群的变化而变化。而常模却很难及时更新。以过时的常模为依据来判断人的心理是否异常,常常会产生偏差。因此,我们对心理测量的结果需要慎重考虑。

4. 医学标准

医学标准把心理疾病看作身体疾病的一种。持此种标准的心理医生或精神科医生,常常根据个体表现出来的异常的心理现象或行为,进行各种医学检验以找到心理现象的病理解剖学基础。如果某种心理体验或者行为伴随着生理病变,即为异常,否则为正常。

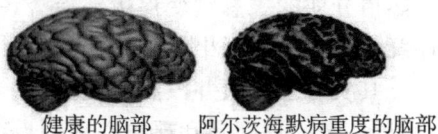

健康的脑部　　阿尔茨海默病重度的脑部

与左图中健康的脑部相比,阿尔茨海默病会导致脑部神经细胞死亡及脑部组织的损失

唯物主义认为,心理是脑的功能。医学研究也表明,脑、神经系统或者内分泌的病变都可能导致异常心理或行为。因此,寻找心理异常的神经生物学基础是合理的,但并不是所有的心理和行为异常都以生理的器质性病变为基础。社会环境、生活事件、个人成长史都可能导致心理和行为异常,而这些异常通常并没有严格对应的生理性病变。通常在心理异常的诊断中,把医学标准作为最先检验的标准。在排除了生理病变以后,再确定其他

的心理咨询或治疗方案。

5. 心理学标准

心理学标准认为,既然区分的是"心理"的正常与异常,就应该以心理学对人类心理活动的理解为依据。心理学从认知的客观性、知情意的协调性和人格的稳定性三方面提出了判断心理是否异常的三条标准。

(1)主观世界与客观世界相统一

心理是客观现实的反映,所以正常的心理活动和行为应该与客观环境一致。如果一个人说他看到或听到了什么,而客观世界中并不存在引起他这种知觉的刺激物,我们可以推断这个人产生了幻觉。如果一个人的思维内容脱离现实或思维逻辑而背离客观规律,我们可以推断这个人产生了妄想。幻觉和妄想表明人的心理或行为与外界环境失去统一性,是心理异常的重要标志。除了幻觉和妄想,人还需要主动审视自己的心理活动与客观环境的一致性,并觉察到主观体验和客观现实之间的不统一。这种对现实的检验能力和自知力同样是判断心理是否异常的重要指标。

(2)心理活动的内在协调性

心理学把人的心理分为认知、情绪情感、意志等成分。不同心理成分之间协调一致,从而保证了人能准确有效地反映客观现实。如果这种协调一致性遭到破坏,就会产生异常的心理和行为。假如你在准备一个重要的考试,你首先会在认知上意识到考试对你的意义,并在意志上积极努力去准备考试。如果考试通过会让你高兴,反之则可能使你沮丧,这说明你的知情意是协调一致的。但假如你认识到了考试的重要性却不努力去准备,当通过考试时你变得忧郁沮丧,而没有通过考试时你却兴高采烈,这说明你的心理状态可能出现了异常。知情意的不协调是一些神经症的主要症状,例如强迫症的病人虽然知道反复地做某件事情没有必要,却无法通过意志控制自己的行为。

(3)人格的相对稳定性

每个人在长期的生活积累中,都会形成自己独特的人格。人格一旦形成,便会相对稳定,在没有重大外界刺激的情况下一般不会改变。如果一个人的人格忽然发生变化,如一个热情开朗的人忽然变得忧郁冷淡,一个热心助人的人忽然变得冷漠无情,我们可能就会怀疑这个人的心理出现了异常。

其实心理健康并没有相关的、特定的评判标准,从客观标准来说,心理咨询专业人员会以"一般心理问题和严重心理问题的区别"来判断来访者的心理问题。一般问题指:符合由现实因素激发、持续时间较短(持续一个月或间断持续两个月)、情绪反应依然在理智控制之下(始终能保持行为不失常态)、不严重破坏社会功能、情绪反应尚未泛化的心理状态。而严重心理问题指:由相对强烈的现实刺激激发、初始情绪反应强烈(靠自然发展和非专业干预难以解脱)、持续时间长久(两个月以上、半年以下)、内容充分泛化的心理不健康状态,有时还会伴有某一方面的人格缺陷。如果更为严重的话,就是重性精神病与神经症。

扫描学习

视频:《心理健康,生命阳光》

【心理百科】

心理健康的相关概念

前文已经提到诸如心理健康、心理异常的一些概念,还有一些常见的概念,例如心理变态、精神病、神经病、神经症等,这些词汇常常被人们提及,但在日常生活中经常被混淆,带来了一些交流和认识上的误解。例如,看到一个人言行举止有些怪异,可能就有人用"神经病"来称呼对方,这种"乱贴标签"的行为是非常有害的。下面我们来澄清一些常见的心理现象与概念。

神经病:属于临床医学中的神经病学研究范畴。神经系统由脑、脊髓和周围神经构成。当个体神经系统受到损害时,常常表现出与之相应的神经系统症状和疾病。例如,常见车祸后因为脊柱及周围神经损伤带来的瘫痪、视神经损伤导致的失明以及交感和副交感神经功能损伤带来的心跳、呼吸、消化等内脏活动的功能障碍。

精神障碍:属于临床医学中的精神病学的研究范畴,是一类具有诊断意义的精神方面的问题,表现为认知、情绪、行为等方面的改变,可能伴随痛苦体验或功能损害。精神障碍包括精神分裂症、神经症、心境障碍、焦虑障碍及人格障碍等,也包括脑器质性病变所致的精神障碍,例如老年痴呆,这一类障碍是因为神经系统的损伤导致了异常的心理与行为而归类于精神病学范畴的。

精神病:属于临床医学中的精神病学的研究范畴,其概念包括广义和狭义的用法。广义的精神病其实就是精神疾病,与精神障碍的概念类似。狭义的概念主要包括精神分裂症和其他具有精神病性症状的精神疾病,这类患者的心理功能严重受损,自制力缺失,社会功能严重受损。

心理障碍:它是许多不同种类的心理、情绪、行为失常的统称,属于心理学的研究范畴。其广义概念与精神障碍类似。两者差别主要在于,心理障碍更多地反映了从心理学角度对异常现象的研究与理解,而精神障碍则更多地反映了医学的视角。在实际生活中,通常我们采用心理障碍来描述精神分裂症、器质性精神障碍等重型精神障碍以外的、更多的是由心理原因导致的障碍。

正常心理:正常心理指的是具备正常功能的心理活动,或者说是不包含精神病症状的心理活动。心理健康和心理不健康都属于正常心理范畴。

心理健康:《简明不列颠百科全书》将心理健康解释为:"心理健康是指个体心理在本身及环境条件许可范围内所能达到的最佳功能状态,但不是十全十美的绝对状态。"1946年第三届国际心理卫生大会也曾为心理健康下过定义:"所谓心理健康,是指在身体、智能、情感上与他人的心理健康不相矛盾的范围内,将个人心境发展成最佳状态。"

心理不健康:又称偏态、不平衡状态,指个体处于焦虑、恐惧、压抑、担忧、矛盾等应激状态。处于这种状态的人一般可认为有心理问题,可以通过自我调节或他人疏导来解决。如若任其发展下去,可能会对身心造成严重损害,由心理问题转化为心理疾病。

异常心理:即有典型精神障碍症状的心理活动,是大脑的结构或机能失调,或者是对客观现实反映的紊乱和歪曲,即反映为一个人自我概念和某些能力的异常,也反映为社会人际关系和个人生活上的适应障碍。异常心理学即变态心理学。

第二节 什么影响了心理健康

心理健康是一个相对独立的、极为复杂的和动态的过程,所以影响心理健康,导致心理偏差、心理障碍或心理疾病的因素也是复杂多样的。根据功能的不同,各种影响心理健康的因素可以分为内部因素与外部因素两大类。

顾名思义,内部因素是影响一个人心理健康状况的内在原因,外部因素是影响心理健康状况的外在诱因。内部因素是决定人心理状况的本质原因;外部因素是通过内部因素来发生作用的,它使人的心理健康状况的变化具有现实性。例如,同样紧张的学习生活和强大的学习压力,对于心理状况良好的学生来说,会激发更高的学习热情,并投入更多的学习精力;而如果是心理状况较差的学生,则有可能引起过度焦虑,导致其产生心理障碍。

一、生物遗传因素

生物遗传因素又可以细化为遗传因素、化学中毒或脑创伤、病菌或病毒感染及躯体疾病或生理机能障碍等类型。

(1)遗传因素:人的心理活动或心理健康状况是不能遗传的。但是人是一个身心交融的整体,而身体特征受遗传因素的密切影响。特别是一个人的躯体、气质、智力、神经过程的活动特点等,受遗传因素的影响更为明显,因此心理也是受遗传因素影响的。相关研究和临床观察表明,精神病患者的家族中,患有精神发育不全、性情乖僻、躁狂、抑郁等神经精神病或具有异常心理行为的家庭成员占有相当的比例。研究表明,精神疾病发病率与血缘具有明显的关系:与精神病患者血缘关系越亲近,患病率越高。

(2)化学中毒或脑创伤:有害化学物质侵入人体,毒害中枢神经系统,如食物中毒、煤气中毒、酒精中毒、药物中毒等,可能导致心理障碍或精神失常;种种原因造成的脑震荡、脑挫伤等脑创伤,也可能导致意识障碍、遗忘症、言语障碍、人格改变等心理障碍。

(3)病菌或病毒感染:如患了斑疹伤寒、流行性脑炎等中枢神经系统的传染病,人就会由于病菌、病毒损害神经组织结构而发生器质性心理障碍或精神失常。如果患者是幼儿,则可能阻抑其心理的发展,造成智力迟滞或痴呆。

(4)躯体疾病或生理机能障碍:躯体疾病或生理机能障碍也是影响心理健康的因素之一。例如,若患有内分泌机能障碍,尤其是甲状腺机能混乱、机能亢进,则患者往往会出现暴躁、易怒、敏感、情绪冲动、自制力减弱等心理异常表现;若患有肾上腺素分泌过多则会产生躁狂症,而患有肾上腺素分泌不足则可能患上抑郁症等。

二、心理状态因素

一个人的心理状态一旦成型,就可预测其以后的心理发展和变化。心理状态因素包括认知因素和情绪因素等类型。

(1)认知因素。认知过程就是信息的获得、储存、转换、提取和使用的过程。个体的认知因素涵盖范围很广,包括感知、记忆、注意、思维、想象、言语等。

认知因素之间是相互影响的。倘若某一认知因素发展不正常或某几种认知因素之间的关系失调,就会产生认知的矛盾和冲突,从而会使人感到紧张、烦躁和焦虑。认知因素之间的失调程度越严重,则人们减轻或消除失调、维持平衡的需要和期望就越强烈。如果这种期望和需要长时间得不到满足,则可能使人产生心理偏差或心理障碍。认知的严重失调还可能导致人格分裂或变态。

(2)情绪因素。人的情绪体验是维持身心健康的重要因素,是一个人机体生存和社会适应的内在动力,它是多维度、多成分和多层次的。

经常处于波动而消极的情绪状态,往往使人心境压抑,精力涣散,身体衰弱;稳定而积极的良好情绪状态,则往往使人心境愉快,精力充沛,身体健康。所以,培养良好情绪、排除不良情绪,对人的身心健康是十分重要的。

(3)性格因素。每个人都或多或少存在一些性格问题,例如孤僻、懦弱、敏感、多疑、固执、暴躁等,这些问题会给我们带来三个方面的影响:一是会导致生活适应不良,尤其是难以处理人际关系;二是影响学习效率、工作绩效和生活质量;三是容易诱发一些心理疾病和身体疾病。

容易诱发心理疾病的性格被医学专家称为易感性素质。在精神与环境方面的不良刺激下,这样的性格很容易诱发心理疾病。例如,具有胆怯、自卑、敏感、多疑、依赖性强、缺乏自信、主观任性、急躁好强、自制力差等性格特征的人,容易患神经衰弱;具有优柔寡断、谨小慎微、犹豫不决等性格特征的人,容易患强迫症。

三、社会环境因素

外部因素是影响心理健康的外在的、客观的因素,主要包括家庭因素、社会因素和学校因素三大类。

(1)家庭因素:人的心理健康状况,尤其是对中小学儿童来说,受家庭因素的影响很大。大量研究表明,不良的家庭环境因素容易造成家庭成员的心理异常。

家庭因素主要包括:家庭关系不良,如父母关系、婆媳关系、兄弟姐妹关系不和谐,家庭情感冷淡,矛盾冲突迭起等;家庭成员残缺,如父母死亡、父母离异或分居、父母再婚等;家庭教育存在误区,如专制粗暴、溺爱娇惯等;家庭变迁以及出现意外事件等。

(2)社会因素:政治、经济、文化、教育、社会关系等属于影响心理健康的社会因素。其中的各种不健康的思想、情感和行为,会严重损害人的心理健康。社会因素对一个人的生存和发展几乎起着决定性作用。尤其在今日,人与人之间的交往日益广泛,各种社会传媒的作用越来越大,矛盾、冲突、竞争加剧,所有这些都会加重人们的心理负担,不利于身心健康。

(3)学校因素:学校因素主要是针对学生来说的,主要包括学校教育条件、学习条件、生活条件,以及师生关系、同学关系等。学生的大部分时间是在学校中度过的,学校是学生学习、生活的主要场所,所以学校生活对学生的心理健康影响极大。学校因素中的种种条件和关系,如果处理不当,就会影响学生的心理健康发展。例如,校风学风不良、教育方法不当、学习负担过重、师生情感对立、同学关系不和等,都会使学生的心理抑郁,精神焦虑,若调适不及时,就会造成心理失调,甚至导致学生的心理障碍。

上面提到的这些因素既相互独立,又相互制约,对一个人的心理健康起协同作用,而这种协同作用要超过单个因素作用的简单相加。所以在诊断心理失调、心理障碍或心理疾病时,必须充分考虑到各种因素的作用,逐一考查后全面正确地做出诊断,才能采取有效的措施进行心理调适和治疗。

扫描学习

微电影:《零到正无穷》

第三节 呵护你的心理健康

【心理百科】

走出心理健康的认知误区

误区一:心理不变态就算心理健康

心理不健康有多种形式,心理变态只是其极端形式而已。根据状态,人的心理可用三个区来表示:白色区、灰色区和黑色区。人处于心理白色区就是心理健康,处于黑色区就是心理变态,而处于灰色区则介于上述两者之间。它们之间是可以相互转换的,灰色心理调节得当就会恢复为白色心理,调节不当则会发展为黑色心理。所以,心理不变态的人不一定心理健康。

误区二:心理健康与心理问题是静态的、不可变化的

许多人认为心理健康就永远不会有问题,心理有问题就永远健康不了。这是一个误区。其实心理健康与心理问题是相对而言的,这二者是动态的、可逆的。

误区三:心理问题只发生在少数人身上

在人一生中的不同时期都可能产生心理问题。其实,几乎人人都有心理问题,只是程度有轻有重,或是自己没有意识到。

误区四:纪律、道德、思想问题与心理健康问题毫无关系

实际上,两者之间是有密切联系的。例如,某位学生一到上课时就咳嗽不止或喜欢东

张西望,老师往往以为是纪律或品德问题。事实上,这也可能是由过重的学业负担产生的心理压力引起的躯体反应或心理逆反。

误区五:心理问题只能出现后再进行治疗

心理问题是能被早期发现、早期调适的,对心理问题同样应贯彻预防为主的原则。

误区六:去看心理医生是丢人的事情

很多人觉得去看心理医生是很难为情的事情,认为看心理医生的人都心理变态。这是很大的误区。心理咨询在中国是个新生事物,人们对它的了解还不够,这可能是造成这种误区的原因之一。另外,许多人对心理咨询不信任,认为是骗人的东西,这也是误解。其实,正如哈佛大学博士岳晓东所说的,"心理咨询是一种享受而不是痛苦,是明智的选择而不是愚蠢的做法。"

误区七:心理上有"病"不用去看

长期以来只重视身体健康而忽视心理健康的宣传,致使人们身体有病会大大方方地去看医生,但心理有问题却不好意思去看心理医生,小问题也逐渐成了大问题。

误区八:一次心理咨询就可以解决问题

对心理咨询的不了解也导致了人们过高的期望值,认为通过一次两次的心理咨询就可以解决所有心理问题。其实心理问题和身体疾病一样,"冰冻三尺,非一日之寒",不可期望很快就能痊愈。而且不同于身体疾病,心理问题的治疗需要患者和心理医生双方互动交流。这自然也不是一次可以完成的。当然,也不是所有心理问题都需要多次咨询和治疗,简单的问题一次足矣。

一、增加"心理弹性"

生活中,我们常遭遇各种挫折和失败。这些挫折和失败会让我们焦虑、沮丧、彷徨甚至绝望。但大部分时候,我们都能成功应对和超越这些消极的情绪,重新变得快乐。人本主义心理学家相信,人天生具有自我治愈的力量。积极心理学家则用"心理弹性"来描述人在经历人生的变故、创伤后,重新恢复灾难前的情绪水平和心理状态的特质和能力。"心理弹性"可能来源于大脑激素反应、基因和行为方式。一些通过社会化得到的成熟的防御机制也对我们战胜挫折和失败有积极作用。这些成熟的防御机制包括对消极情绪的适度压抑、注意力的转移、对挫折苦难的升华、幽默和自嘲以及通过帮助他人来缓解自己的痛苦,等等。通过自我调节,大部分挫折和失败最终会变成成长的一部分,让我们的心理更加成熟和完整。在"解析情绪方程式"和"化解压力的艺术"这一章里,你将会学到很多有关不良情绪调适方法、心理压力应对策略等相关的知识。

【美文欣赏】

培养健全的人格

我想,一个人要想成功,培养健全的人格是一个重要的条件。现在,我就来指给你几条很实用的建议:

——保持健康的身体。这要求:首先,你在饮食、工作、游戏、睡眠、恋爱等方面要适度;其次,适当的运动,新鲜的空气和阳光,良好的排泄,都可以帮助你保持身体健康,表现你的健全人格。

——培养前进的思想。你必须知道日新月异的世界潮流。除掌握本国语言之外,你还得学习一种外国语言,使你对于新思想、新潮流有加倍的认识和兴趣。时时刻刻去虚心地学习新的事物,多读一流作家的作品和当代思想家的著作。切不可让传说或陈腐的思想僵化你的头脑,也不要让一时的风格和嗜好扰乱你的心境。

——感化你的同伴。你应当集中你的才能贡献给社会,努力为社会谋福利,不要诽谤你的邻人;对受苦的人表示恳切的同情,努力帮助他们;教育无知的人;为受着不平等待遇的人奋斗;鼓励柔弱的人;指导处于窘迫的人;待人接物要有礼貌;避免无谓的争辩;不要执拗不让。生活的目的是追求金钱、虚荣、权力的人们,是绝不会有感人的人格的;感人的人格和社会有密切的关系,是努力为社会造福的产物。

——培养学艺上的兴趣。音乐是全世界共有的,懂音乐、体会音乐,就是了解世界、体会世人。要懂得现代的心理学、新时代的社会科学、医学和其他科学上的新发明。在学艺方面,你自己虽不能有所贡献,但是,若要获得感人的人格,你就必须了解和体会这些。

——为自己为人群,应当尽你的才能努力工作。赚钱多少,虽不能确定一个人的人格,但是如果人家愿出钱要你做的工作而你不会做,你便是生活的失败者。去做一种你喜欢的工作,若因无可奈何暂时失了业,应该留心其他更高的位置。

——培养博爱的精神去爱世人、国人、家人,尤其要用真诚的爱情去爱你的情人。爱是人类至高无上的品质,人类没有了爱,我们就全是禽兽不如的东西了。爱人者人恒爱之,你给人的爱越多,受人的爱也越多,因为爱是唯一的反物理定律的东西。不要误会色迷是爱。真爱所在的地方,没有嫉妒、竞争、讥笑、屈辱等存留的余地。爱不限于人类,爱可以扩展到动物、自然以及伟大的真理和高尚的事业。人格的真正检测即是爱的深度和品质;有了健全的爱,便有了健全的人格。

——利用余闲,找一种本业以外你所爱好的事业,如果可能,可多找几种。为预防起见,在你壮年的时候,要有老年的计划。你的事业愈多,你交朋友的圈子便愈大,精神上的愉快便愈多。有感人的人格的男女,他们所具有的两种才能是:处世的艺术和处己的艺术。

——学习应付困难,并学习面对失败。良好的人格是战胜困难的结果。不要做一个依赖者、寄生虫,生平从未受过失败、阻挠和妨碍的人,即从未试做过有价值工作的人。倘要获得工作和事业的成功和使人羡慕、使人感动的人格,那你必须是个坚韧主义者。

——把握住现在,不必哀悼过去,更不要忧虑未来。只要尽你的才能和思想,努力于现在的事业和工作。忙碌于现在生活的人,是无暇哀悼过去和忧虑未来的。

——培养幽默的情趣。但并不是说听人家讲了有趣的故事,你便放声大笑,或是你自己去讲好笑的故事给人家听;要笑你的胆小,笑你的无谓的忧愁。

请记住,培养健全的人格,是使你获得成功的一项重要规则。

(资料来源:戴尔·卡耐基,《人性的弱点全集续集》,中国长安出版社,2004)

二、获得社会支持

我们所处的这个世界是一个拥挤的、嘈杂的、充满污染的、一个以成功为导向的世界,它会让我们感觉到孤独和不知所措。我们现在比以前更需要家庭成员、朋友以及同事等支持系统来减缓压力。社会支持是指来自一个人所爱的或者所在乎、尊敬和重视的他人的信息反馈，它是相互交流和相互支撑的网络体系的一部分。研究显示，在面临重大生活压力的时候，那些能够得到朋友或家人有效支持的人更容易渡过难关。对于那些患有生理疾病的人来说，社会支持对他们的康复也是大有益处的。实际上，缺乏可靠的社会支持会增加人们因为疾病、自杀或事故等原因死亡的风险。

社会支持能带来三类好处：切实的帮助、信息和情感上的支持。家庭和朋友是社会支持系统最重要的组成部分。一些心理学家认为，婴幼儿时期的亲子关系决定了一个人与世界的关系，也决定了一个人的人格是否健全。当我们面临重大生活事件时，融洽的家庭关系能减轻我们的压力，缓解我们的焦虑，帮助我们重塑信心、面对未来。与家庭的先天性不同，朋友更多来源于后天的生活经历。因此，通过积极有效的人际交往获得更多的朋友，巩固和改善社会支持系统是维护心理健康、提升生活质量和幸福感的重要途径。"探索人际的奥秘"与"体会世间的爱意"这两章将为你介绍如何有效地与人沟通，更好地构建自己的社会网络支持系统；同时也会为你建立良好的人际关系，尤其是为建立和维系友情、爱情这样的亲密关系提供指导。

三、寻求专业人员的帮助

我们经常会听到"心理医生"一词，然而英文里是没有心理医生这个词语的，而是把心理医生叫做心理治疗师或咨询心理学家、临床心理学家。当我们遇到困惑时，寻求专业人员的帮助也是维护心理健康的重要途径。心理咨询是指经过严格专业训练的人员运用心理学的理论与技术帮助来访者解决心理问题、增进身心健康、促进个人成长与发展以及潜能发挥的过程。心理咨询不仅用于解决消极的心理困惑，也用于促进积极的个人成长和发展。目前，大部分学校和医院都可以提供心理咨询的专业服务。如果遇到让你困惑的心理问题，你可以到学校的心理健康教育中心寻求帮助。

1. 心理咨询是怎样提供帮助的

有人说心理咨询就是聊天或是"话疗"，也有人说心理咨询是谈话的艺术，还有人说心理咨询是一种特殊的人际关系，无论是哪种说法都表达了这样一个核心观点——心理咨询只是通过说话和沟通来解决问题，而不是通过打针吃药来治疗的。既然心理咨询是通过语言来起作用，那么无论在心理咨询过程中说什么、怎样说、说多少，最终都要从来访者自身接受并实施的角度去起作用，倘若来访者坚决不做任何事情或自身没有任何改变的愿望，再高明的心理咨询师也没有办法。因此，心理咨询的实质就是在心理咨询师的帮助之下，自己去帮助自己解决问题。

♥ 【心理百科】

心理咨询的原则

心理咨询的原则不仅是对心理咨询师的规范和要求，也是保证来访者的权利不受侵害的规则。

1.保密原则

保密原则是心理咨询的一个基本守则,也是从事心理咨询的基本职业道德。能够引起我们出现心理困扰的原因有许多,其中有很多事情都是很隐秘、不想被别人知道的,因此来找心理咨询师寻求帮助的人都很在意自己心里的秘密是否安全,一旦自己的秘密被泄露就会感到紧张、不安和焦虑。为了保证来访者不被"二次"伤害,心理咨询师必须为来访者保密。

保密原则的基本要求是,心理咨询师不经来访者的允许,不得向任何人透露来访者的一切信息和所表达的内容,这里所讲的任何人既包括与来访者不相干、不认识的人(如其他的心理咨询师),也包括来访者的亲人和家属。但是这个保密原则并不是绝对的,如心理咨询师在工作中发现来访者有自杀、伤害他人或危害社会等具有危害性的强烈愿望并准备实施的时候,就需要尽快联系来访者的家属或必要的社会机构,适当地说明来访者的当前状况,防止意外事件的发生。

心理咨询的模拟场景

2.尊重原则

人与人之间互相尊重也是人际交往中最首要的和最基本的原则,因此在以人际关系为基础的心理咨询中,尊重就显得尤其重要。在心理咨询师的眼中,无论来访者出现了多大的问题,犯了多大错误或是罪过,只要他还是一个人,就应该而且需要得到人应有的尊重。道德和法律的惩罚并不是心理咨询师的工作职责。

3.价值观中立原则

价值观的多元化是现代社会发展的一个趋势,每个人都有自己的价值观,这个价值观可能与当前社会的主流价值观相吻合,也可能与主流价值观有一定距离,但只要这个人的价值观没有违反法律和社会的基本伦理道德,咨询师就不应该对其指手画脚。在心理咨询中,心理咨询师不把自己的价值观强加给来访者,也不对来访者的价值观品头论足,而要尊重对方的想法和观念。

4.无批评原则

在任何情况下,人们都喜欢听到赞赏和表扬,这是由人类对尊重的基本需要所决定的。只要是情绪和心理正常的人,听到批评或指责后都会出现沮丧、敌对、挫折感等不舒服的负面感受,无论这个批评出于什么目的——是善意的,还是攻击性的。无批评原则是心理咨询中的一个重要原则,即在整个咨询过程中,心理咨询师始终不对来访者采取批评的方式进行互动和沟通。

2.心理咨询能帮你什么

第一,教你学会管理自己的情绪。有人把情绪比作"发电机",它可以源源不断地产生能量,用于推动人的各种活动,使我们过一个积极进取和有贡献的人生。但是在日常生活中,人们不可避免地会产生一些情绪,这些情绪在一定程度上会消耗我们的能量,并影响我们的健康。心理咨询就是帮助你把耗损性情绪转化为积极的情绪,让你的心里充满阳光。

第二,帮助你学会从不同的角度思考问题。每个人的思维方式、归因倾向以及认知特点各不相同,应对困难和挫折的态度、行为也大相径庭。有些人容易钻牛角尖,有些人遇到挫折后容易气馁……心理咨询能引领你跨过人生的低谷,迈向更有生命力、充满乐趣的世界。

第三,帮助你恢复爱的能力。爱是可以习得的,经过心理咨询师与你心灵深处的沟通,你会感受到被爱、被关注、被肯定等积极的情感,重新体验到爱的力量。

第四,帮助你拥有健全的人格。人格的形成是个非常复杂的过程,受到多种因素的影响,而且在儿童早期人格就基本形成,因此一些不良的人格特征就像影子一样一直跟随着你,在不知不觉中发挥着巨大的破坏作用。心理咨询虽然不可能彻底重塑你的人格,但可以帮助你瓦解自卑、自恋、自闭等不良心态带来的巨大的破坏作用,使你的人生更顺利。

第五,帮助你度过人生各个发展阶段的种种危机。人的每一个年龄段都有各自的发展任务,如果没有完成好,就会影响到下一个年龄段的正常发展。心理咨询师会帮助你认识你的任务是什么,在完成任务的过程中会有怎样的情绪,如何克服不良情绪带来的反应,怎样顺利地完成这些任务,等等。

扫描学习

微课:《心理咨询如何帮助我们》

四、选择健康生活方式

我们的生活方式对我们的健康具有重要的影响。什么样的生活方式才算健康?你的生活方式健康吗?健康的生活方式不仅意味着个体自身的积极状态,也意味着个体和环境、社会其他成员之间的友善关系。心理学家相信,健康的生活方式包含了以下七个方面的内容。

(1)环境方面的健康习惯:具有环保意识的生活习惯,包括意识到全球环境和我国环境的严峻现状,意识到个体的日常习惯对周围环境所造成的影响;保持一种对环境危害尽量小的生活方式;承担起社会责任,参与各种活动来保护环境等。

(2)智力方面的健康习惯:具有清晰思考和回忆的能力,很少受到感情包袱的干扰;可以独立并且审慎地思考,具有推理的基本技能;善于吸收新观念,也包括对文化遗产核心知识广泛而深刻的继承。

(3)情感方面的健康习惯:在特定情况下能意识到自身的情感,在生活事件连续发生后有恰当的情绪反应,用相对稳定的情绪状态来应对;有能力对不同情绪状态做出相应的掌控,并通过积极的情绪来抑制消极的情绪体验。

(4)精神方面的健康习惯:关心生活的意义、行为的目的和价值等问题。即使我们无法得到确切答案,对这些问题的关心本身仍然是健康生活的一部分。

(5)生理方面的健康习惯:良好的营养习惯;有规律的体育锻炼;有规律和充足的睡眠;不过量饮酒、吸烟和滥用药物;遵守安全措施以防止意外伤害;等等。

(6)社会方面的健康习惯:分享亲密关系、朋友关系和小组成员的关系;体验共情和积极倾听;关心他人并接受他人的关爱;对社会公益事业不断做出贡献。

(7)时间方面的健康习惯:在大多数时间内,将生活节奏维持在个人舒适区间之内;对自己的时间保持相对的控制;一方面要避免长期快节奏的生活,另一方面又要避免生活枯燥乏味;在活动和休息、工作和娱乐、独处和社交之间获得平衡。

健康生活的这七个方面,既考虑到了个体的心理因素,也考虑到了个体的生理因素和社会环境的因素,与影响健康的生物—心理—社会模式相一致。如果你在这七个方面都形成了良好的生活习惯,说明你的生活方式非常健康。

健康生活的七个方面既可以用于判断我们的生活是否健康,也可以成为我们健康生活的目标设置。健康生活的目标设置遵循几个基本的原则:首先,需要对你的目标做明确的界定。例如,你希望在时间方面养成健康的生活习惯,最好的方法是对一天或者一周大概的学习时间、娱乐时间和社交时间做具体的、量化的安排。其次,要估量自己当前的状态,以确定目前的问题和想要达成目标的途径之间的差距。最后,要寻找达到目标的途径。为了避免生活的变数给你的计划带来冲击,最好确定两个以上的途径。

扫描学习

自我测试:《你的生活方式是否有利于健康》

扫描学习

微课:《心理健康之心理成熟度》

【成长练习】

探索自己的生活方式

以下的应用练习将有助于我们评价自己的生活状况,并确定自己的生活目标:

(1)请从"健康方面、智力方面、情感方面、精神方面、生理方面、社会方面、时间方面"七个方面来评价自己的生活状况,判断它们是属于"非常积极、比较积极、比较消极还是非常消极",并把它们放入相应的等级。

(2)简要阐述为什么要将自己列入每项中的那个等级。_____

(3)我最希望改进的地方是哪些?_____

(4)我准备如何改进?_____

(5)我的改进计划可能遇到什么样的困难?_____

(6)如果前面的计划遇到困难,我将如何调整?＿＿＿＿＿＿＿＿＿＿

　　希望你能够常常做这样的练习和反思,并认真学习后面的课程内容,同时也不要忘记把学过的知识应用到你的实际生活中去,你一定会获得更加健康的生活方式。

扫描学习

测验:《小节测验20题》

【电影心赏】

心灵捕手(*Good Will Hunting*)(1997)

　　麻省理工学院的数学教授蓝波在课堂上发布了一道很难的数学题,他希望自己教授的学生能够解出答案,但最后只被年轻的清洁工威尔解答出来。可是,威尔聪明绝顶却消极叛逆、四处闲逛、打架滋事,甚至被少年法庭宣判送进少年监护所。蓝波教授有心帮助这位个性不羁的天才,让他定期研究数学并接受心理辅导。威尔对心理辅导特别抗拒,直至遇到一位事业不太成功的心理辅导专家桑恩教授。在他的努力下,两人由最初的对峙转化成真挚的友谊,从而使威尔敞开心扉,走出孤独,实现自我,收获爱情。

【推荐阅读】

理查德·格里格,菲利普·津巴多.心理学与生活[M].王垒,等译.北京:人民邮电出版社,2003.

彭聃龄.普通心理学[M].北京师范大学出版社,2012.

迈克尔·蒂格,萨拉·麦肯齐,戴维·罗森塔尔,等著.健康与心理[M].于坤,译.北京:中国人民大学出版社,2012.

约翰·W·桑特洛克.心理调适[M].王建中,等译.北京:机械工业出版社,2015.

约瑟夫·J·卢斯亚尼.改变自己——心理健康自我训练[M].迟梦筠,孙燕,译.重庆:重庆大学出版社,2012.

第二章　认识真实的自我

你是哪里人?

一位女士到了新公司,与同事聚餐。在坐定之后、上菜之前的尴尬时刻,一桌人开始了一个简单的话题来进行"破冰":"你是哪里人?"对于这个简单的问题,这位女士却用了40分钟的时间来介绍她身世的几次重大转折:父辈迁徙、祖辈受迫害,她生在一处,长在另一处,落脚点在——其实她是个上海人。

按照心理学的原理,当人们开始认识世界和他人时,往往趋向于选择一个脸谱化的印象,因为这是最为省力的规则。而一旦有人超越了这种固化的认知,人们就会惊讶地说:"完全看不出来耶!"那位女士也同样意识到这种偏见,她认为湖南蛮横,陕西太土,上海更符合她精致高素质的精神气质,所以会这样介绍自己。然而我不能理解的是,她为什么要花40分钟时间去解释这件事,她到底在焦虑什么?

说到底,这是一种身份的焦虑。"身份"是多种因素混合的结果,包括财富、地位、家世等,越高级别的身份,就能带来越多的资源、空间和他人的尊重。因此我不断地在他人自我介绍时,听到类似的表述:"我爷爷是个大资本家、我太爷爷是正宗正黄旗的、我祖上出过状元。"这些明明和自己没什么关系的荣耀,却成了为自己身份添砖加瓦的道具。

是不是客观甚至贬低自己的出生地或者家世背景的人,就毫无身份焦虑的困扰?也并不是这样。上周,我去了某个大学做讲座,观众中有一个女孩是我的老乡,她不解且愤怒地问我:"为什么在你的文章中或者采访中,我们老家总是一个脏乱差又穷乡僻壤的地方?"

的确是这样,介绍自己的老家时,我总说那是湖北的一个二线城市。而介绍自己的家庭背景时,我也总爱强调自己如果不写作,就会像周围长大的同学一样,成为火车上扫地查车票的乘务员。我反思了一下,似乎这是一种逆向的炫耀,如同总是强调自己农民出身的企业家,以及领奖时总是穿着母亲做的棉袄和布鞋的公众人物。强调自己的出身平庸,甚至贫瘠,以显示现在的才华和能力突出。

发达的资讯让我们对富人的生活无比了解,而不像过去只能猜测皇帝是喝粥还是吃饼。富人在河流的对岸鼓吹:一定可以实现梦想。然而随着时间的流逝,河岸被拉得越来越远,这种一步之遥的触不可及,让我们变得焦灼不堪。几乎每个人都有一个一夜暴富的朋友,曾经在一起吃烤串喝酒,忽然有一天,那个朋友一跃进入高级身份阶层,那种焦虑就更加突出了。

然而成功的人也有同样的问题,最典型的例子,就是"了不起的盖茨比",还有《远大前程》里的皮普。逆袭之后，他们依然轻易地被激发出内心的羞耻和自卑：我是谁？我渴望什么？我是谁，这是一个越来越难回答的问题，一个人可以同时是山东人、程序员、二次元宅、爱国主义者、爆红视频当事人、段子手。每个身份如同多棱镜的一面，在不同的光线下闪耀着不同的光。人们不断为自己制造出新的身份，企图在新的身份下获得关注、认同和尊重。要么接近想象中的自己，要么降低对自己的想象，才能有一天平静地面对这样一个简单的问题：你是哪里人？

（资料来源：蒋方舟，《你是哪里人》，《新周刊》，2015 年第 4 期）

问题思考

(1)你是一个什么样的人？
(2)你是如何认识自己的？
(3)你是否可以愉悦地接纳自我？
(4)你知道哪些与自我有关的困扰？
(5)你将如何成为更好的自己？

认识自己，这是一个任务，而且这个任务会贯穿你的整个生命，可以说是"路漫漫其修远兮，吾将上下而求索"。现在的你也许无法把自我描述得足够清楚，那么在阅读这一章时你可以从物理、社会、心理这三个方面尝试去了解自己。当然，认识自己并非自我认识的结束，而更应该将其视为一种新的开始，通过自我成长寻找到属于自己的道路。

第一节　何为自我认同

在希腊福克斯市，帕尔那索斯的山脚下有一座著名的神庙——德尔菲神庙。在大约1100 年的时间里，这里一直是西方世界最神秘的地方，其中影响最为深远的大概就是刻在阿波罗神庙门楣的石板上的一句箴言：ξέρειστον εαυτόσου（认识你自己）。直到今天，这行字在经历了几千年的沧海桑田的变化后仍然依稀可见，而这看起来简单的几个字却是人类迄今为止最难完成的一个课题：正确认识自己。

扫描学习

微课：《什么是自我意识》

一、自我认同

自我认同(self identity)又被翻译为自我同一性，是指个体在寻求自我的发展中对自我的确认和对有关自我发展的一些重大问题,诸如理想、职业、价值观、人生观等的思考和选择。在这一过程中必然要涉及个体的过去、现在和将来这一发展的时间维度。而自我同一性的确立就意味着个体对自身有充分的了解,能够将自我的过去、现在和将来整合成一个有机的整体,确立自己的理想与价值观念,并借此做出种种尝试性的选择,最后致力于某一生活策略。如果我们在这个阶段中获得了积极的同一性,意味着我们将有能力按照社会规范去生活,尽管它存在着不完善和不和谐之处。我们热爱自己所在的社会,我们希望它变得更加美好,我们能在既定的现实中找到自己的位置,在这个位置中能奉献自我、实现价值,在有意义于社会的同时也感受自己生活的意义。我们可以看到,同一性的确立,关系到一个人的健康发展,关系到他能否良好地适应社会,能否体验到自身的价值和人生的意义。

马西亚(J. E. Marcia)提出青年人同一性发展的四种情形,它们分别是同一性拒斥(identity foreclosure)、同一性分散(identity diffusion)、延缓偿付(moratorium)和同一性达成(identity achievement)。我们具体来看:

(1)同一性拒斥

同一性拒斥描述的是个体过早地将自我意象,没有考虑各种选择的可能,而停止了同一性的探求。他们自我投入的目标、价值、信仰反映了父母或其他权威人物的希望,所以又被称为"权威接纳状态"。同一性拒斥的青年人一般具有以下特点:他们极力寻求他人的认可,可能十分尊重权威;他们的自我评价还建立在他人所承认的基础上;与其他人相比,他们较易附和他人,缺少自主性;他们对传统的价值观感兴趣,很少会自己思考,不会沉思;他们较少焦虑,但比较刻板和肤浅;他们在同性和异性中都缺少亲密的关系;

"妈宝男""妈宝女""爹宝男"和"爹宝女"均属于同一性拒斥

他们的智商与其他人差不多,但在遇到紧张的认知任务时,就难以做出灵活和合适的反应;他们喜欢有组织的、有秩序的生活;他们倾向于与父母保持密切的关系,并采纳父母的价值观(如在高考志愿的选择、职业道路的选择、异性朋友的选择时)。

(2)同一性分散

同一性分散指个体经历了颇长一段时期仍没有形成一种强烈的、清晰的同一感。同一性分散的个体常常无法发现自我,一直使自己处于一种散漫的无所依附的状态之中,不知道自己想做什么,没有明确的发展方向。经历着同一性分散的个体无法成功地做出选择,或者他们会逃避思考问题。他们缺乏兴趣,内心孤独,对未来不抱希望,或者可能很叛逆;他们宁可塞着耳塞听音乐或睡觉,也不愿意接触父母和老师;他们可能选择与他的家庭、国家完全分离的态度,并表现出一种长久的病态的同一性;他们无法做到一贯忠诚,无法兑现他们的承诺、承担他们的义务;他们对自我的评价较低,自尊心较弱;他们难以承担自己的社会责任;他们易冲动,思维缺乏条理;他们与他人的关系常常是表面的、凌乱的;他们虽然对自己父母的生活方式不满,但没能力按自己的方式有序地生活。

(3)延缓偿付

延缓偿付指处在个体延缓状态的个体正在努力地探索自我、寻找自我,但还不能做出个人生活或职业生涯的选择和承诺。在当下快速发展的社会里,大多数青年人都会经历"延缓"这一阶段,势必都会经历自我同一性危机,因为他们更容易感觉到迷茫和焦虑。而今,这一阶段不再被称为危机了,因为对大多数人来说,自我同一性的达成是一个逐渐缓慢的探索过程,而不是外在的急剧变化。

(4)同一性达成

同一性达成表明个体对某些特定的人生目标、信仰和价值观做出了"承诺",能够基于对自己的了解,认定属于自己的人生方向。在结束高中学习生活之前,似乎没有人能够达到这种情形,进入大学的我们也需要花一定的时间才能实现。对一些成人来说,在他们生命中的某一阶段,也许会达成稳固的自我同一性。之后,还可能放弃前一种同一性,而形成新的同一性。对某一个体而言,自我同一性一旦达成,也不意味着一成不变。

延缓偿付和自我同一性达成都被认为是健康的。个体亲自去尝试一些试验,摒弃不适合自己的东西,发现适合自己的生活方式,这些是建立牢固的自我同一性的重要部分。那些无法跨越同一性拒斥和同一性分散的个体往往不能很好地适应社会。同一性拒斥的个体刻板、独断、不宽容,自我防御性强,而同一性分散的个体则经常选择放弃,把自己的生活归结为命运使然。

高度自我认同的个体认为自己是独立的,会为自己决定许多生活细节;他们能够承担责任,无论是在工作单位还是家庭中都会主动担负一些工作,甚至安慰他人;他们乐于接受各类挑战,并积极面对;他们能够承受压力,接受失败和感受胜利等。自我认同程度较低的人则表现出对自己的能力不够信任、不够自信,常说"我做不到";他们逃避任何可能产生焦虑的情况,比如逃避面对有压力的事或不确定的工作;他们拥有较强的自我防御性,难以接受批评或失败,不能面对问题;他们喜欢以责备他人来隐藏自己的缺点。

我们如何达成自我认同呢?答案就是不断地探索。只有保持对自身的不断探索,在选择和尝试中才能发现自己真实的样子。在探索的过程中,可能会需要我们提高各种各样的能力,不仅是认识自我的能力,还包括人际的能力、学习的能力、情绪的能力等。我们会在后面的章节中学习这些方面的内容。

【自我测试】

自我认同感测试

奥克斯和普拉格于 1986 年编制了一个量表用来测试 15 岁以后的人是否成功通过埃里克森提出来的 8 个发展阶段。

下面的问题是关于你对自己的一些看法,请根据你的实际情况作答。在回答这些问题时,你认为"非常适用"自己情况的记 4 分,"常常适用"的记 3 分,"偶尔适用或基本不适用"的记 2 分,"完全不适用"的记 1 分。

1.我不知道自己是怎样的人。　　　　　　　　　　　　　　　（　　）

2.别人总是改变他们对我的看法。　　　　　　　　　　　　　（　　）

3.我知道自己应该怎样生活。　　　　　　　　　　　　　　　（　　）

4.我不能肯定某些东西在道义上是否正确。　　　　　　　　　（　　）

5.大多数人对我是哪类人的看法一致。　　　　　　　　　　　（　　）

6. 我感到自己的生活方式很适合我。 （　）

7. 我的价值为他人所承认。 （　）

8. 当周围没有熟人时,我感到能更自由地成为真正的自己。 （　）

9. 我感到自己生活中所做的事并不真正值得。 （　）

10. 我感到我对生活的集体适应良好。 （　）

11. 我为自己成为这样的人感到骄傲。 （　）

12. 人们对我的看法与我对自己的看法差别很大。 （　）

13. 我感到被忽略。 （　）

14. 人们好像不接纳我。 （　）

15. 我改变了自己想要从生活中得到什么的想法。 （　）

16. 我不太清楚别人怎么看我。 （　）

17. 我对自己的感觉改变了。 （　）

18. 我感到自己是为了功利的考虑而行动或做事。 （　）

19. 我为自己是社会的一分子感到骄傲。 （　）

评分与解释：

先把 1,2,4,8,9,12,13,14,15,16,17,18 题的回答结果转换一下,如选择是 1,得 4 分;选择 2,得 3 分;选择 3,得 2 分;选择 4,得 1 分。其他问题则保持不变,然后把 19 个问题回答的得分相加。

平均得分为 56～58。大多数人的得分在平均得分正负 8 分(48～66 分)的范围内;得分明显低于该范围的,表明他的自我认同感还处于发展和形成阶段;得分明显高于该范围的,表明他的自我认同感发展良好。

二、大学时期的自我认同

1. 时间上的"延缓偿付期"

大学并非人生必经时期,对大学生而言,思想上的独立与经济上的依赖,生理上的成熟与心理社会性成熟的滞后存在着深刻的矛盾。从年龄上看,大学生到了应该自立、独立承担社会责任的时候,但校园相对单纯的学习生活又使他们应当承担的社会责任从时间上向后延缓。这种社会责任的向后延缓使学生们处于"准成人"状态。这样也为大学生广泛深入、细致地思考自我提供了时间的现实可能性。

2. 空间上的"自主性"

象牙塔为学生提供了一个多元文化背景下的学习环境,网络也为学生提供了无限广阔的、平等自由的学习与交流空间,还有东西方文化的交融与发展更为大学生自我意识的发展提供了客观条件。但大学提供的空间和环境的影响是双重的:一方面,大学生来自不同的家庭环境、不同的地域,有着不同的人生追求,在共同的学习生活中,大家互相影响、互相包容,在这种互动的环境中逐渐形成自己的价值观念,特别是在心灵的沟通与碰撞中建立与尝试新的自我;另一方面,大学生在多种价值体系、多种文化的碰撞面前,原来建立的价值体系、自我观念会受到强烈的冲击,这种冲击有时甚至会使大学生怀疑自己。特别是大学新生,从原来的环境进入新的环境中,原有的自我价值体系在重建中需要较高的反思能力与自我控制能力,"我是优秀的"可能被"考试挂科"打击得一败涂地,这时调整与反思自我就显得非常重要。

3.自我意识发展的"不平衡性"

大学生的主观自我与他观自我往往表现出不一致性,特别是高年级的学生,一直处于较高的自我意识水平,但随后到来的人才市场职业选择常常使他们长期建立的"高自我意识"与"自我概念"变得摇摇欲坠。一位毕业生说道:"长期以来,一直心存优越感,尽管从多种渠道了解到大学生已不再是天之骄子,但对在就业市场上的冷遇还是受不了。"高主观自我与他观自我的不平衡,生理、心理与社会自我发展的不平衡都直接影响大学生自我意识发展的水平。造成这种不平衡的主要原因有:一是大学生的人生观、世界观尚在形成与健全之中,对自我的认识易受环境的影响;二是大学生自我概念仍在不断的发展变化之中,大一从新生到毕业生的自我概念并不一致,只有到大学毕业才能在不断的变化、调整及社会的需求中建立自我概念;三是经历高考后,大学生真正开始痛苦的"心理断乳",适应新环境、新的人际关系必然带来发展着的自我意识与自我概念的不平衡。

🐸 扫描学习

《一种叫做"不想长大"的病:你有"彼得·潘综合征"吗》

第二节　如何认识自己

西班牙作家塞万提斯说过:"人应该了解自己,而了解自己也是世界上最难的课题。"我们有了解自己的迫切愿望,但却往往很难了解自己。要做到准确的自我评判,我们需要学会更全面、更客观、更积极地认识自己。

一、认识自我

美国心理学家乔和韩瑞(Joseph & Harrington)提出关于自我认识的窗口理论,也被称为乔韩窗口理论。他们认为人对自己的认识是一个不断探索的过程。因为每个人的自我都有四个部分:公开的自我、盲目的自我、秘密的自我和未知的自我。

A区域是公开的自我:代表我们自己知道且别人也知道的方面。这是我们愿意公开的或是不能隐瞒的部分,例如,我是中国人,我是学生等。

	自己知道	自己不知道
别人知道	A区域 公开的自我	B区域 盲目的自我
别人不知道	C区域 秘密的自我	D区域 未知的自我

乔韩窗口理论示意图

B区域是盲目的自我：代表别人知道而自己不知道的方面。我们没有意识到或无意识地在别人面前表现出来的部分，例如一些习惯动作、说话方式、行为姿态等。

C区域是秘密的自我：代表我们自己知道而别人不知道的方面。这是我们不愿在别人面前显露出来的个人隐私，例如惭愧的往事、内心的痛楚等。

D区域是未知的自我：代表我们自己不知道并且别人也不知道的方面，属于无意识的部分。

乔韩窗口理论认为，每个人的自我都由这四部分构成，但是每个人的这四个部分的比例并不是完全相同的，而且随着个人的成长及阅历的增加，自我的四个部分也发生着相应的变化。当一个人自我的公开区域扩大，那么他的生活会变得更加真实，无论是与人交往还是独处，都会显得轻松愉快而且更有效率。当一个人自我的盲目区域变小，那么他对自我的认识也会越清楚，越能在生活中扬长避短，不断发挥自己的个人能力。乔韩窗口理论给我们打开了一扇认识自我的窗口，通过与他人分享自我秘密区域的、通过他人的反馈减少自我盲目区域的，我们对自己的了解就会更客观、更全面、更深刻。

认识自我的途径主要有三种：

1. 从"我"与他人的关系中认识自我

与他人之间的交往是个人获得自我认识的重要来源，他人是反映自我的镜子。从幼年到成年，我们从简单的家庭关系扩展到外面的友爱关系，进入社会后又会体验到错综复杂的人际关系。聪明而善于思考的人能够在这些关系中获得足够的经验，然后按照自己的需要去规划自己的道路。但是，在与他人的关系中认识自己也要注意一些问题：

第一，跟别人比较的内容是我们做事的条件，还是我们做事的结果？比如有些大学生进入大学后，认为自己的家庭条件和经济基础不如别人，开始就把自己置于次等地位，进而影响自己的心态和情绪。其实我们应该比较的是大学毕业后各自所取得的收获，而非在学校学习时所具备的条件。

第二，跟他人比较的标准是可变的还是不可变的？经常有人认为自己不如他人，他们关注的常常只是身材相貌、家庭背景等先天条件，对于大多数人来说这些条件是很难改变的，是没有实际比较意义的。

第三，和什么样的人相比较？是与自己条件类似的人，是与自己无法比拟的人，还是与不如自己的人？所以，确立合理的比较对象对自我的认识尤为重要。

扫描学习

成长练习：《优点大轰炸》

2. 从"我"与事的关系中认识自我

从"我"与事的关系中认识自我，即从做事的经验中了解自己。我们可以通过自己所做过的事、所得到的结果看到自己身上的优点和缺点。对那些善用智慧的人来说，成功和失败的经验都可以促使他们再成功,因为他们了解自己、善于学习,又有坚强的品格特征,因而可以避免重蹈覆辙。对于某些比较脆弱的人来说,因为只关注失败反映出的负面因素,从而使自己一败再败。因为他们不能从失败中汲取教训,而且挫败后形成害怕失败的心理,不敢面对现实去应付困境或挑战,甚至失去许多取得成功的机会。对于一些盲目自大的人而言,成功反而可能成为其失败之源。他们可能因为成功便骄傲自大,以后做事很可能不自量力,进而遭受更多的失败。

3. 从"我"与自己的关系中认识自我

从"我"与自己的关系中认识自我看似容易,其实做到这一点是非常困难的。我们可以从以下几个角度去试着认识自己:

第一,自己眼中的我。个人眼中观察到的客观的我,包括身体、容貌、性别、年龄、职业、性格、气质、能力等。

第二,别人眼中的我。在与别人交往时,从别人对你的态度、情感反映而感觉到的我。不同关系的人、不同类型的人对自己的反应和评价是不同的,它是个人从多数人对自己的反映中归纳出的认识。

第三,自己心中的我,也指自己对自己的期待,即理想中的我。

我们可以通过自己眼中的我、别人眼中的我和自己心中的我这三个我的比较分析来全面认识自己,进而完善自己。

扫描学习

微电影:《三个我》

【课堂活动】

生命线

1.请你预先设想自己生命的可能长度,预计自己的生命线可能延续至多少岁。以零岁为起点,以设想的生命结束的年龄为终点,在白纸上画一条线段。设想的年龄要参考家族以及生活地区的平均寿命情况,不可毫无根据地设想。

2.在线段上标示出现在的年龄,将线段一分为二。

3.以现在的年龄为分界线,写出生命当中已经发生的三个重大事件,再写出未来希望发生或可能发生的三件事,同时在线段上标出对应的年龄事件。

4.以上活动内容需要在15～20分钟完成。

请你思考:

1.如何在有限的人生旅程中,实现自己的人生价值和意义?

2.在已知的生命历程中,有哪些值得欣赏的成功和值得感悟的美好?

3.应该如何面对生命中的挫折与苦难?

4. 良好的心态能否造就生命的成功？

二、分析自我

1. 用特质来描述

你知道有多少形容词可以用来描述个人特征吗？这时的你在脑海中一定浮现出很多词语。在英文中,用于描述个人特征的单词超过 18000 个。特质是指一个人在大多数情境中表现出的相对稳定和持久的品质。例如,你的朋友不论是在食堂打饭还是参加社团活动时,与陌生人很容易一见如故、聊得热火朝天,你会想到用"外向活泼""善于交际"等词语来描述他,这些词语很可能就是他稳定的人格特质。

你知道自己有哪些人格特质吗？你可能会说:"我有时乐观、保守、对人友善,但是我有时害羞、悲观、随心所欲,我自己也不知道我是什么样的人。"遇到这种情况,你就需要认真分析一下,哪些人格特质是你平时的典型行为,如果乐观、对人友善是你经常表现出的行为,而只有当需要演讲时你才会表现出害羞和悲观,那么你在人格上基本是一个乐观主义者。表 2-1 是一些描述人格特征的词,你可以标出符合自己特点的词,然后在已标出的词语中找出最符合你自己的。

表 2-1 描述人格特点的词语

有攻击性	有条理	有抱负	聪明
自信	忠诚	慷慨	冷静
热情	大胆	谨慎	可靠
敏感	成熟	有天赋	好忌妒
好交际	诚实	风趣	内敛
支配他人	迟钝	精确	神经质
谦虚	无拘无束	好幻想	快乐
体贴他人	严肃	乐于助人	情绪化
整洁	焦虑	顺从	好脾气
自由	好奇心强	乐观	厚道
温柔	易接近	易动情感	易冲动

【心理百科】

巴纳姆效应

"你很需要别人喜欢并尊重你,你具有自我批判的倾向。你有许多可以成为优势的能力没发挥出来,同时你也有一些缺点,不过你一般可以克服它们。你有时怀疑自己所做的决定或所做的事情是否正确。你喜欢生活有些变化,厌恶被别人限制,别人的建议如果没有充分的证据你不会接受。你认为在别人面前过于袒露自己是不明智的。你有时外向、亲切、好交际,而有时内向、拘谨、沉默。你的有些抱负可能不太现实。"

上面这段话描述你有多恰当？这段话里面包含很多笼统的、一般性的人格描述，而这些描述几乎可以用在每一个人的身上，甚至还存在着谄媚的可能性，这就是利用了巴纳姆效应。伟大的马戏团表演者巴纳姆曾经在评价自己的表演时说，他之所以受欢迎是因为节目中包含每个人都喜欢的成分，所以他使得"每一分钟都有人上当受骗"。一位心理学家曾经针对这一效应做过实验，他给学生们做完明尼苏达多相人格问卷（MMPI）后，让他们从一份真实的评价结果与一份假造的笼统描述之间进行选择。研究结果表明，大多数学生们认为后者对自身性格特征的描述更加准确。

我们可以看到这样的现象：人们平常总是认为自己很了解真实的自己，而且也相信自己能够对自身的处境进行正确的判断。但事实并非如此，实际上人们很容易受到外界因素的影响或暗示，往往以外在的标准去判断和衡量自己，因此常常导致对自身的认识不准确。由此可见，我们要理性分析自己，既不要盲从也不要一味排斥，积极地吸收和借鉴那些对我们来说客观有用的指导，有效地甄别和过滤那些不负责任的猜测与妄断。

2. 用类型来描述

你在表 2-1 中找出描述自己特质的词语了吗？你发现自己有哪些特质了吗？这些特质有没有主次之分？哪些更重要，哪些更基本呢？这些特质之间有没有重合呢？例如，你看到"支配他人"这一项，你是否能推出"自信"和"易冲动"两个特质呢？特质理论学家对这样的问题总是充满了兴趣。为了更好地了解人格，特质理论学家总是在不停地分析、归类并联合各种各样的人格特质。

艾森克（H. J. Eysenck）认为，稳定的特质是构成人格的基本单元，而这些特质结合在一起则构成类型。他认为，人格由三个类型或基本维度组成，即外倾性（extraversion，E）、神经质（neuroticism，N）和精神质（psychoticism，P）组成。通常用 E、N、P 三个字母来代替人格的三个

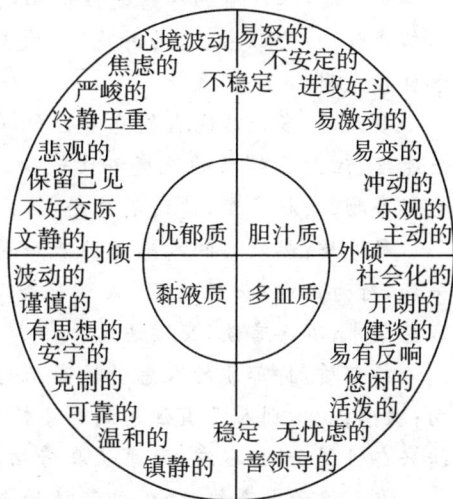

艾森克的人格维度

维度。艾森克认为，对于心理正常的人来说，人格是由两个基本维度组成的，即外倾性和神经质；但在描述心理异常的人时，我们则需要借助精神质维度。艾森克等人基于这一理论制定了艾森克人格问卷（EPQ）。该问卷具有较高的信度和效度，已得到多种实验心理学研究的印证，因此该问卷在现实中应用非常广泛，例如我国许多高校的新生心理普查都会采用这一问卷。

扫描学习

视频:《内向者具有怎样的性格优势?》

【心理百科】

四种气质类型

气质(temperament)是一个人生来就有的心理活动的动力特征,类似于我们平常所说的"秉性""脾气"。例如,有人暴躁易怒,有人温柔和顺等。人格,是一个人区别于他人的稳定的、独特的整体特点;是稳定的行为方式和发生在个体身上的人际过程。气质是人格发展的先天基础,强调人格中的先天倾向,它依赖于人的生理素质或生物特点。

胆汁质:胆汁质的人感受性低而耐受性高;能够忍受强刺激,能坚持长时间的工作而不知疲劳;精力旺盛,行为外向;直爽热情,情绪兴奋性高;但脾气暴躁,心境变化剧烈,难于自我克制。

多血质:多血质的人的感受性低而耐受性高;活泼好动,行为外向,言语行动敏捷,反应速度、注意力转移的速度都比较快;容易适应外界环境的变化,善交际,不怯生,容易接受新事物;兴趣多变,情绪不稳定,注意力容易分散。

黏液质:黏液质的人感受性低而耐受性高;反应速度慢,情绪兴奋性低但很平稳;举止平和,行为内向;头脑清醒,做事有条不紊;踏踏实实,但容易循规蹈矩;稳定性强,注意力容易集中;不善言谈,交际适度。

抑郁质:抑郁质的人感受性高而耐受性低;多疑多虑,内心体验极为深刻,行为极端内向;敏感机智,别人没有注意到的事情他能注意到;胆小、孤僻,寡欢,爱独处,不爱交往,情绪兴奋性弱;动作迟缓,做事认真仔细,防御反应明显。

在人格的三个维度中,外倾性的个体表现为外向、开朗、冲动,有许多社会联系,经常参加集体活动。他们有许多朋友,需要与人交谈,不喜欢独自看书和学习。而内倾性的人则是安静的、不喜欢与人交往的,他们喜欢书籍胜于喜欢他人,他们是保守的,除了少数知音外,几乎让人敬而远之;他们喜欢有规律的生活,不喜欢充满偶然性和冒险性的生活。

神经质得分高者是指情感的易变性是外显的、反应过敏的,倾向于过于强烈的情绪反应,他们在情感经历之后较难面对正常的情景,他们比一般人更易激动、动怒和沮丧。

神经质得分高者往往被认为是"攻击的、冷酷的、冲动的、自我中心的、缺乏同情的、对他人不关心的,且通常不关心别人的权利和福利"。他们情绪易变,并且经常抱怨说很苦恼、很焦虑,身体也常感不适(如头痛、胃痛、头昏等)。神经质得分低者则表现为温柔、善感等。

3. 用因素来描述

研究者们在人格描述模式上形成了比较一致的共识,并提出了人格的大五模型。研究者发现大约有五种特质可以涵盖人格描述的所有方面,即开放性(openness)、自觉性(conscientiousness)、外倾性(extraversion)、宜人性(agreeableness)和神经质(neuroticism)。大五人格(OCEAN),也被称为人格的海洋。

　　小磊是一个热情活泼、值得信任、做事认真、想象力丰富的人,而小凯却是一个孤独冷漠、情绪反复无常,同时又缺乏责任感的人。如果让你跟他们中间的一位一起出去旅游,你会选择哪一个? 答案是不言而喻的。如果你想对两个人做更进一步的比较,请按照表2-2中的五个因素对他们进行大概的评估,比较一下两个人在这五个因素上的得分。

表 2-2　大五模型中的人格因素

人格五因素	低分特征	高分特征
外倾性	孤独、安静、被动、缄默、不合群	健康、主动、热情、喜欢参加集体活动
宜人性	多疑、刻薄、无情、易怒	信任、宽容、心软、好脾气
自觉性	马虎、懒惰、不守时、杂乱无章	认真、勤奋、守时、井井有条
神经质	冷静、自在、不温不火、情感淡漠	害羞、神经质、感情用事、自寻烦恼
开放性	行为刻板、创造性差、遵守习俗、缺乏好奇心	富于想象、创造力强、标新立异、有好奇心

扫描学习

测试:《大五人格问卷(简版)》

三、评价自我

　　自我评价是心理学中的一个术语,是指人们对自身条件、素质、才能等各方面情况的一种判断。自我评价的恰当与否,直接关系到个人道路的选择和生活的快乐与否。正确地进行自我评价一般可通过两种方法:一种是直接的自我评价,一种是间接的自我评价。

　　1. 直接的自我评价

　　直接的自我评价首先是认识自己的自然条件:包括健康情况、心理状态、情感特点、兴趣倾向、知识水准、专业特长、智力情况、能力特点,以及文字表达能力、动手操作能力、心理承受能力等各方面的情况。其次是同自己在不同领域的实践中取得的不同成绩相比较,以发现自己的强项,确定奋斗的目标。美国华尔街股神沃伦·巴菲特原本想成为音乐家,他也曾经在大学里学习音乐专业,但很快发现自己的长处不在这里,于是便毅然转到股票投资方面的学习中去了。

　　2. 间接的自我评价

　　间接的自我评价是指通过与他人行为的对照、情况的比对,自己发现自我认识的错误。当局者迷,旁观者清,不妨用与他人相比较的方法及用自己在不同领域中取得的不同成果相比较的方法鉴别一下。多数人在自我评价问题上具有两重性:一方面,喜欢幻想,把个人的境遇、发展、前途刻画得绚烂多彩;另一方面,又常常低估自己的才智和能力,自我评价常常是过谦的,甚至是比较自卑的。有的人可能不辨音律,但却有着高超的组织才能;有的人也许不解数字之谜,但却心灵手巧;有的人可能不好琴棋书画,但却酷爱自然、精于园艺。诸如此类,不一而足。正确的自我评价,是帮助我们确定正确方向的前提。

♡【心理百科】

其实你没有自己想象的那么重要

某一天,你换了一个新发型,改变了以往的穿衣风格,穿了一件以前从来没穿过的蓝色裙子,当你走出家门以后,无论是在上学途中还是在进入学校的大门后,你都会感觉所有的人都在看着你,都在对你的外貌和穿着品头论足,这种现象便是心理学中所说的"焦点效应"。

"焦点效应",也叫做社会焦点效应,指的是人们常常高估周围人对自己外表和行为的关注度。也就是说,人们往往会把自己视为一切的中心,并且不自觉地高估别人对我们的注意程度。

关于焦点效应,心理学家吉洛维奇曾经用实验验证过。在实验中,他让一名被试穿了一件画有戏剧演员头像的 T 恤。然后以等候参加实验为接口,让这名被试坐在其他五位穿着普通衣服的学生中间。随后,实验者让被试做出判断,让他估计一下有多少学生注意到了他的 T 恤。被试回答说大概 50% 的人,然而,事实上,当向那些学生提问时,只有大约 20% 的学生回答说注意到了被试的穿着。

焦点效应常常会导致人们过度关注自我,过分在意自己在公众场合的表现,为一些小尴尬而懊悔郁闷。比如,你可能会为参加同学聚会时不慎把饮料洒在身上而懊恼不已;你也可能会因为在一个聚会上摔了一跤而感到万分尴尬;你还可能会因为在员工会议上回答不出老板的问题而悔恨不已。其实,这种负面的心理不过是庸人自扰罢了,因为事实上很多人都没有留意到你所认为的窘态。

很多时候,都是我们对自己过分关注,并以此联想到别人也会如此关注自己。其实,这不过是"焦点效应"在作怪罢了,总觉得自己是人们视线的焦点,自己的一举一动都受着监控,这样就会让人产生焦虑,甚至还可能产生社交恐惧。社交恐惧者总是"感到"在人群中大家都在关注自己,不自觉地高估自己的社交失误。比如,一个人不小心触动了图书馆的警铃,或者自己是宴会上唯一没有为主人准备礼物的客人。但是研究发现,个体所受的折磨别人不太可能会注意到,即便是当时注意到了,也可能很快就会忘掉。

如果你不是演艺明星,或者某个位高权重的人物,那么通常来说其实你没有自己想象的那么重要。在人群中,你所受到的关注也没有你想象的那么多。因此,你根本没有必要为自己在公共场合的失当之举而耿耿于怀,或者因为害怕他人评价而不敢尝试某件事情,因为不论你的表现是好还是坏,他遗忘的速度总是快于你的想象,甚至转身之后,他们便不再记得你曾经做过什么。

🐱 扫描学习

知识拓展:《常见的与自我有关的心理困扰》

[QR code]

第三节　如何提升自己

　　英国最古老的建筑物威斯敏斯特教堂旁边矗立着一块墓碑,上面刻着一段非常著名的话:"当我年轻的时候,我梦想改变这个世界;当我成熟以后,我发现我不能够改变这个世界,我将目光缩短了些,决定只改变我的国家;当我进入暮年以后,我发现我不能够改变我的国家,我的最后愿望仅仅是改变一下我的家庭。但是,这也不可能。当我现在躺在床上,行将就木时,我突然意识到:如果一开始我仅仅去改变自己,然后,我可能改变我的家庭;在家人的帮助和鼓励下,我可能为国家做一些事情;然后,谁知道呢? 我甚至可能改变这个世界。"自我完善,从自我出发进行提升,是自我意识完善的重要组成部分,也是人一生中都需要持续进行的功课。

一、积极的自我尊重——先爱己再爱人

　　我们可以回想下自己是否有以下表现:觉得自己不够好、没有能力、比不上自己身边的人;回避与其他人的交往,生怕被别人发现自己不好的一面;当别人夸奖自己时感觉不自在,甚至主动找自己的缺点驳斥对方;总是刻意迎合他人,哪怕会损害到自己的利益也不敢提出反对意见;对于他人的态度格外的敏感,他人只要有一点小小的情绪波动,就会认为是自己的问题……如果常常会有这些表现并且深受困扰的话,那么我们很可能是低自尊的一员。那么到底什么是低自尊呢? 我们先从自尊说起。

只有顺从ta们的心意,我才能变得受欢迎吧……

低自尊者会不停地讨好别人

　　梅勒妮·芬内尔(Melanie Fennell)在《克服低自尊》一书中这样解释自尊:"自尊是我们看待自己的方式,我们对自己的想法,以及我们赋予自己的价值。"她指出,自尊是我们关于自己的核心信念,而低自尊就意味着我们对于自己抱有负面的核心信念。这些负面的核心信念会以各种方式呈现出来,包括想法、行为、情绪、躯体动作、身体状态等多个方面。在想法上,低自尊者往往倾向于贬低自己的价值,过度重视自身的弱点和缺陷,而忽视自身拥有的优势和长处,因此经常会自我批评、自我责备或自我怀疑;在行为上,低自尊者的口头禅往往是"对不起",他们难以表达自己的合理需求,无法做到畅所欲言,常避免挑战以及回避机会;在情绪上,低自尊者常常会陷入悲伤、焦虑、羞愧、内疚、无望、沮丧以

及生气等消极情绪状态;在躯体动作上,低自尊者很可能会有驼背、低头、说话小声、避免眼神接触、手脚无处安放等身体语言;在身体状态上,低自尊经常会有疲劳、恶心、疼痛、萎靡以及紧张等身体感觉。

我们该如何应对低自尊?首先我们要处理情绪层面的问题,要注意区分事实和感受。在与他人交往的过程中,低自尊者会习惯性地把外界信息和他人行为从悲观的角度解读,进而产生消极的情绪体验。例如,他人回微信晚了些,低自尊者可能会想对方是不是讨厌自己,从而产生委屈或愤怒的情绪感受,但事实上很可能对方在忙,没有时间回复。所以,低自尊者可以尝试把注意力集中到事实本身,而不是过度揣测自己或他人的情绪感受。

其次,我们要解决认知层面的偏差。低自尊者往往会对事件做出负面预期,将自己的预期混淆为现实,因此变得焦虑不已,高估坏事的发生概率,高估事情的严重程度,并低估自己的应对能力和外界的支持力量。表2-3是用来记录事件发生时自身的预测及反应,可以帮助我们更好区分"预期"和"事实"。

表 2-3 负面焦虑预期验证记录表

记录项目	具体内容
日期/时间:(事件发生的具体时间)	
情境:当开始感觉焦虑时,我在做什么?	
情绪和身体感觉:按0~100评估感受程度	
焦虑预期:按0~100评估对它们的相信程度	
预防措施:为了防止预期变为现实,我做了什么?	
替代想法:找出替代想法,按0~100评估对它们的相信程度	
实验:1.如果不采取预防措施,那么我做了什么? 2.结果如何?	

在完成记录之后,要尝试对这些使自己感到焦虑的情境进行质疑,不要把它们当做事实来接受,找出一些可以驳斥负面预期的替代想法,并一一对应地把它们写下来。这里有一些关键问题可以帮助我们找到替代想法:(1)支持预期的证据是什么?(2)与预期不一样的证据是什么?(3)有什么其他可以替代的观点吗?证据是什么?(4)可能发生的最坏情况是什么?(5)可能发生的最好情况是什么?(6)现实地说,最可能发生什么?(7)如果发生了最坏的情况,我能够做什么?

最后,在写下替代想法后,验证负面预期是错误的最好方法是行动。这是给自己一个更深入了解自己、打破旧的思考习惯、建立新的习惯的机会。我们需要用现实中发生的事实来证明自己预期的荒谬。

另外,我们可以尝试使用这些问题帮助我们找到自己积极的方面,发掘被自己埋没多时的优秀品质:(1)你喜欢自己的哪些方面?不论它们多么微小。(2)你有什么积极的品质?(3)你有过什么成就?不论它们看似多么微不足道。(4)你曾经面对并克服过什么挑战?(5)你有什么才能?不论它们看似多么不足为道。(6)其他人喜欢或欣赏你哪些方面?(7)你有哪些你所欣赏的他人身上的品质和行为?(8)一个关心你的人会怎么评价你？推荐使用一个"优点记录本",随时随地记录自己的优点,在记录的时候要注意在对应的优点后面附上相应的例子。每当我们感到沮丧、自责,自我否定时,可以拿出这个记录本看一看,也许就会发现"哇,我原来这么厉害这么棒",从而获得事实支持和积极力量。

要改变低自尊绝非朝夕之功,这会是一个长久的旅程,需要不断练习。在过程中也可能遇到多次反复,这个时候不用失望,不用沮丧,多给自己一些时间,必要时也可以寻求专业人士的帮助。要知道,先爱己而后爱人。我们要相信自己可以通过积极成长获得自信,用乐观的态度去爱自己、爱他人、爱生活。

扫描学习

自我测试:《自尊量表》

二、积极的自我归因——远离习得性无助

我们可能有过这样的体验:在学习时毫无动力,缺乏进取心,遇到挫折时特别想放弃,甚至连自己力所能及的事情也往往不能胜任,根据以往的失败经历认为自己无论怎么努力都不可能取得成功,并且得出一个结论:"我就是这个样子了"。心理学家称这种现象为习得性无助。那么,习得性无助是什么、怎么产生的、可以如何被改变呢?

我们先看心理学家塞利格曼和梅尔(Seligman&Maier)曾经做过的一个经典实验:他们把两群狗分别放到相邻的两个笼子里。只要蜂音器一响,两个笼子里的狗就会同时受到电击。区别在于,A笼子里的狗可以通过按压杠杆来同时切断两个笼子的电源,而B笼子里的狗只能等待A笼子里的狗切断电源以后才能避免电击,什么也做不了。在经过一系列的电击以后,把它们放到另一个笼子里,这个笼子的中间有一块隔板,只要跳过这块隔板,就可以避免电击。结果电击开始以后,大部分来自A笼的狗很快学会了跳过隔板来逃避电击,而有2/3的来自B笼的狗则趴在那里一动不动,只是被动地接受电击。虽然两个笼子里的狗接受了同样的电击,但产生的效果却截然不同。研究者认为,B笼的狗在之前的电击中,获得了一种"习得性无助",也就是说对环境无能为力的感受让它们放弃了主动逃避而只会绝望地等待痛苦的来临。塞利格曼等人在另一实验情境下,使人也产生了习得性无助。

如果一个人觉察到自己的行为不可能达到特定的目标或没有成功的可能性时,就会产生一种无能为力或自暴自弃的心理状态,具体表现为认知缺失、动机水平下降、情绪不适应等心理现象。习得性无助的人往往在自我归因方式上存在偏差。自我归因(self-attribution)是指一个人对自身行为表现做出的解释。当一个人将不可控的消极事件或失败结果归因于自身能力的时候,一种弥散的、无助的和抑郁的状态就会出现,自我评价会降低,动机水平也会降低,习得性无助也就会产生。

心理学家韦纳(Weiner)认为,一个人对自己行为成败的归因一般包括三个维度:控制点、稳定性和可控性。控制点是指一个人认为影响自己成败的因素源于自身还是外部。例如,小 A 和小 B 都没有通过英语四级考试,小 A 想:"我没有努力。"而小 B 想:"这次题目太难。"小 A 归因于努力程度不够,努力程度是由个人自己控制的,这属于内部归因;小 B 归因于任务难度,任务难度是由外部原因控制的,这属于外部归因。稳定性是指一个人认为影响自己成败的因素是否稳定,不随情境的变化而变化。例如,小 C 也没有通过英语四级考试,但他却想:"我能力不行。"小 A 与小 C 同样归因于内部,但努力程度是可以改变的,而能力高低则是相对稳定的。可控性是指一个人认为影响自己成败的因素是否可以由个人意愿所决定。例如,没有通过英语四级考试的小 D,他这样想:"这次运气不好。"运气好坏就属于不可控因素,能力水平、任务难度也属于不可控因素。

在这三个维度中,控制点更能有效地解释习得性无助现象。通过表 2-4 我们可以看到,能力是稳定的、不可控的,而努力是不稳定的、可控的。当一个人把失败归因于能力而非努力时,就会产生习得性无助现象。例如:一个人在生活中,如果长期经历失败而又找不到扭转局面的方法,那么他很可能把失败归因于自己无能或水平低下等稳定、不可控的因素。即便偶尔成功也会被他归因于运气好、任务容易等不稳定的外部因素,这些消极的归因最终使他产生更加强烈的习得性无助感。

表 2-4　自我归因的三个维度

归因维度	能力水平	努力程度	任务难度	运气好坏
控制点	内控	内控	外控	外控
稳定性	稳定	不稳定	稳定	不稳定
可控性	不可控	可控	不可控	不可控

面对习得性无助的困境,我们可以尝试下面的方法:

(1)深入分析之前成功和失败的原因,检查自己的归因方式是否合理。训练自己无论在分析成功事件还是失败事件时更多地进行积极的可控归因,例如成功时归因于"我很努力",而失败时归因于"我的努力不够"。

(2)不断给自己设立具有一定挑战性但通过努力可以完成的目标和任务。遥不可及的目标会让我们不断产生挫败感,进而不断强化不合理的归因方式。我们要学会对自己努力过程中微小的进步保持关注,及时奖励自己每一次微小的成功,切身体会到"自己真的可以做到一些事情"。

(3)找到合适的参照对象,在比较中发现自己的长处。有些人将自己和比自己优秀很多的人比较,于是很容易产生自卑感,觉得自己一无是处。找到合适的参照对象可以帮助我们更好地认识自己,既可以不断发扬自己的优点,又可以正确认识自己的缺点。

俗话说:"人生不如意事,十之八九。"我们可以经常自省自己的归因模式是否合理,并有意识地培养积极的自我归因,毕竟不论成功还是失败都是系于自己,别让习得性无助阻止自己成长的脚步。

扫描学习

微课:《积极的自我暗示——自我预言的实现》

三、积极的自我表现——管理自己的形象

美国社会学家帕克(R. E. Park)曾经这样说:"人"(person)这个词,最初的含义是一种面具(persona),这也许并不是历史的偶然,而是对下述事实的认可:无论身在何处,每个人总是或多或少地意识到自己在扮演的一种角色……正是在这些角色中,我们互相了解;也正是在这些角色中,我们认识了自己。社会学家戈夫曼(E. Goffman)在其经典著作《日常生活中的自我表现》中也提到,社会交往就像是戏剧舞台,每个人都在扮演特定的角色、演出不同的节目,从而试图控制别人对自己形成的印象。也就是说,我们每个人都会"演戏"。

我们为了达到某一预定的目的,有意识地按照一定的模式表现自己,以便给别人留下一个自己所期望的印象,这一过程就是自我表现,又称印象管理。例如,在追求爱情的时候,为了博得对方青睐,我们会努力靠近对方所期望的恋人形象;在参加面试的时候,为了获得工作机会,我们会积极展示岗位所需要的能力特征,等等。研究发现,自我监控与自我表现之间存在相关。自我监控是一种调节自我表现,使个人的行为适合于情境的能力。低自我监控者不善于自我表现,他们不关注别人的表现与情境的影响,他们看重的是如何保持自身的一致性,即表达自己的真实态度和感受。而高自我监控者则善于自我表现,他们对别人在社会情境中的言语和非言语表达及自我表现非常敏感,他们根据别人和环境的需要来塑造自己的行为,在不同的情境下做出不同的反应。但无论是哪一种自我监控者,都没有好坏之分。在日常生活中,常见的印象管理策略如下:

(一)保持形象的一致性。

在印象管理的众多策略中,言行一致或者说表里如一最为重要。反复无常的人会让我们捉摸不定,难以获得安全感或控制感。言行一致表明言语与非言语行为应该是匹配的,例如,努力传递一个友好的印象,不仅用语言表达自己的赞赏,同时还包括非言语沟通,如身体前倾、微笑点头、目光接触等。

(二)取悦他人。

这是一种能使别人喜欢自己的重要策略。心理学家琼斯提出了四种取悦策略:

(1)称赞或抬高别人。人们很难不喜欢那些喜欢自己、认为自己很重要的人。在称赞对方时要注意,频繁的赞扬可能会失去价值。而且与夸大其词、阿谀奉承相比,人们更喜欢恰如其分、真情流露的肯定。另外,与即时的恭维相比,人们会更加看重事后的回顾。例如,一个人演讲刚结束你给予喝彩,他会认为这只是一般的礼貌。但是在过了一段时间后你再对他谈起演讲内容和感受,他便会对你表示感谢或感激。

(2)意见和行为上遵从他人。人们希望获得别人的认可与肯定,会喜欢那些与自己在信念、态度和行为等各方面相似的人。但遵从不等于无底线的接受,你在关键问题上认可并遵从他人,在小的方面表示不同意见,这会更具说服力。

(3)恰当的自我表现才受欢迎。适当的谦虚很有必要,过分的自我表现容易给他人带来威胁感,毕竟很多人受不了浮夸的"戏精"。另外,虚伪的谦虚也不可取,例如"我是做得不错,但这不算什么",这只会给人留下故作谦虚的印象。

(4)给予帮助。社会交换理论认为人与人之间的交往,在本质上是一种社会交换过程。这种交换不仅涉及物质的交换,同时还包括非物质,例如情感、信息、服务等各方面的交换。其中,费力最小原则是人类行为的基本原则之一,即人们总是希望用最小付出换取最大回报。只有当一种关系对人们来说是值得的,彼此之间的人际互动才会出现,人际关系才能形成。当然,给予不能变成负担,否则就会适得其反。

(三)恰当的自我表露。

自我表露的意思是自愿地在他人面前展示自己真实的想法和行为。现实生活中的我们包括"公开自我"和"私下自我",例如,在现实生活中的很多人眼里,小A是一个稳重、谦和、正能量的上进青年,但他在网络世界里却是一个怼天、怼地、怼世界的"愤青"。印象管理的目的是让他人看到更多积极的公开自我,并保护隐秘的私下自我。但总是隐藏自己的真实想法和行为是很累的,对心理健康的保持也是不利的。自我表露遵循对等原则,也就是人们会根据他人表露多少来做出自己的表露。例如,别人和你分享了很多真心话,而你却绝口不谈自己的真实感受,对方就会怀疑你交往的诚意;别人表露较少而你却滔滔不绝,这又会让对方觉得尴尬、不自在。所以,无话不谈是有度的,理想的模式是对少数亲密的朋友做较多的自我表露,而对其他人做一般或中等程度的表露。

在生活中,我们会通过各种印象管理策略来迎合周围观众,从而美化个人形象和调节人际互动。恰当的印象管理不是虚伪,而是内心成熟和个人修养的表现。试想,若从未试过更好地表现自己,我们怎么更好地认识自己呢?

扫描学习

视频:《虚假的你》

【自我测试】

你是个高自我监控者吗?

自我监控问卷是为了测量人会在多大程度上监视和控制自己在公众面前的行为。请回答如下的问题,并在"是"与"否"上面画圈。

测试题:

1.我发现自己很难模仿别人的行为。(是 否)

2.我的行为通常反映了自己真实的内心体验、态度和信心。(是 否)

3.在聚会或者社交场合,我不会试图说或做一些讨别人喜欢的事情。(是　否)

4.我只会为自己相信的观念辩护。(是　否)

5.我可以针对一些我一无所知的主题发表即兴演说。(是　否)

6.我认为自己只不过是在演戏,并以此打动或者取悦别人。(是　否)

7.当对自己的行为没有把握时,我会通过观察别人的行为来寻找线索。(是　否)

8.我可能会成为一个好演员。(是　否)

9.我很少根据朋友的意见来选择电影、图书或者音乐。(是　否)

10.我有时会向别人表达出比实际更深刻的情绪体验。(是　否)

11.相对于独自一人,和别人在一起看喜剧我会更容易发笑。(是　否)

12.在人群中,我很少成为注意的焦点。(是　否)

13.在不同的情境中或者和不同的人在一起,我的行为方式会完全不同。(是　否)

14.我并不特别擅长讨别人喜欢。(是　否)

15.即使我觉得很无聊,我也装作很高兴。(是　否)

16.我并不总是我看起来的那个样子。(是　否)

17.我不会改变自己的观点(或行为)来取悦别人或者赢得他们的喜爱。(是　否)

18.我曾考虑过做一个演艺人员。(是　否)

19.为了能够友好相处并被人喜欢,我倾向于成为人们所期望的样子。(是　否)

20.我从不擅长看手势猜字谜,以及即兴表演之类的游戏。(是　否)

21.我不太会改变自己的行为来适应不同的人和环境。(是　否)

22.在聚会时,我不会打断别人的玩笑和故事。(是　否)

23.和人在一起的时候我总感觉有些尴尬,表现也不如实际那么好。(是　否)

24.如果为了一个好结果,那么我可以看着别人的眼睛若无其事地说谎。(是　否)

25.即使我非常不喜欢他们,我也会装作很友好。(是　否)

计分与解释:

在题5、6、7、8、10、11、13、15、16、18、19、24和25上回答"是"得1分。在题1、2、3、4、9、12、14、17、20、21、22和23上回答"否"也得1分。将总分加起来,得12分或以下为低自我监控者,得13分或以上为高自我监控者。

高自我监控者——成为合时宜的人。他们认为自己是实用和灵活的,要在所有情况下成为合时宜的人。在面临一个社会情境时,他们首先会辨别在这种情况下一个典型的模范应该做什么,然后他们会用这些知识来指导自己的行为。高自我监控者是社交变色龙,他们享受在不同情境下做不同的人,这样的人也具备扮演不同角色的认知和行动技能。

低自我监控者——成为我自己。他们认为自己是讲原则性的,并且强调在做什么人和做什么事等问题上保持一致的重要性。在面临一个社会情境时,他们更关注内心世界,并用自己的态度、信仰和感觉来指导自己的行为。在社会环境中,他们努力要实现的是做自己,而不是做合时宜的人。低自我监控者认为自己是非常讲原则的人,更看重自己在不同情境下要"对自己真实",他们不太擅长把握社会情境的特征。

🐾 扫描学习

知识拓展:《增强自信心的10条建议》

💗 【经典老歌】

我真的很不错

没有时间在无谓的承诺叹息

让太阳晒一晒充满希望的背脊

迎着世界的风

我要无畏地挺立

对于必须做的事

我一点都不怀疑

要做就做最好的

不要明天才说真的可惜

我知道我能做到的

就是不停不停不停不停不停不停地努力

我真的不错

我真的很不错

我的朋友

我想骄傲地告诉你

我真的不错

我真的很不错

我的朋友

我想骄傲地告诉你

我真的很不错

我真的很不错

我是真的真的真的真的真的很不错

我真的很不错

我真的很不错

我是真的真的真的真的真的很不错

（作词：娃娃；作曲：伍思凯；演唱：伍思凯）

🐹 扫描学习

测验:《小节测验20题》

[QR code]

💗【电影心赏】

千与千寻(*Spirited Away*)(2001)

　　千寻和爸爸妈妈一同驱车前往新家,在郊外的小路上不慎进入了神秘的隧道——他们到了另外一个诡异世界——一个中世纪的小镇。远处飘来食物的香味,爸爸妈妈大快朵颐,孰料之后变成了猪!这时小镇上渐渐来了许多样子古怪、半透明的人。一个叫小白的人救了千寻,喂了她阻止身体消失的药,并且告诉她怎样去找锅炉爷爷以及汤婆婆,而且必须获得一份工作才能不被魔法变成别的东西。千寻幸运地获得了一份在浴池打杂的工作,渐渐不再被那些怪模怪样的人吓到,并从小玲那儿知道了小白是凶恶的汤婆婆的弟子。一次,千寻发现小白被一群白色的飞舞的纸人打伤,为了救受伤的小白,千寻又踏上了冒险之旅。

　　这是一个关于寻找自我和失去自我的故事。没了父母在身边,千寻不得不自己主动选择。她有着坚定的内核,坚持自己认为对的,不会倚仗权势,也不会依赖别人,凭借的是自己的真诚和善良,以及因为困境所激发出来的勇敢和坚强。

💗【推荐阅读】

罗洛·梅.人的自我寻求[M].郭本禹,方红,译.北京:中国人民大学出版社,2008.

马丁·赛利格曼.认识自己,接纳自己[M].任俊,译.沈阳:万卷出版公司,2010.

克里希那穆提.重新认识你自己[M].若水,译.深圳:深圳报业集团出版社,2010.

兰迪·拉森,戴维·巴斯.人格心理学:人性的科学探索[M].郭永玉,译.北京:人民邮电出版社,2011.

布鲁斯·胡德.自我的本质[M].钱静,译.杭州:浙江人民出版社,2020.

第三章　探索人际的奥秘

【案例导读】

宿舍的友谊小船是如何被打翻的

步入大学的你，离开了温暖的家庭和亲密的朋友，开始面对独立自主的大学生活，学习处理多种多样的人际关系。在所有大学校园的人际关系中，宿舍关系成为现在许多大学生最为困扰的问题。住在同一屋檐下的彼此，为何却拥有"世界上最遥远的距离"？

1. 宿舍内部关系复杂

宿舍矛盾最常见的是貌合神离打"冷战"。大二学生小婷这样描述："我和一个室友喜欢热闹，经常结伴学习、外出，但其他两个室友比较内向，平时喜欢独来独往，所以彼此之间没有交流、各干各的，大家可以连续几天不说话，宿舍生活一直死气沉沉。"

少数宿舍在矛盾升级后甚至动手打架。大一新生小雷抱怨室友经常熬夜打游戏，并且总会把背景声音开得很大："晚上十一点大家都准备休息了，提醒他戴耳机打游戏，他居然说我玩我的，你睡你的！大家多次好言相劝，他却总是置之不理。一位室友决定'以牙还牙'，在这位同学白天睡觉时故意大声放音乐，结果两人打架受伤，还受了处分。"

2. 多重因素影响友谊

家庭背景、生活习惯、性格脾气、兴趣爱好、价值观念等各种因素都会对宿舍关系产生影响。"每次宿舍检查卫生，室友总是指望我一人，因为我以前总是默默地把卫生做好，使她们养成了依赖心理，她们觉得理所当然。"大一新生小婷对室友在宿舍公共卫生方面不愿意实行"责任承包制"表示不满，"一开始是责任分工，到现在是偷懒拖延。我比较爱干净，经常会打扫，而室友总是以看不清地面上脏不脏为由拒绝做卫生。"

3. 缺少交流积累矛盾

在宿舍中遇到问题，大多数人选择自我消化而非积极沟通，致使彼此之间的心结越来越大，也为日后埋下了不和谐的种子。大三学生小雯表示，日常生活中的摩擦时有发生，但大家都喜欢憋在心里，不愿意说出来。等到说出来，已经是忍无可忍，接近决裂的地步："室友借钱却一直不还，虽然知道室友可能因为忘记而非故意不还，可是心里总会有些不舒服。自己又不好意思开口，担心对方说自己小气。久而久之，彼此之间谁也不理谁。"

……

宿舍友谊是一种很"玄"的东西，如影随形，无声无息，出没在心底。宿舍友谊的小船可以说翻就翻，也可以上升为友谊的巨轮。每位大学生都希望在大学四年里找到归属、寻到朋友，那就先与最亲密的同窗室友好好相处吧。

问题思考

(1)我们为何要与人交往？
(2)哪些因素影响着人际交往？
(3)怎样才能做到有效的人际沟通？
(4)人际交往中有哪些常见的不良心理？
(5)如何建设性地解决人际冲突？

哈佛大学一项持续75年的研究表明，良好的人际关系是良好生活的密钥。在这一章里，我们将和你一起探索人际交往的奥妙，使你了解人际交往中的心理效应，掌握人际互动的沟通技巧，学会人际困扰的调适方法。正如马克·吐温所说："生命如此短暂，我们没有时间争吵、道歉、伤心，我们只有时间去爱。"

第一节　我们为何要与人交往

德国教育学家斯普兰格曾说："在人的一生中，再也没有像青年时期那样强烈地渴望被理解的时期了。没有任何人会像青年那样沉陷于孤独之中，渴望被人接近与理解；没有任何人会像青年那样站在遥远的地方呼唤。"我们每个人都需要与一个或多个特定的人建立深层次的相互关系，例如朋友、恋人或配偶。尽管你我有这样或那样的缺点，但仍有同伴会接纳我们。与这样一个能理解自己内心并能包容我们不足的人相处，是人生中最令人满足的经历之一。不然，我们经常体验到的可能就会是情绪上的隔离和孤独。

一、满足你的需要

亚里士多德将人称为"社会性动物"。美国心理学家马斯洛提出，人类的需要主要有生理需要、安全需要、社交需要、尊重需要和自我实现的需要五种。事实上，如果我们认真分析一下就不难发现，每种需要的满足都离不开人际交往。生理需要包括食物、住所和性的需要等，如果我们要满足这些需求，就必须与他人建立关系；安全需要也与人际交往有关，这一需求主要体现在秩序、法律、医疗、教育等各方面；社交需要、尊重的需要在很大程度上是人际交往的产物；至于自我实现的需要，也要在人际交往中才能完成。

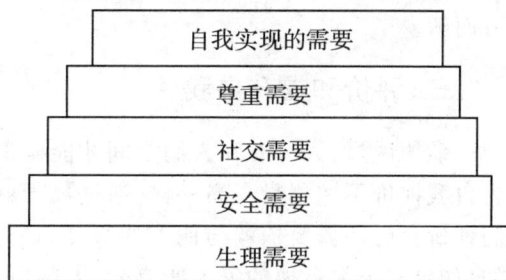

马斯洛的人类需要层次论

正常交往活动的缺乏或被剥夺（如单独监禁），会造成个体的消极情绪反应和心理紊乱。这一点在美国心理学家沙赫特的"交往剥夺实验"中得到了很好的诠释：沙赫特以每小时15美元的高薪招募被试到他创设的特别房间里去居住，居住的时间越长，得到的报酬越多。这一房间完全与外界隔绝，没有报纸，没有电话，不准写信，听不到外界的声音，当然更找不到人聊天,每天只供应饮食等必需的生活用品。先后有 5 名被试参加了这个实验。实验结果是:1 个人待了 2 个小时,3 个人待了 2 天,1 个人待了 8 天。待了 8 天的被试出来以后说:"如果再让我在里面待 1 分钟,我就要疯了。"

沙赫特的实验告诉我们,当基本的人际需要无法得到满足时,我们往往会觉得孤独和痛苦。这一研究可以帮助我们理解:为什么被隔离的人会因为丧失社会联系而变得焦虑和抑郁。俗话说"失去后才懂得珍惜",当失去一位亲人、爱人或朋友时,我们可能会悔恨为什么当初没有好好去珍惜。所以,不要等人际关系破裂时,你才追悔莫及。

二、获得社会支持

电影《肖申克的救赎》中,安迪刚进监狱时并不被人喜欢。大家都期待看到他这样文质彬彬的人最后会被监狱折磨成什么样子,但外表文弱的安迪的表现与大家的想象截然不同,他沉默无求,对一切都逆来顺受。在这样的条件下,安迪与瑞德的友谊却在锤子、石头、海报以及漫不经心的话语中慢慢萌生,他们成了彼此的一种依靠。安迪准备越狱的时候,他还给瑞德留下了希望的火种。瑞德假释后,在不能适应社会的时候,是安迪给了他生活的希望。

社会支持(social support)是指他人向自己提供的情感、物质和信息上的帮助。当我们觉得自己的情绪很糟糕时,可以向亲密的家人寻找安慰,也可以向自己的挚友倾诉烦恼,还可以求助于专业的心理咨询师。通过寻求支持,很多人可以摆脱消极的情绪,并以积极的心态面对生活。电影中的安迪和瑞德都生活在没有自由的环境下,他们友谊的存在就是源于彼此的情感支持。

威廉斯等人于 2000 年发现,即使在虚拟世界中,被一个永远不可能见面的人拒绝,也会引起挫折感。比如你很想在 QQ 上与一位异性聊天,但是无论你怎么发信息,对方都不回复你,你有过这种经历吗?研究者从 62 个国家招募了 1486 名被试,让每个被试与另外两人一起玩一种网络游戏(另外两人是电脑模拟的)。结果发现,那些遭到另外两人排斥的被试感到情绪低落,甚至引起其暂时的担忧、焦虑、偏执等负面情绪。可见,被排斥是一种实实在在的创伤,会使我们感到紧张不安,但当我们被他人接纳时,很多问题往往会迎刃而解。

三、评价和提升自我

歌德说过:人只有在人们之间才能认识自己。我们经常为该如何评价自己而困惑,因为自我评价不像测量身高一样,通过尺子就可以做到。当没有一个非常客观的标准时,我们评价自己还需要依赖与他人的交往,通过他人对我们的评价来完善对自我的认识。例如,如果一个人被他的家人所喜爱、老师所重视、朋友所尊重,那么这个人就会认为自己具有某些令人喜爱的品质;如果一个人常常被长辈、老师和同学推荐担任某些重要工作,那么这个人肯定认为自己在某些方面具有才能;但如果一个人总是被同学所排斥,很少有人愿意与他交流,那么这个人很可能会认为自己是一个不被人喜欢的人。

社会心理学家还指出,人际交往能够满足人们进行社会比较的需要,即把自己的行为、情感、观点和能力与其他人相比。你是否有过在考试之后与他人比较分数的经历?如果有这样的经历,那么你便是通过与他人交往的方式来对自己的学习成绩进行评价的。当然,你并非盲目地进行比较,而是与自己能力水平相似的人做比较,因为这样做才对认识自我具有意义。不仅如此,你还会"向下"或"向上"比较。例如,在这学期的奖学金评比中,由于你考试成绩不理想,你从上学期的一等奖学金下滑到二等奖学金,你可能会因此郁郁寡欢,但当你跟一位一直拿二等奖学金的同学交流后,发现他这学期没有拿到奖学金,你会不会觉得心里舒畅了些? 这时的人际交往就起到了自我保护的作用;同时,你还会向上比较,以拿一等奖学金的同学为榜样,激励自己更好地学习,进而不断地提升自我。

扫描学习

微课:《人际交往的心理原则》

第二节　什么影响着人际交往

著名人际关系学者戴尔·卡耐基在 1937 年出版了一本讨论人际关系技巧的著作《如何赢得朋友及影响他人》。这本书历经 80 年仍畅销不衰,已成为人类历史上名列前茅的畅销书,这说明我们是多么渴望被他人接纳和喜欢。接下来,让我们讨论那些有助于最初的人际吸引的因素。

一、接近性:"远亲不如近邻"

大学伊始,互不相识的大学生们来到全新的环境。一段时间过后,大多数人的新朋友都是住得离自己很近的人。另外,时间上的接近,如同龄、同级、同期等也容易在情感上产生亲近感。也就是说,生活的时空性决定了我们只能与时空距离接近的人有密切来往(互联网例外),时空距

《我不是怀念大学》系列漫画

离越接近,交往效率可能越高,人际关系就越容易建立。大多数情况下,我们的友谊和浪漫关系起始于与周围人的交往。与人见面不一定会喜欢上他们,但喜欢上他们必须先见到他们。一个人在自己的眼前出现的次数越多,自己越容易对其产生偏好和喜爱(当然前提是这个人第一次出现没有给你带来不适感或厌恶感),我们把这种只要经常出现就能增加喜欢程度的现象叫做曝光效应。如果你想给别人留下不错的印象,经常在对方面前"露脸"就是一个简单有效的好方法。

【经典实验】

我们会跟谁成为朋友？

美国心理学家费斯廷格于1950年以麻省理工学院的已婚学生为实验对象对接近效应进行研究。居民们所在的住宅区有17栋独立的两层小楼，每栋楼有10个单元，每个单元样式几乎相同。居民们不能决定自己的住处，哪里有空的公寓他们就被分配在哪里。一开始入住时，这些随机安排的居民彼此之间并不熟悉。一段时间后发现，居民们与住在附近的邻居交往更多，更容易成为朋友。事实上，大多数房门之间的距离只有5.8米，而距离最远的房门之间也不过27米。但在同一层楼上，实验对象愿意与之交往的邻居中，隔壁邻居占了41%；隔一扇门的邻居占了21%；而走廊尽头的邻居只占了10%。此外，住在同一楼层的居民与住在不同楼层的居民相比更容易成为朋友。

（资料来源：罗兰·米勒，丹尼尔·珀尔曼，《亲密关系》，人民邮电出版社，2011）

二、吸引力

1. 外表吸引力："爱美之心，人皆有之"

在人际交往中，你会看重对方的哪些特质呢？智慧的人们并不在意诸如美貌之类的外在特征，他们知道"美丽扎根于内心深处"，而且"不可以只通过封面来判断一本书的好坏"。但在现实生活中，我们的确身处一个"看脸的世界"。

哈特菲尔德等人于1966年在明尼苏达大学"迎新周"让752名一年级的男女学生随机配对参加两个半小时的舞会。舞会结束时，询问学生是否希望再次同对方进行约会。结果表明，不管是男生还是女生，外表吸引力越大就越受人喜爱。迪恩等人于1972年向大学生展示三个大学生的照片：一个外貌漂亮，一个相貌平平，一个相貌丑陋，然后要求大学生预测他们三人未来是否幸福。研究发现，外表具有吸引力的人获得了更多的肯定回答。还有研究发现，即便是婴儿也偏爱有吸引力的面孔。

尽管"人不可貌相"，但外表在人际交往中所表达出的意义是无法用语言形容的，它在某些方面是一个人内在品质的具体体现。人际交往是一个由表及里、由浅入深的过程，在人们对你的一切都不了解的时候，通过整饰自身的外表仪态可以影响对方对自己的整体评价，所以开始注意自己留给他人的第一印象吧！

【心理百科】

"第一印象"中的心理效应

1. 首因效应：抓住第一印象的机会

首因效应是指交往双方形成的第一次印象对今后交往关系的影响，也就是"先入为主"带来的效果。虽然这些第一印象并非总是正确的，但却是最鲜明、最牢固的，并且决定着以后双方交往的进程。

那怎样才能给人留下良好的第一印象呢？第一印象主要是依靠性别、年龄、体态、姿势、谈吐、面部表情、衣着打扮等外在表现来判断个人的内在素养和个性特征。所以，在日常交往过程中,不仅要注重仪容仪表与着装打扮,还要注重举手投足的恰当得体和言辞优雅。

2.光环效应:爱屋及乌与以偏概全

光环效应是指人们一旦认定某个人在某方面具有优秀品质后,便会认定他在其他方面也会有这种优秀品质,例如,从喜欢一个人的颜值到喜欢他整个人;从讨厌一个人的说话态度到讨厌他所做的每一件事。

常言道:知人者智,自知者明。为了避免光环效应蒙蔽自己,关键在于认清自己和了解他人。"知己"就是要努力了解自己,冷静客观地对待第一印象,学会做好改造甚至否定第一印象的准备。"知人"则是尽量了解他人所想,学会根据对方的思维方式判断其言行,而不是根据个人喜好投射他人。

3.刻板印象

刻板印象是指人们往往把某一个具体的人看做是某一类人的典型代表,并把对某一类人的评价视为对某一个人的评价,因而影响正确的判

明星代言是一种典型的光环效应

断,若不及时纠正则可能扭曲为歧视,例如性别歧视、地域歧视、职业歧视等。

克服刻板效应的具体方法:一是要善于用"眼见之实"去核对"偏听之辞",有意识地重视和寻求与刻板印象不一致的信息;二是深入群体中,与群体中的成员广泛接触,与群体中有代表性的成员沟通,不断地检索与验证印象中与现实中相悖的信息,最终克服刻板印象的负面影响而获得准确的认识。

🐸 扫描学习

知识拓展:《人际交往中常见的心理效应》

2. 个性吸引力:"近朱者赤,近墨者黑"

在人际交往之初,外表的影响较大,随着彼此认识的加深,个性的作用会不断增大。一个人越能给其他人带来舒服、愉悦和稳定的情绪体验,他就会越受欢迎;一个人总是让其他人产生别扭、生气和难堪的情绪体验,他就会越被疏离。换句话说,人们都喜欢与充满"正能量"的人接近与交往。

正能量的人有什么样的特征呢?首先,他们经常微笑。微笑永远是受欢迎的,它来自快乐,也可以创造快乐。微笑会感染身边的人,可以在瞬间缩短彼此之间的心理距离。在人际交往过程中,没有什么东西能比一个灿烂的微笑更能简单直接地打动人心了。所以,放下高冷吧,因为你永远不知道有谁会在下一秒爱上你的微笑!

其次,在社会心理学家安德森于1968年所做的一项研究中,将555个描述个性品质的形容词列成表格,让大学生按照喜好程度从高到低进行排序。在这一排序中,代表性的个体品质有三种:最被喜爱的品质、最被厌恶的品质和介于中间的品质。表3-1为三类代表性个性品质,各列举了19个形容词,这一结果具有跨文化、跨时代和跨社会角色的一致性。

表 3-1　影响人际关系的主要个性品质

最积极品质	中间品质	最消极品质
真诚	固执	古怪
诚实	刻板	不友好
理解	大胆	敌意
忠诚	谨慎	饶舌
真实	易激动	自私
可信	文静	粗鲁
智慧	冲动	自负
可信赖	好斗	贪婪
有思想	腼腆	不真诚
体贴	易动情	不善良
热情	羞怯	不可信
善良	天真	恶毒
友好	不明朗	虚假
快乐	好动	令人讨厌
不自私	空想	不老实
幽默	追求物欲	冷酷
负责	反叛	邪恶
开朗	孤独	装假
信任	依赖别人	说谎

3. 能力吸引力:"金无足赤,人无完人"

在其他条件相同的情况下,一个人越有能力,他就会越受到人们的喜欢。这可能是因为当周围都是拥有才能的人,我们也会在某种程度上得到积极的肯定。实际上在一个群体中最有能力、最完美的人往往不是最受欢迎的人,这可能是因为才能出众的人会让我们产生遥不可及的距离感和社会比较的压力感。

在社会心理学家阿伦森等人于1966年所做的实验中,大学生们要通过听磁带选出一位智力竞赛主持人。磁带共有4盒,实际都是一个人录的音。在其中两盒录音带中,两位"候选人"都显得非常聪明,另外两盒录音带中的两位"候选人"表现的能力一般。此外,在一位"聪明候选人"和一位"一般候选人"的录音中，被试能够听到候选人在讲话时笨拙地把咖啡洒到自己身上的声音。实验结果表明，"聪明而笨拙"的候选人被评为最受欢迎者。"一般而笨拙"的候选人被评为最不受欢迎者。由此可见，人们对那些有才能但不完美的人情有独钟，这是因为有一些小毛病反而使他们显得更有人情味。

三、相似性:"物以类聚,人以群分"

日常生活中，共同的态度、信仰、兴趣和价值观，共同的语言、种族、国籍和出生地，共同的民族、文化、宗教和背景，共同的年龄、职业、阶层和教育水平以及共同的身体特征如身高、体重或居住地等，都可以在一定条件下不同程度地增加彼此之间的相互吸引。伴随交往的开展和彼此了解的加深，兴趣、信念和价值观等的作用逐渐突出，甚至成为压倒一切的关键因素，"酒逢知己千杯少，话不投机半句多"说的就是这种现象。

密歇根大学的研究者们在 1961 年所做的实验中把 34 名刚刚转学的、互不认识的男生分成两组，每组 17 人。在共同度过了 13 周的公寓生活后，那些一开始就表现出高度相似性的被试更容易成为密友。例如，其中一组朋友有 5 名文科生，他们都很聪明并且拥有相似的政治观点。香港两所大学的研究者们于 1996 年也进行了相关的研究。结果同样表明，如果同居一室的学生具有共同的价值观和个人特质，那么舍友之间的友谊在六个月内便可形成，当他们将舍友看成"自己人"时尤其如此。

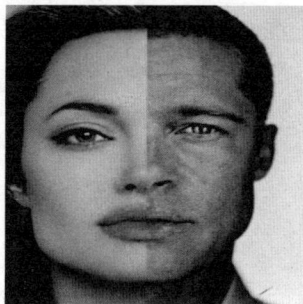

"夫妻脸":相貌相似
会带来人际吸引

♥ 【心理百科】

我们为什么喜欢与自己相似的人?

对于相似效应的解释有以下几种:

(1)与我们观点相似的人使我们的观点得到一种社会性证实，让我们产生了"我们是正确的"这种体验，感受到肯定、支持和归属，所以我们喜欢与我们意见一致的人。

(2)人们有强烈的欲望要维持自己对他人或事物态度的一致性，而这种一致性可以通过喜欢或不喜欢来达到。喜欢一个人却又在一般问题上存在意见分歧，这会让我们产生心理上的不协调。为了认知一致性最大化，我们喜欢同意我们观点的人，不喜欢与我们观点不同的人。

(3)对于在重要问题上和我们意见相左的人，我们会做出一些负性推论。我们会猜测这个人的意见表明他就是我们过去见过的那种讨厌的、愚蠢的人。

(4)人们有意选择在社会态度上和社会欢迎性上与自己相似的人作为朋友。我们会喜欢出类拔萃的人，不过最后我们的密友往往是那些与我们相似的人。在日常生活中，社会欢迎程度高的人需求率较高，但他们拒绝别人的概率也高，考虑到人际交往的现实可能性，人们倾向于选择那些在社会吸引力上与自己相似的人。

四、互补性:"取人之长,补己之短"

我们喜欢那些与自己相似的人,也喜欢那些与自己相反的人。当需要和满足方式正好成为互补关系时,交往双方的喜爱程度也会逐渐增加。也就是说,具有不同的心理特质的两个人可以彼此获得心理补偿。例如,爱说的人与爱听的人更容易相处,急脾气的人与慢性子的人更容易合作。

相似性和互补性究竟哪个更重要?当双方有着相同的角色作用时,决定人际吸引的重要因素主要是相似性;而当双方有着不同的角色作用时,互补性就显得比较重要。特别是在婚恋关系中,相似型的恋人更容易白头相守的原因在于他们能够深刻地理解、体验和满足对方的需求。这也是互补型恋人突破差异创造一致的关键,即便彼此之间存在着不同甚至是近乎相反的个性特质,但只要双方能把握住对方的真实需求同样可以白头偕老。

扫描学习

微课:《常见的人际知觉偏差》

第三节　改变不良的交际习惯

在人际关系交往中,心理状态不健康者往往无法拥有和谐、友好和可靠的人际关系,既无法给予他人温暖和帮助,也无法让自己获得快乐与满足。为了拥有和谐愉快的人际关系,我们应该努力避免下面几种常见的不良心理状态。

一、孤独

孤独感通常是由一些生活事件引起的——所爱的人去世、与他人的离别、移居到新城市或决定人生的大事等。当我们感到和周围人隔绝开来的时候,孤独感就会出现;当我们缺乏关系网络或者关系出现紧张状况时,孤独感也会出现。对于很多人来说,孤独感就是青年人的同义词。青年人不仅经常会感觉自己孤立无援,而且认为自己是唯一存在这种体验的人。仅仅是生理上的变化和冲动就足以造成困惑和孤独,可实际上这种困惑和孤独也源于青年人经受的成长压力。由于青年人正在逐渐建立自我意识,所以既渴望成功又害怕失败;既渴望被接纳和被喜爱又害怕被拒绝和被排挤。很多人即使被一大群朋友围绕,也常常体会到深深的孤独。

孤独感会对身体健康产生消极影响,例如孤独感和心脏病、高血压以及寿命缩短有关系。当孤独感长期存在的时候,还可能导致情感上的心理问题,例如,感到孤独的人更可能感到情绪低落,还可能为了缓解孤独感使用虚拟社交工具或网络游戏。如果将孤独、寂寞和痛苦、挣扎联系在一起,那么我们将会以消极的眼光看待孤独,甚至还会把独自一人看做是孤独。为了避免孤独感,要么减少独自一人的时间,要么参加很多活动填充这样的时间。我们很可能将独自一人和与他人隔绝联系起来。更荒谬的是,由于对孤独感的恐惧,我们在拒绝帮助别人或是在亲密关系中有所保留时,更会体验到无可救药的孤独。在其他时候,我们甚至会自欺欺人,以为将自己的生活捆绑在别人身上就能抵御孤独。

德国作家黑塞说"人生就是孑然独处",但是大多数人很难体验独处,因为我们常常让生活变得越来越狂热和复杂。我们害怕独处会让我们疏远别人,于是渐渐疏远自我。世间太多的纷纷扰扰让我们难以抗拒,独处显得越来越没有价值和不被鼓励。例如,从很小开始孩子们的生活就被大量的活动占满,几乎没有闲暇时间,于是孩子们很早就学会了追求刺激,渐渐的他们很容易觉得生活是无聊的。事实上,在生命中的大多数时间里我们都是独处的。与孤独感不同,独处是我们主动选择的生活状态。独处给予我们沉思的机会,让我们有时间去思索有关自我和生命的深刻方面,例如"我是否真正了解自己""我是否聆听过自己的心声""我是否因忙碌的生活而失去方向",等等。学会面对孤独带来的恐惧,学会享受独处带来的美好,我们才能真正活出自己的模样。

孤独的感觉

扫描学习

微课:《你现在是否感到孤独》

【成长练习】

学会独处的一些尝试

1.每天花一些时间独处,思考任何你希望思考的问题。在你的日记里,记录下其间的一些想法和感情。

2.每当想到某个曾经或者现在对你很重要的人时,如果你会感到孤独,那么就给那个人写一封信,表达你所有的感觉(不一定非要把这封信寄给对方)。例如,告诉对方你的想念,诉说下你的难过、你的惆怅或者你的渴望。

3.想象你给别人写了一封信,把自己当做那个人给自己写一封回信。你认为对方可能会对你说些什么,你不希望对方说的话又是什么。

4.如果有时候你感觉孤独或孤立,做个一星期的改变或尝试。例如,如果你感到在班级中被孤立,那么试试提早到课堂,主动和一位同学交流。如果你对采取这个步骤感到焦虑,就先想象一下整个过程:你害怕什么?你所能预料到最糟的情况是什么?把自己的想法记录下来。如果你打算向他人敞开心扉，那么也可以通过上述方法记录自己的感受。

5. 回忆你曾经体验过的孤单的日子。选择一些让你感到孤独的重要情形，回忆这些情形中的细节，思考在这些情形中的体验对自己有什么样的影响。你可以做两件事：一是记录下你思考的内容；二是找一个你愿意相信的朋友与其分享。

6. 如果你希望给自己留些时间，又无法抛开身边的一切来安排时间，那么不妨考虑去一个从来没去过的地方。安排一个只是留给自己的周末。重要的是让自己从每天既定的生活路线中跳出来，排除外界的干扰，只是让自己独处。

7. 花一天时间或者几个小时去观察一些孤单的人。你可以走进一个老年人聚集的公园，也可以站在一个闹市的十字路口，或者可以在一个大型商场里闲逛，注意那些具有孤独情绪的面孔。这些人又是怎么处理他们的孤独的呢？思考你所观察的一切。

8. 想象自己在一个典型的养老院里居住——没有财产、家庭、朋友，也没法做自己想做的事，思考并记录下你的体验。

（资料来源：罗兰·米勒，丹尼尔·珀尔曼，《亲密关系》，人民邮电出版社，2011）

二、嫉妒

所谓嫉妒，一般是指个人在意识到自己对某种利益的（潜在）占有受到（潜在）威胁时产生的一种情绪体验。嫉妒其实是人类的一种普遍情绪，它总是存在于一些特定的社会比较的情境之中。嫉妒的产生具有缺一不可的四个条件：首先，对方与我们很相像。因为人们倾向于认为拥有相似生活环境、教育背景、社会阶层等的人应该取得相似的成就，例如，我们往往不会嫉妒距离自己太远的人，而是容易嫉妒自己身边的人。其次，当前事件与自身相关程度高。因为那些与自己相关性较高的事件会引起我们对自我价值的怀疑，例如，同时申请同一奖学金的两个人，没有申请到的人就可能嫉妒申请到的人。再次，主观上产生相对不公平感。因为与人比较时我们总觉得对方不值得拥有那

《兔斯基》系列漫画

些成就，而我们却因为运气比较差而失败，例如仇富心理就是主观感觉自己处于劣势而产生的相对剥夺感。最后，在想象中自己对当前事件的控制力很高。因为当自认为有能力实现或改变某些事件时，我们倾向于嫉妒那些在这件事情上获得成功的人，例如考试成绩低的人会嫉妒考试成绩高的人。

嫉妒具有善意的一面，也具有恶意的一面。善意的嫉妒会使人意识到一种压力，产生一种向他人学习和积极超越的动力，促使自己的潜能挖掘与自我实现。恶意的嫉妒会使人产生破坏性意图，可能会使人们因为自卑承受巨大的内心折磨，还可能使人们因为落差做出诋毁、诽谤或攻击等外部行为。因此，我们应该将嫉妒的消极心理转为竞争的积极心理，以自己之优势胜过对方之劣势。具体来说，我们首先需要调整自我价值的确认方式，简单地与别人比较往往会导致片面的看法。研究表明，自我价值确认越是倾向于社会标准（通过周围人、社会流行观念等）就越容易引发嫉妒，越是以自己的思考、内在的准则为

参照,就越会减少嫉妒。事实上能够体现出个人价值的方面很多,而每个人的优势和劣势又不尽相同。所以,采用统一的标准衡量一个人的价值是不准确的,因为人生更重要的事是超越自己而不是超过别人。其次,减少自己的嫉妒心的同时有必要学会如何消解别人的嫉妒心。在与人交往时,尤其在失意和不如自己的人面前,应该注意采取谦虚谨慎的态度,不要经常去谈论自己得意的事情,也不要过分夸大自己的成绩,应有意识地暴露自己的一些苦恼和不足,避免激起他人的心理失衡,以赢得更多的朋友。

【美文欣赏】

论嫉妒

1

嫉妒基于竞争。领域相异,不成竞争,不易有嫉妒。所以,文人不嫉妒名角走红,演员不嫉妒巨商暴富。当然,如果这文人骨子里是演员,这演员骨子里是商人,他们又会嫉妒名角巨商,渴望走红暴富,因为大家都在名利场上,有了共同领域。

在同一领域内,人对于远不及己者和远胜于己者也不易有嫉妒,因为水平悬殊,亦不成竞争。嫉妒最易发生在水平相当的人之间,他们之间最易较劲。当然,上智和下愚究属少数,多数人挤在中游,所以嫉妒仍是普遍的。

2

伟大的成功者不易嫉妒,因为他远远超出一般人,找不到足以同他竞争、值得他嫉妒的对手。

悟者比伟大的成功者更不易嫉妒,因为他懂得人生的限度,这时候他几乎像一位神一样俯视人类,而在神的眼里,人类有什么伟大成功足以使他嫉妒呢?一个看破了一切成功之限度的人是不会夸耀自己的成功,也不会嫉妒他人的成功的。

3

对于别人的成功,我们在两种情形下愿意宽容。一种是当这种成功是我们既有能力也有机会获得的,而我们却并不想去获得时,我们仿佛站在这种成功之上,有了一种优越感。另一种是当这种成功是我们既没有能力也没有机会获得的,我们因此也就不会想去获得时,我们仿佛站得离这种成功太远,有了一种淡漠感。

倘若别人的成功是我们有能力却没有机会获得的,或者有机会却没有能力获得的,那么我们当警惕,因为嫉妒这个恶魔要乘虚而入了。

4

当我们缺少一样必需的东西时,我们痛苦了。当我们渴求一样并非必需的东西而不可得时,我们十倍地痛苦了。当我们不可得而别人却得到时,我们百倍地痛苦了。

就所给予我们的折磨而言,嫉妒心最甚,占有欲次之,匮乏反倒是最小的。

5

嫉妒是对别人的快乐(幸福、富有、成功等)所感觉到的一种强烈而阴郁的不快。

在人类心理中,也许没有比嫉妒更奇怪的感情了。一方面,它极其普遍,几乎是人所共有的一种本能。另一方面,它又似乎极不光彩,人人都要把它当作一桩不可告人的罪行隐藏起来。结果,它便转入潜意识之中,犹如一团暗火灼烫着嫉妒者的心,这种酷烈的折磨真可以使他发疯、犯罪。

6

成功有两个要素,一是能力和品质,二是环境和机遇。因此,对成功者的嫉妒也相应有两种情况,一种是平庸之辈的嫉贤妒能,另一种是怀才不遇者的愤世嫉俗。

7

当嫉妒不可遏止时,会爆发为仇恨。当嫉妒可以遏止时,会化身为轻蔑。

在仇恨时,嫉妒肆无忌惮地瞪视它的目标。在轻蔑时,嫉妒转过脸去不看它的目标。

8

嫉妒是蔑视个人的道德的心理根源之一。每一个人按其本性都是不愿意遭到抹杀的,但是,嫉妒使人宁肯自己被抹杀也不让更优秀者得到发扬。在一概抹杀之中,他感到一种相对的满足:与损失更大的人相比,他几乎可以算是获利了。

9

既然嫉妒人皆难免,也许就不宜把它看做病或者恶,而应该看做中性的东西。只有当它伤害自己时,它才是病。只有当它伤害别人时,它才是恶。

10

一个精神上自足的人是不会羡慕别人的好运气的,尤其不羡慕低能儿的好运气。

11

我所厌恶的人,如果不肯下地狱,就让他们上天堂吧,只要不在我眼前就行。

我的嫉妒也有洁癖。我决不会嫉妒我所厌恶的人,哪怕他们在天堂享福。

(资料来源:周国平,《周国平论人生》,长江文艺出版社,2012)

三、猜疑

俄国作家契诃夫的短篇小说《小公务员之死》记叙了一个小公务员在剧院看戏时不小心冲着一位将军的后背打了一个喷嚏,便猜疑自己冒犯了将军,他三番五次向将军道歉,最后在遭到了将军的呵斥后他竟然一命呜呼了。猜疑心理也是人际交往过程中常见的不良心理,它是一种由主观猜测而对他人产生不信任感的复杂情绪体验。猜疑心重的人往往整天疑心重重、无中生有,例如,看到几个同学背着自己议论什么,就认为别人是在说自己的坏话。猜忌成癖的人往往习惯捕风捉影,例如,对别人脱口而出的一句话琢磨半天,总是试图发现其中的"潜台词"。由于自我封闭,阻隔了外界信息的输入和人际沟通的畅通,逐渐由怀疑别人发展到怀疑自己,变得自卑、怯懦、消极和被动。可见,猜疑心理是人际关系的蛀虫,既损害正常的人际交往,也影响个人的身心健康。

猜疑心理的产生原因主要有四个方面:一是拥有错误的思想定式,即喜欢猜疑的人,总是以某一假想目标为起点,以自己的一套思维方式,依据自己的认识和理解程度进行循环思考。这种思考从假想目标开始,又回到假想目标上来,如蚕吐丝成茧,把自己包在里面,死死束缚住。二是彼此之间缺乏信任,即一个人对别人越缺乏信任,产生猜疑心理的可能性也就越大。三是具有不良的心理品质,即猜疑心理重的人通常也是狭隘自私、自尊心强、嫉妒心盛的。四是易受流言蜚语的影响,如果偏听偏信就会产生猜疑心理。

如何消除猜疑心理呢?当发现自己开始怀疑别人时,就需要提醒自己立刻寻找产生怀疑的原因,在没有形成固定思维之前,引进正反两个方面的信息。也就是说,克服"当局者迷"的认知误区,是消除猜疑的重要途径。与他人之间应该加强交流、相互了解、学会信任,在情感上产生共鸣,这样也能有效地消除猜疑。另外,我们要学会分辨事实与流言,猜疑之火往往是在好事者的煽动下才越烧越旺的。这也提醒我们:在人际交往中,说话要谨慎,闲谈不论人非。

四、羞怯

当你与喜欢的人相遇、在重要场合演讲时有没有感到某种程度的羞涩和胆怯？羞怯心理比较严重的人在人际交往中的表现为:话未开口脸先红,与人交谈心跳加速,把话憋在肚子里等。羞怯心理会影响到人际交往的顺利开展,不利于自身才智的正常发挥和社会生活的良好适应。

羞怯心理的产生具有三方面的原因:一是自身气质因素引起的感应性反应,例如抑郁质的人神经活动比较敏感,对外界刺激感受性高,喜欢相对安静的环境。这种人一般说话低声细语,一言一行都思前想后,顾虑重重、胆小怕事,见人脸红、羞于交往。二是由不正确的认知引起的羞怯,例如,常常担心自己被否定,特别在意他人的评价,过分追求自我安全感。当其置身于别人面前时,便产生过分的自我关注,一会想"自己的脸是不是发红",一会想"自己的言行是不是得体",一会想"对方现在会怎么看待我",等等。有的时候,我们越想给别人留下一个好印象,自己的表现越是让人感到不自然。三是由于生活中曾经遇到过某种挫折,例如,在童年、少年期或青年期曾经受到他人的训斥、嘲笑或戏弄,心理存在一定阴影,从而变得胆小怕事,担心挫折再度发生。

克服羞怯心理的前提是了解自己产生羞怯的原因。知晓自己羞怯的原因后,需要学会保持心理放松,不要担心是否被人在意,每个人都有自己的生活,而且完美的人是不存在的。在日常生活中,可以在亲人或好友的帮助和支持下,逐渐拓展自己人际交往的舒适圈,尝试与不同性格、不同气质、不同年龄的人打交道,也可以尝试向平时见面交谈不多的人问好,或者在集会或聚餐的间隙与周围的人攀谈,养成良好的交际习惯后羞怯心理就会慢慢消除。

扫描学习

自我测试:《别让"社交恐惧"影响了你的交往》

第四节　学会更好地与人相处

【自我测试】

大学生人际关系测试

这是一份关于人际关系行为困扰的问卷,共 28 道题目。请你根据自己的实际情况,逐一对每个问题做"是"或"否"的回答。

如果答案为"是",则记 1 分;如果答案为"否",则记 0 分。

1. 关于自己的烦恼有口难言。　　　　　　　　　　　　　　　　　（　　）
2. 和生人见面感觉不自然。　　　　　　　　　　　　　　　　　　（　　）
3. 过分羡慕和嫉妒别人。　　　　　　　　　　　　　　　　　　　（　　）
4. 与异性交往太少。　　　　　　　　　　　　　　　　　　　　　（　　）
5. 对连续不断的会谈感到困难。　　　　　　　　　　　　　　　　（　　）
6. 在社交场合感到紧张。　　　　　　　　　　　　　　　　　　　（　　）
7. 时常伤害别人。　　　　　　　　　　　　　　　　　　　　　　（　　）
8. 与异性来往感觉不自然。　　　　　　　　　　　　　　　　　　（　　）
9. 与一大群朋友在一起,常感到孤寂或失落。　　　　　　　　　　（　　）
10. 极易受窘。　　　　　　　　　　　　　　　　　　　　　　　　（　　）
11. 与别人不能和睦相处。　　　　　　　　　　　　　　　　　　　（　　）
12. 不知道与异性相处如何适可而止。　　　　　　　　　　　　　　（　　）
13. 当不熟悉的人对自己倾诉他的生平遭遇以求同情时,自己常感到不自在。（　　）
14. 担心别人对自己有什么坏印象。　　　　　　　　　　　　　　　（　　）
15. 总是尽力使别人赏识自己。　　　　　　　　　　　　　　　　　（　　）
16. 暗自思慕异性。　　　　　　　　　　　　　　　　　　　　　　（　　）
17. 时常避免表达自己的感受。　　　　　　　　　　　　　　　　　（　　）
18. 对自己的仪表(容貌)缺乏信心。　　　　　　　　　　　　　　　（　　）
19. 讨厌某人或被某人所讨厌。　　　　　　　　　　　　　　　　　（　　）
20. 瞧不起异性。　　　　　　　　　　　　　　　　　　　　　　　（　　）
21. 不能专注地倾听。　　　　　　　　　　　　　　　　　　　　　（　　）
22. 自己的烦恼无人可倾诉。　　　　　　　　　　　　　　　　　　（　　）
23. 受人排斥与感到冷漠。　　　　　　　　　　　　　　　　　　　（　　）
24. 被异性瞧不起。　　　　　　　　　　　　　　　　　　　　　　（　　）
25. 不能广泛地听取各种意见和看法。　　　　　　　　　　　　　　（　　）
26. 自己常因受伤害而暗自伤心。　　　　　　　　　　　　　　　　（　　）
27. 常被别人谈论和愚弄。　　　　　　　　　　　　　　　　　　　（　　）
28. 不知如何更好地与异性相处。　　　　　　　　　　　　　　　　（　　）

评分与解释：

1.总体评价

如果总分是0～8分，则说明你在与朋友相处上存在的困扰较少。你善于交谈，性格比较开朗，主动关心别人。你对周围的朋友都比较好，愿意和他们在一起，他们也都喜欢你，你们相处得不错。而且，你能从与朋友的相处中获得乐趣。你的生活是比较充实而且丰富多彩的，你与异性朋友也相处得很好。

如果总分是9～14分，则说明你在与朋友相处上存在一定程度的困扰。你和朋友的关系并不牢固，时好时坏，经常处在一种起伏波动的状态之中。

如果总分是15～28分，则说明你在与朋友相处上存在较严重的困扰。若分数超过20分，则表明你的人际关系困扰程度已经很严重，而且在心理上出现较为明显的障碍。你可能不善于交谈，也可能是一个性格孤僻的人，还可能有明显的自高自大、惹人嫌弃的行为。

2.分组评价

第一组包含题目1、5、9、13、17、21、25，总分表明你在交谈方面的困扰程度。

如果得分是6分以上，则说明你不善于交谈，只有在极需要的情况下才会与别人交谈；你总是难于表达自己的感受，无论是愉快的还是烦恼的；你不是一个很好的倾听者，往往无法专心听别人说话或只对某些话题感兴趣。

如果得分是3～5分，则说明你的交谈能力一般，并不能将自己的感受诉说得条理清晰；你努力使自己成为一个好的倾听者，但还是做得不够；如果你与对方不太熟悉，那么开始时你会表现得拘谨沉默，不大愿意与对方交谈；经过一段时间的认识接触，你可能主动与同学搭话，同时这一切来得自然而非造作。这表明你的交谈能力已大为改观，这一方面的困扰也会逐渐消除。

如果得分是0～2分，则说明你具有较高的交谈能力和技巧，善于利用恰当的谈话方式来交流思想感情，因此在与别人建立友情方面，你往往比别人获得更多成功。这一优势不仅为你的学习与生活创造了良好的心境，而且常常有助于你成为伙伴中的领袖人物。

第二组包含题目2、6、10、14、18、22、26，总分表明你在交际方面的困扰程度。

如果得分是6分以上，则表明你在社交或交友方面存在着较大的困扰。例如，在集体活动与社交场合中，你比大多数同学更为拘谨；在有陌生人或老师存在的场合，你会感到紧张而扰乱思绪；你因过多考虑形象而使自己处于更被动、更孤独的境地。

如果得分是3～5分，则表明你在被动地寻找被人喜欢的突破口。你不喜欢独自一个人待着，你需要和朋友在一起，但你又不太善于创造条件并积极主动地寻找知心朋友，而且，你生怕在主动行为后出现"冷"体验。

如果得分是0～3分，则表明你对他人较为真诚和热情。你的人际关系比较和谐，并不存在较明显或持久的行为困扰。

第三组包含题目3、7、11、15、19、23、27，总分表明你在待人接物方面的困扰程度。

如果得分是6分以上，则表明你缺乏待人接物的机智与技巧。在日常生活中，你也许经常有意无意地伤害别人，或者你过分地美慕别人以致在内心嫉妒别人。因此，其他一些同学回报你的可能是冷漠、排斥，甚至是愚弄。

如果得分是 3～5 分,则表明你是个多侧面的人,也许可以算是一个比较圆滑的人。对待不同的人你有不同的态度,而不同的人对你也有不同的评价;你的朋友关系在某些方面是和谐的、良好的,而在某些方面却是紧张的、恶劣的。因此,你的情绪很不稳定,内心极不平衡,常常处于矛盾状态中。

如果得分是 0～2 分,则表明你比较尊重他人,敢于承担责任,对环境的适应性强。你常常以真诚、宽容、责任心强等个性获得众多的好感与赞同。

第四组包含题目 4、8、12、16、20、24、28,总分表明你在异性交往方面的困扰程度。

如果得分是 5 分以上,则表明你在与异性交往的过程中存在较为严重的困扰。也许你对异性过分思慕或对异性持有偏见。你因不知如何把握好与异性交往的分寸而陷入困扰之中。

如果得分是 3～4 分,则表明你在与异性交往的过程中存在着一般程度的困扰。你可能会觉得与异性交往是一件愉快的事,有时又会认为这种交往似乎是一种负担,你不懂得如何与异性交往最适宜。

如果得分是 0～2 分,则表明你懂得如何正确处理与异性之间的关系。你对异性同学持公正的态度,能大方自然地与他们交往;你在与异性交往的过程中,增加了对异性的了解,也丰富了自己的个性。你可能是一个较受欢迎的人,无论是同性朋友还是异性朋友,多数人都比较喜欢你和赞赏你。

扫描学习

知识拓展:《我们如何当好说话人》

人际关系是一门学问,也是一门艺术,其中蕴涵着深刻的道理和技巧。如果能运用正确的方法和技巧与人交往,那么在与人沟通的过程中就会事半功倍。阿拉伯哲语这样说:"一个没有交际能力的人,犹如陆地上的船,是永远不会漂泊到人生的大海中去的。"所以,为了拥有良好的人际关系,我们需要努力掌握一些沟通技巧。

一、学会倾听

朋友,就是这个世界上能够真心理解我们,在我们遇到问题时能够耐心倾听,能够改变我们观点的那个人。在人际交往中倾听是如此的重要,但遗憾的是,只有少数人称得上良好的倾听者。即使在纯信息层面,研究者也发现约有 75% 的口头语言信息被忽略、被误解或者被遗忘。试想,当你兴致勃勃地向某人谈论感兴趣的话题时,对方仅表现出机械的反应,你是否会感觉特别地受挫?下面我们分享一些实用的倾听技巧。

1. 目光接触

眼睛是心灵的窗户。我们可以通过目光交流来"听懂"说话者更深层的意思,也可以从说话者的角度理解他的切身经历和内在感受。有效的目光接触是指倾听者将目光柔和地看向说话者,表达自身乐意倾听的兴趣与愿望,同时为了避免持续的注视可能会引起的尴尬,还要偶尔将目光从说话者面部转移到其他部位,例如正在做手势的手臂,然后回到面部,再次目光接触。无效的目光接触是指倾听者频繁地将目光转移到说话者之外的人或物上,或盯着说话者一动不动或完全不看说话者,或在说话者注视自己的时候将视线移开。

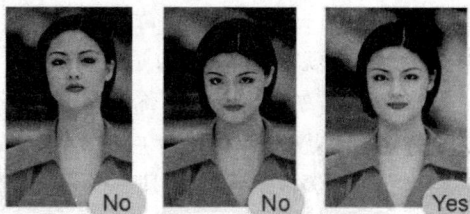

用眼睛的正中柔和地平视对方会更显亲和力

2. 表示注意的姿态

良好的倾听者既会通过随和放松的肢体语言来表达"我能够接纳你",也会通过恰当合适的躯体紧张来表达"我会努力理解你"。在交谈过程中,保持身体前倾更能表现出关注和投入,视线水平也应该与说话者彼此一致,如果说话者站着而你坐着,或者说话者坐着而你站着,那么这种姿势会造成交流的障碍;不要双臂交叉或者双腿交叉,保持开放的姿势是表示关注的另一项重要内容,因为交叉的双臂或双腿意味着自我封闭和自我防御;适当表现出主动和活跃要比冷漠和僵硬更利于人际交往,同时还要避免因为注意力分散对无关刺激做出肢体反应,例如在别人说话时眼睛看向别处。

3. 恰当反馈

倾听的艺术在于能够做出恰当的反馈。恰当的反馈是指采用一种表示理解和接纳的态度,再现说话者的情感或谈话的内容,具体是指:采用倾听者自己的语言对说话者谈话的要点进行简明扼要的反馈,关注说话者的事实信息,例如"你所说的意思是……";采用准确的语言将说话者在沟通中的情绪反馈给对方,"听懂"说话者的情感反应,例如"你感觉……(情感词汇),因为……(与情感相关的事实)";采用简短的语言来概括较长一段沟通的谈话主题和情绪状态,总结说话者的核心表达,例如"我刚才在认真地听,你主要关心的好像是……"。

二、换位思考

对于父母与孩子的关系,美剧《随心所欲》里说道:"我们一生都在等父母说出'对不起',而父母一生都在等我们说出'谢谢'。最终,我们谁都没有得到自己想要的。"对于恋人的关系,电影《他没那么爱你》里说道:"我就是喜欢剖析每个小动作,自己添油加醋地乱想……"对于朋友和陌生人,电影《爱玛》里有这样一句台词:"世界上总有一半人不理解另一半人的快乐。"现实生活中的我们经常会以己度人:一是认为别人的好恶与自己相同,进而按照自己的思维方式试图影响对方;二是过度地赞美自己喜欢的人,或者过分地贬低自己不喜欢的人。但是,人心各不同,莫以己度人。我们需要用想人所想的换位思考进入交往对象的内心世界。

什么是换位思考?一方面是设身处地替对方着想,这样就能谅解对方的行为和态度。例如,你向朋友借用一架他新买的照相机,他表现得有点舍不得。你可能会想:"这么小气,不够朋友。"但若互换角色想一想:假如朋友向你提出这样的要求,你是否一定会毫无难色地一口答应呢？人同此心,心同此理。如果能意识到他人的难处,你就容易宽容和理解对方了。另一方面,以对待"客观之我"的方式来对待他人,就能采取较为适当的行为,即所谓的"己所不欲,勿施于人"。你不希望别人在背后议论你,那你就先不要在背后说别人的坏话,也不要轻信他人在背后搬弄是非。你期望他人怎样对你,你就应该怎样地去对待他人。当你对他人做出某种行为或表示某种态度时,应当首先考虑到对方可能会产生什么样的感受和反应,并由此考虑调整或改变自己的行为,避免给对方造成伤害或带来痛苦。

《刀刀狗》系列漫画

换位思考需要我们改变从自我出发的单向思维,站在对方的立场上思考和理解问题,努力体验他人在此情此景中的感受,使自己适时并恰当地做出反应,减少很多误会和冲突。长此以往,对方也会如是待你。除此之外,《孙子兵法》讲:"知己知彼,百战不殆",如果此刻的你正希望获得他人的喜欢和欢迎,那么就需要你在正式接触对方之前,认真仔细地了解一下对方的个人好恶、兴趣、心态等相关状况,这样才能更好地得到对方的关注。

三、自我暴露

自我暴露(self-disclosure)的意思是向交往对象诉说心里话,坦率地表白自己、陈述自己和推销自己,即一个人自发地、有意识地向另一个人暴露自己真实且重要的信息。笼统地说,就是把有关自己个人的信息告诉他人,与他人共享自己的感受与信念。心理学家们认为,使真实的自我至少被一个重要的他人了解和接纳,具有这种能力的人在心理上是健康的,是自我实现的个性所必需的,更是建立亲密关系的前提条件。

在自我暴露的研究中,互惠性原则指的是接受者按他们所接收到的暴露私密程度回报给对方。当人们与自我暴露水平较高的个体交往时,最有可能进行较多的自我暴露。人们往往会回报或模仿其他人所欣赏的自我暴露水平。回报发生在现实生活的广阔范围中,包括知己关系、婚姻关系等亲密关系。如果一个人的暴露在内容、强度或稳定性上与他人的不匹配,这可能会引起对方的不愉快。

社会心理学的研究告诉我们,人际关系由低水平的自我暴露和低水平的信任开始。当一个人开始自我暴露时,这便是信任关系建立的标志;而他人以同样的自我暴露水平做出反应,这就是对方接受信任的标志。这种自我暴露往复交换,直到双方达到满意的水平为止。最后,彼此之间的亲密关系就会逐步形成。也就是说,随着双方沟通话题的由浅入深,人们之间的人际关系也由一般转向亲密。

社会心理学家鲁宾把自我暴露分为四个层次:第一层是自我表层水平,涉及兴趣、爱好等方面,如饮食、偏好、日常情趣、消遣活动的选择;第二层是对事物的看法和态度,例如对某一政治事件的评价、对某个老师的看法;第三层是自我的人际关系与自我概念状况,例如自己与父母的关系,自己的自卑情绪等;第四层是自我的最深层次,属于一个人的隐私部分,不会轻易向别人表露,例如自己的某些不能为社会一般观念所接受的经验、念头、行为。因此,了解自我暴露的层次就可以了解人际交往的进展。

值得注意的是,太少的自我暴露和太多的自我暴露都会引起人际环境适应方面的一系列问题。一个从不自我暴露的人不可能与其他人建立密切的、有意义的人际关系。同样,习惯于喋喋不休地向他人谈论自己的私密,也会被他人看作适应不良的自我中心主义者。社会心理学家认为,无话不谈是有度的,理想的模式是对少数亲密的朋友作较多的自我暴露,而对其他人作中等程度的暴露。

四、正确的付出

商人之间友情的基础,是利益上的互惠;挚友之间友情的基础,是心灵上的互惠。社会交换理论(Social Exchange Theory)认为,人与人之间的交往,在本质上是一种社会交换过程。这种交换不仅涉及物质的交换,同时还包括非物质,例如情感、信息、服务等各方面的交换。其中,费力最小原则是人类行为的基本原则之一,即人们总是希望用最小付出换取最大回报。只有当一种关系对人们来说值得时,彼此之间的人际互动才会出现,人际关系才能形成。所以,人们的一切交际活动及一切人际关系的建立与维持,都是人们根据一定的价值观进行选择的结果。对于那些对自己来说是值得的,或得到大于损失的人际关系,人们倾向于建立与保持;而对于那些对自己来说不值得的,或损失要大于得到的人际关系,人们就倾向于疏远或终止。因此,我们需要了解交际对象在人际关系方面的价值倾向,并在人际互动中始终保持对方得大于或等于失,从而使对方感到同我们交往是值得的,人际关系才能够建立、维持和发展。我们在同别人交往时需要不断注意人际关系的维护,无论怎样亲密的关系,我们都不能一味地只"索取"而不"付出",否则,原来亲密的、值得的关系也会转化为疏远的、不值得的关系,使我们陷入人际关系困境。

最简单的付出是对他人的称赞。美国心理学家詹姆斯说:"人性中最本质的愿望,就是希望得到赞赏。"彼此之间选择恰当的时机和适当的方式表达对对方的赞赏是增进彼此关系的催化剂。在称赞对方时要注意以下四点:首先,频繁的赞扬可能会失去价值。其次,与夸大其词、阿谀奉承相比,人们更喜欢恰如其分、真情流露的肯定。再次,与顺境中的赞扬相比,人们更希望在逆境中得到支持。第四,与即时的恭维相比,人们会更加看重事后的回顾。

犀牛与犀牛鸟之间的互利共生

那么付出就一定会有回报吗?当你拼命给予的时候,可能并不会获得对方的关注和珍惜,甚至还可能会使交往双方渐行渐远。例如,一味倾尽所有地去对待别人,可能会让对方产生理所当然的心态,从而对这段关系越来越轻视;一味自以为是地对待别人,可能并不了解对方真实的需要和感受,从而让这段关系越来越尴尬;一味委曲求全地去讨好别人,可能会产生物极必反的结果,从而使自己变得越来越疲惫。总而言之,当你下定决心投身于一段关系时,要知道付出不一定会有回报,也要努力尊重和接纳他人的选择,更要明白需要合理拒绝的时候就该大胆说出来。

扫描学习

知识拓展:《网络交友九诫》

五、距离产生美

生物学家为了研究刺猬的生活习性,曾在寒冷的冬天把十几只刺猬放在寒风凛冽的户外。由于生存,它们不得不互相依偎,但又难以忍受彼此身上的长刺。经过一次又一次的靠近与分开,刺猬们终于找到既可以相互取暖又不会彼此伤害的合适距离。在人际关系中,人与人之间的相处距离也是如此,离得太远可能会形同陌路,离得太近又可能会两相生厌。

美国人类学教授霍尔将人际距离划分为四种类型:亲密距离、私人距离、社交距离和公共距离:

(1)亲密距离(0~45cm):15cm 以内是最亲密区间,彼此能感受到对方的体温和气息;15~45cm 之间,身体上的接触可能表现为挽臂执手或促膝谈心。对于异性,这一距离只限于恋人、夫妻等之间;对于同性,这一距离只限于密友、挚友之间。在人际交往中,一个不属于亲密领域的人如果随意闯入这一空间,则不管其用心如何都是不礼貌的,可能会引起他人的不适与反感。

世界上最遥远的距离是我站在你面前,而你却在玩手机

(2)私人距离(45~120cm):这是有分寸感的距离,较少有直接的身体接触。一般表现为亲切握手和友好交谈,通常熟人间的交谈多采用这个距离。在人际交往中,人们为了向对方表示特殊的亲近感也会有意采用这样的距离。

(3)社交距离(1.2~3.7m):这已超出了亲密或熟人的人际关系,而是体现出一种公事上或礼节上的较正式关系。例如,论文答辩时,教师和学生之间往往间隔一张桌子或保持一定距离,这样就会增加一种庄重的气氛。

(4)公众距离(3.7~7.6m):这是一个几乎能容纳所有人的"门户开放"的空间,人们完全可以对处于这个空间的其他人"视而不见""听而不闻",因为彼此之间未必会发生交集或互动。

这四类距离在交往过程中会发生动态变化,这依赖于双方关系、具体情境、文化背景、性格特征、心境变化等。例如,性格开朗的人较容易接纳别人的靠近,他们也愿意主动去接近别人,他们的自我空间相对较小,而性格内向的人可能会对他人的靠近十分敏感,即便你是他的好友或是家人,你都要保证和他的距离控制在一定范围内。

我们可以从人际距离的变化中窥见对方的心理变化,判断对方的真实意向,从而及时做出相应的行为反应:这段关系是更进一步,还是适当调整。例如,初次见面时,我们一般会主动上前并打招呼,同时保持良好的目光接触,然后等待对方做出反应:若对方待在原地不动,那么他可能对当前的距离感到满意;若对方后退一步或稍微移开,那么他可能需要更大的空间或不想再待在这儿;若对方上前一步,彼此间离得更近,那么他可能愿意相处或喜欢交谈。

在日常生活中,我们应注意对方对于自我空间的心理需求,要给对方一个自由和宽松的交际氛围,还要允许他人有思考的时间。与此同时,我们更要学会尊重差异、容纳个性、接纳缺点,能够谅解他人的一般过错。"水至清则无鱼,人至察则无徒",过分挑剔的人往往很难拥有朋友,心胸狭隘只会将人际关系推向崩溃的边缘。

扫描学习

微电影:《我们差之微毫的世界》

第五节　建设性地解决人际冲突

人在一生中注定会经历冲突。人际的冲突一旦爆发,其结果往往是破坏性的,而且随着冲突的不断发展,通常会偏离最初的冲突原因,直到耗尽与此相关的所有人的精力。但是,社会学家吉布森·温特在《爱与冲突》一书中讲道:"没有人会从随意的敌对情绪中获益……没有冲突,也不会有关系上的亲密……爱与冲突密不可分。"一些关于动物的实验证明了这一观点,例如,心理学家哈洛发现由不具冲突性的母猴养大的猴子出现了性功能障碍;动物行为学家劳伦兹发现不压抑自己攻击倾向的鸟和其他动物成了"铁哥们"。所以,我们应该学会管理冲突,降低冲突带来的风险,强化冲突的有益作用。

扫描学习

知识拓展:《人际冲突的原因与解决》

接下来要与你分享的是"三步走"的冲突解决策略,其主要是处理与情绪相关的矛盾的建设性过程:

1. 尊重他人

对他人的尊重是通过特定的行为表达出来的。我们对他人的倾听、观察,我们的用词、语调，以及我们与他人讲道理的方式——这些都在向对方传达着我们的尊重之意。遗憾的是，陷入人际冲突中的双方常常会失去对彼此的尊重，我们总是想去争夺最终的话语权，或者总是倾向于将对方踩在脚底，例如"你把嘴闭上听我说"或"你是我见过最差劲的人"。直到情绪发泄结束以后，你可能会说："你知道我刚才不是故意的，我也不知道自己说了什么。"但对方会说："原来这才是你想对我说的话，我终于知道了你的真实看法。"这就是所谓的人际关系的地心引力，让彼此之间隔离在敌对阵营。我们可以努力尝试平等客观地与对方交流，而不是站在我们自己的高度上与对方交流。

2.沟通，直到你"感受到另一面"

在冲突矛盾中情绪强烈的时候，人们很容易对他人产生偏见和误解。你可能听到过两人在激烈地争辩，但是两者关注的甚至不是同一件事。在意见不一时，更准确地交流以及解决人际冲突的最好方法之一，就是按照人本主义心理学家罗杰斯的规则，"一个人想要表达自己的观点，只能在准确地重复对方刚才所说的观点和想法之后，同时这种重复也会令对方感到满意"。简单的重复并不会让我们理解对立面的观点与情感，这就需要我们真正站到对立面去体验和理解。例如，艾米对玛莉说："每次轮到你打扫宿舍的时候你都说你要写作业。"玛莉对艾米说："你就是不

如果吼叫能解决问题，
那么毛驴将统治世界

想让我在宿舍写作业。"其实玛莉曲解了艾米的意思，其准确的反馈应该是"你觉得我做作业只是用来逃避做卫生的借口"。因此，如果你能控制自己的冲动，设身处地地给予对方反馈，那么你会发现彼此可以开始沟通了。

3.表明自己的观点、需求和感受

表现出对他人的尊重并传达出你对他的观点和感受的理解之后，就轮到你来表达自己了：首先，简明扼要地表明自己的态度和观点，特别是在人际冲突中，准确传递信息尤为重要。其次，避免说话过多，因为言多必失。努力控制住自己脱口而出的冲动，待自己冷静后再说出自己的感受。第三，贴切地表达真实的想法。处于冲突中的人们，总是出乎意料地说出极端的话语。采用合适的表达方式展示真实的想法，避免伤害他人的自尊心和自我价值感。最后，关注并表达自己的情绪情感。直到情绪问题解决后，实质性的问题才可能得以解决。

接纳差异、表达自己与合理沟通会使我们更好地处理人际冲突。如果不断尝试使用解决策略，并在冲突之后经常回顾评价，你就会慢慢地学会建设性地处理冲突。因为人际冲突的另一端，往往是最佳的人际关系。

扫描学习

测验:《小节测验20题》

❤ 【电影心赏】

绿皮书（*Green Book*）（2018）

托尼是一个吊儿郎当、游手好闲的混混，在一家夜总会做侍者。这间夜总会因故要停业几个月，可托尼所要支付的房租和生活费不会因此取消，所以他的当务之急是去寻找另一份工作来填补这几个月的空缺。在这个节骨眼上，一位名叫唐的黑人钢琴家提出雇佣托尼。

唐即将开始为期八个星期的南下巡回演出，可是那个时候南方对黑人的歧视非常严重，于是托尼便成为唐的司机兼保镖。同行路上，两人迥异的性格使得他们之间产生了很多的矛盾。与此同时，唐在南方所遭受的种种不公平的对待也让托尼对种族歧视深恶痛绝。于是，黑人钢琴家和白人司机之间两个月巡游演出的人在囧途，由开始互怼到后来相知，展现出超越种族和阶级的温暖友情。

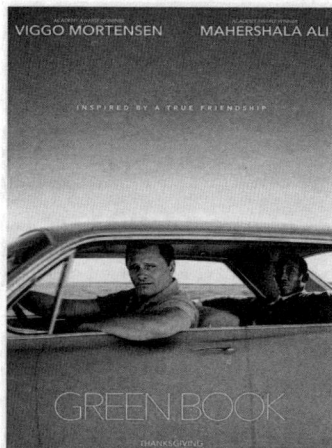

❤ 【推荐阅读】

戴尔·卡耐基.如何赢得朋友及影响他人［M］.蒋岚,译.北京:光明日报出版社,2006.

丹尼尔·戈尔曼.情商2:影响你一生的社交商［M］.魏平等,译.北京:中信出版社,2010.

罗伯特·博尔顿.人际关系学:如何保持自我、倾听他人并解决冲突［M］.徐红,译.天津:天津社会科学院出版社,2012.

雪莉·特克尔.群体性孤独:为什么我们对科技期待更多,对彼此却不能更亲密［M］.周逵,刘菁荆,译.杭州:浙江人民出版社,2014.

第四章　体会世间的爱意

❤【案例导读】

电影中的"爱情那些事儿"

爱情是影视作品永恒的主题,影片中的故事值得我们去思考。

在《匆匆那年》这部电影中,男主人公陈寻在参加高中好友婚礼时偶然回想起了自己的初恋方茴。他与她在高中校园里相识,体验了人生中第一次的怦然心动,也开始了长达十几年的羁绊。在从高中到大学的青春岁月、从千禧年到非典肆虐的年代记忆中间,他们的情感萌动、升华,最后无奈地结束。不禁要问,爱情是什么? 爱情为什么会消失呢?

《致我们终将逝去的青春》中的张开一直暗恋一位公认的"女神"——阮莞,可是她心中已经另有所爱,但是他仍然没有放弃那份爱慕。他省下生活费坚持每天匿名送满天星给她,当她遭遇难事的时候他总是积极帮忙。可惜的是,直到她死去,她也不知晓他的这份爱意。张开在阮莞墓前说:"知道满天星的花语是什么吗? 是甘愿做配角。没有人知道我一直爱着你。我怀揣着对你的爱,就像怀揣着赃物的窃贼一样,从来不敢暴露在光天化日之下。"这份沉重的单相思着实让人惋惜。爱一个人应该向他或她表白吗?

《失恋33天》中的女主人公黄小仙做梦也想不到,相恋七年的男友居然和自己的闺蜜走到了一起,这让一向刻薄强势的她无论如何也不能忍受。可是地球并不会因为某人的失恋而停止运转,黄小仙在面对情感失意的同时,还不得不面对工作上的压力。但是,在没有爱情的这段时间里,黄小仙发现了很多以前根本不会去注意的东西。在明白了种种之后,也就是在失恋的第33天,她发现"那人"其实一直伴她左右。从失恋中我们可以学到什么呢?

在《那些年,我们一起追的女孩》中,男主人公柯景腾与女主人公沈佳宜彼此喜欢,互相接近。在圣诞节与沈佳宜约会时无法鼓起勇气告白的柯景腾,在之后举办了一场自由格斗赛,两人因此事而大吵一架。在一场大雨中,柯景腾痛苦地放弃沈佳宜,两人的朋友关系也就此转淡,一段感情就这样无疾而终。"成长,最残酷的部分就是,女孩永远比同年龄的男孩成熟。女孩的成熟,没有一个男孩能招架得住",这是两人遗憾分手后的旁白。男人和女人在爱情中真的有差异吗?

在《同桌的你》这部电影中有这样一个桥段:男主人公林一与女主人公周小栀在确立恋爱关系后选择了去"开房"。后来,周小栀意外怀孕,前去医院流产。这引来很多观众吐槽:"不堕胎就不是爱情了吗?"爱情中会有性,但绝不等于性,切莫把无知当幸福。

问题思考

(1)爱情到底是什么？

(2)爱情中存在哪些个体差异？

(3)我们该如何面对爱情中的烦恼,比如单恋、失恋、性冲动？

(4)我们怎么培养爱的能力？

(5)除了爱情,在我们身边还有哪些"爱"？

德国作家歌德在《少年维特之烦恼》中说:"哪个少男不多情,哪个少女不怀春。"爱情是世界上最令人魂牵梦萦的复杂情感,很多人渴望它、追求它、失去它、得到它,却仍对它如雾里看花。在这一章里,我们将呈现一些与爱情相关的经典理论和有趣研究,探讨爱情的本质,同时也将提供调适爱情烦恼及培养健全爱情心理的方法与建议。希望你在阅读完这章后能够获得爱的启发！

第一节　"情"为何物

英国戏剧大师莎士比亚在其喜剧《皆大欢喜》中问道:"爱情是什么？"这是人类追问了几千年都难以作答的问题。对爱情的定义至今仍然是仁者见仁,智者见智。我们或许可以从下面几位心理学家对爱情的定义中得到启发:

社会心理学家鲁宾认为,爱是一个人对另一个特定的人所持有的一种态度,他以特定的方式表达自己对爱慕对象的思想、感情和行为。

精神分析心理学家弗洛伊德说,爱情是性本能的表达与升华。

新精神分析心理学家弗洛姆提出,爱首先是一种给予而不是索取。除了给予的要素外,还有一切爱的形式所共有的其他要素,那就是关心、责任感、尊重和了解。

人本主义心理学家罗杰斯说,爱是深深地理解与接受。

存在主义心理学家罗洛·梅认为,爱是使人向上,使人追求真善美,使人走向更高意义上的自我实现。

一、爱情的类型

俄国文学大师托尔斯泰有句名言:"一千人就有一千种爱情",但是不同的爱情都是由三种成分组成的。爱情领域的著名研究者斯滕伯格认为,爱情的第一个成分是亲密,是一种"不分你我",彼此间很紧密和亲近的感觉,把自己的生活以坦诚、不设防的方式与对方分享,互相理解、尊重和支持对方,满足彼此的需要和欲望。第二个成分是激情,是一种"强烈地渴望与对方结合的状态"。由于对方的强烈吸引,特别是外表吸引和性吸引,而产生一种怦然心动的感觉,与对方相处时会有兴奋的体验。第三个成分是承诺,包含短期承诺和长期承诺。短期承诺是指将自己投身于一份感情的坚决,长期承诺则是指自己维护这份感情的努力。根据三种成分的不同组合,爱情可以分成七种不同类型:

（1）喜欢的爱（liking）：只有亲密,缺乏激情和承诺,如友谊。友谊不是爱情,喜欢并不等于爱情。不过朋友可以发展成恋人,尽管有些人因为恋爱连朋友也做不成了。

（2）迷恋的爱（infatuated love）：只有激情,缺乏亲密和承诺,如初恋。少男少女的初次恋爱总是充满了激情,但缺少成熟与稳重,是一种受本能愿望指引的青涩爱恋,这也是很多初恋没有结果的原因所在。

（3）空洞的爱（empty love）：只有承诺,缺乏亲密和激情,如勉强结合的婚姻。此类爱情虽然得到官方认可,却因为彼此间缺少感情,最后可能是失败的结局。

（4）浪漫的爱（romantic love）：只有亲密和激情,缺乏承诺。这种爱情崇尚不求天长地久,只在乎曾经拥有。

"你心中的完美爱情是怎样的?""可以有不完美。"

（5）愚昧的爱（fatuous love）：只有激情和承诺,缺乏亲密,如一见钟情。没有亲密的激情顶多是生理上的冲动,而没有亲密的承诺不过是空头支票,难以预料这样的爱情会走多远。

（6）伴侣的爱（companionate love）：只有亲密和承诺,缺乏激情。此类爱情的典型例子是长久而幸福的婚姻,虽然年轻时的激情已经逐渐消失,但仍旧能继续幸福相守。

（7）完美的爱（consummate love）：包含承诺、激情和亲密。在这样的爱情中我们可以体验到彻底的或完美的爱情,每个人都梦寐以求,但却可遇而不可求。

扫描学习

自我测试:《喜欢不等于爱情》

二、爱情的风格

社会学家约翰·艾伦·李提出了六种爱情风格,它们的差别表现在爱恋情感的强烈程度、对爱人的忠诚程度、期待的爱人特征以及得到对方回报的爱情期望。人们在一生中会出现不止一种的爱情风格,有时还会同时存在两种不同的爱情风格。在接下来的阅读中,你可以尝试着辨别自己的爱情风格。

（1）情欲之爱（romantic love）：这种模式主要是基于强烈的身体吸引。这类人不断寻找外表特征适宜的恋人,一旦遇到符合他们理想的对象就会强烈地体验到"一见钟情"的感觉,并且急切地想与对方建立深厚的关系。

（2）游戏之爱（game playing love）：这类人将爱情视为游戏,让他们把爱情都奉献给一个人是很困难的。他们会时常更换爱情的对象,看重恋爱的过程而非结果,不愿承担爱情的责任与义务,将性视为乐趣而并非承诺。

(3)友谊之爱(best friends love):在这种模式中,爱情随着好感慢慢开始,随着关系成熟越来越强。这类人认为爱情是彼此共享时间和兴趣的特殊友谊。他们在长久了解的基础上变得愈加坚定和忠诚。

(4)占有之爱(possessive love):这种模式是情欲之爱和游戏之爱的混合。这类人对于情感的需求非常大,表现出强烈的占有欲。他们需要恋人不断地做出保证和承诺,同时因为担心受到伤害而隐藏自己的感情。他们会与恋人保持一种"既爱又恨"的关系,在恋爱中的情绪不稳定。

(5)利他之爱(altruistic love):这种模式是情欲之爱和友谊之爱的混合。这是一种无私的、给予的、利他的爱情。这类人追求爱情但不求回报,他们把照顾恋人视为责任。他们表现出温柔、耐心、细致入微、充满责任感,不考虑个人利益。

电影《安娜·卡列尼娜》中,女主角安娜因为炙热的激情而不惜一切代价投入一段改变命运的恋情中

(6)现实之爱(pragmatic love):这种模式是游戏之爱和友谊之爱的混合。这类人对爱情抱有现实主义态度,不相信恋人之间存在特殊的"化学反应"。他们会认真考虑对方的现实条件和彼此的爱情成本,并期望让自己的所得增加并且减少付出。

【心理百科】

男性与女性之间存在纯友谊吗?

电影《当哈利遇上莎莉》中有一句经典台词:"在两人各有所爱的时候,男人和女人或许可以成为朋友,但很快他们就会质疑为什么要与只能做朋友的人交往。"实质上,男性和女性之间的确存在纯友谊。大部分人都曾经和异性有过亲密的友谊,这种关系在大学生之间更是司空见惯。然而他们一旦离开校园,许多人不再会维持亲密的异性友谊。为什么会这样呢?

男性和女性成为亲密朋友的原因和他们接近同性朋友的目的一样:"我们都需要他人的陪伴,共度美好的时光,开心快乐地交谈"。在这样的友谊里,人们还会获得尊重、信任和支持。与异性朋友交往时,人们要比与同性朋友交往时更开放、更有创造性、更有表达能力等。

然而,异性间的友谊还会遭遇同性友谊不会碰到的障碍,例如:是继续保持彼此的友谊,还是发展成为爱情呢?不同于爱情,友谊是不具有排他性的,而且不包括性含义,双方是彼此平等的伙伴关系。所以,异性友谊需要学会把握亲密程度。实质上,多数情况下人们不会把异性友谊转变为爱情,他们会尽力保持柏拉图式的伙伴关系。人们不愿意冒着失去宝贵友谊的风险,而贸然将友谊转变为爱情。

如果异性朋友有了自己的爱人,这段友谊可能会受到影响。在亲密关系之外,还有能够提供陪伴守候、关心爱护的人,这会让爱人感到不适甚至是敌意。因此,有了爱人的男性和女性不太可能像单身男女那样拥有亲密的异性友谊,这正是人们在离开校园后异性友谊不再那么普遍的重要原因。

三、爱情的产生

英国女作家艾米莉·勃朗特在长篇小说《呼啸山庄》中写道:"如果你还在这个世界存在着,那么这个世界无论什么样,对我都是有意义的。但是如果你不在了,无论这个世界有多么好,它在我眼里也只是一片荒漠,而我就像是一个孤魂野鬼。"诸如此类的爱情故事、小说,还有诗歌、散文等都描述了人们投身浪漫爱情时的热烈感受。那么,爱情到底是如何产生的呢?

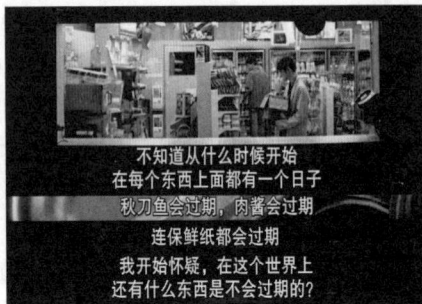

不知道从什么时候开始
在每个东西上面都有一个日子
秋刀鱼会过期,肉酱会过期
连保鲜纸都会过期
我开始怀疑,在这个世界上
还有什么东西是不会过期的?

"爱情会过期吗?"

1. 激素的作用

人类学家费舍于 2006 年提出爱情的三阶段理论,她将爱情分为三个阶段:①性欲,主要由性激素(雄激素和雌激素)所驱动;②吸引,主要由肾上腺素、多巴胺和 5-羟色胺所驱动;③依恋,是指将情侣长时间地维系在一起,主要由催产素和加压素两种垂体后叶激素所驱动。其中,不同激素分泌水平的增加会引起不同的行为反应。比如,肾上腺素的增加使人们在遇到心上人时产生心跳加快、瞳孔放大、手心冒汗等生理反应。能让恋爱的人产生怦然心动的感觉;多巴胺的作用是传递亢奋和欢愉的信息,会让人感觉开心、兴奋、激动,对睡眠或食物的需要降低,并使恋爱中的人们能够在关系的细节中寻找到快乐。人们对一些事物上瘾主要也是它在起作用,所以爱情也会让人沉迷其中、不可自拔。5-羟色胺会让有关爱人的想法不断涌入你的思维,甚至会让恋爱中的人们茶饭不思、患得患失。后叶催产素与后叶加压素的存在帮助恋人形成更为紧密的关系,并与恋人间的信任和忠诚相关。性欲、吸引和依恋是分别基于截然不同但相互关联的大脑系统,彼此间以特殊的方式相互作用,通过激素和神经递质调节着人们的爱情行为。因此,费舍说过:"爱情是世界上最让人成瘾的东西。"

🐷 扫描学习

视频:《化学元素决定了人类的爱情》

2. 情绪的唤起

社会心理学家沙赫特和辛格(Schachter & Singer,1962)的情绪的二因素理论认为,特定的情绪是生理唤醒(physiological arousal)和认知过程相互作用的结果。如果人们由于一些自身并不明确的原因引起了生理唤醒,而此时的他正好与一位异性在一起,他就可能会产生一种错误归因,把这种生理唤醒理解为是由对方引起的,从而认为自己恋爱了。

【经典实验】

"悬索桥上的爱"

情绪心理学家达顿和阿伦于 1974 年设计了一个有趣的实验来证明这一现象,实验的名称是"悬索桥上的爱"。

这个实验是在一条全长 450 英尺(137.16 米),宽 5 英尺(1.524 米)的著名吊桥上进行的。从 100 多年前起,吊桥便以两条粗麻绳及木板悬挂在高 230 英尺(70.104 米)的河谷上。悬空的吊桥来回摆动,既动人心魄,又令人心生惧意。研究小组让一位魅力十足的年轻女子站在桥中央,等待着 18 到 35 岁的没有女性同伴的男性过桥,并请求他们帮助她完成一份调查问卷。当对方完成问卷后,她会留下自己的姓名和电话,并告诉对方如果想要了解更多问卷的信息可以联系她。与此相对,相同实验在另一座横跨了一条小溪但只有 10 英尺(3.048 米)高的普通小桥上进行。

结果会怎样呢? 实验发现,走过危险吊桥的男性认为女子更有魅力,大约有一半的男性后来联系过她,而在稳固小桥上经过的男性当中,则甚少有人联系过她。阿伦说:"在危险的环境中,人们更容易动心。"

生理唤醒促进了罗曼蒂克的反应,肾上腺素会使两颗心贴得更近,这就是有些人在约会时选择观看恐怖电影、乘坐过山车等的原因了。

3. 想法的出现

谚语有云:"爱情是盲目的"。人们往往会对爱人抱有乐观美好的想法,爱到深处时对爱人的理想化也达到了顶峰。人们会把某个特定对象看做是特殊的,甚至是唯一的,会将注意力高度集中于对方身上,强调、夸大优点,忽略、缩小甚至是重新解释对方的缺点。社会心理学家古德温 2002 年做了一个实验,让男性被试扮演饭店经理,观看一位女性进行广告宣传的演讲录像对其并进行评价。这位女性的表现或是睿智连贯,或是笨拙无能。在正常条件下,男性被试可以对这位女性的表现做出客观评价。但当男性被试被告知自己将会与这位女性约会时,这位女性的表现就会得到有失偏颇的较高评价。问题在于,幻想会随着时间的流逝和经验的积累而逐渐变弱。恋人之间的幻想在恋爱初期可以促进关系深入,但当爱情进入稳定阶段且彼此的"伪装"卸去后,偶然的事件、细微的曲折、琐碎的细节都会引起爱情的烦恼、矛盾或冲突,例如很多恋人在争吵中会这样说:"你变了"或者"你以前不是这样的"。

4. 新奇的体验

恋爱开始的时候,每件事都是新鲜的,彼此充满新奇感。例如,第一次亲吻与第一次牵手要比接下来的成千上万次亲吻和牵手更令人心跳加速、回味无穷。另外,当坠入爱河时,我们对自己的看法也会发生改变。阿瑟·阿伦和伊莱恩·阿伦提出的自我延伸模型认为,爱人给我们带来了新的内心体验和新的社会角色,爱情使我们的自我概念得到变化和扩展,我们逐渐了解到以前不曾认识的自己。全新的爱情体验使我们获得内心满足,这也是为什么人们开始爱情时常常感觉快乐无比的原因所在。

【心理百科】

得不到的就是好的?

在莎士比亚的经典名剧《罗密欧与朱丽叶》中,罗密欧与朱丽叶相爱,但由于家族世仇,他们的爱情遭遇双方家庭的百般阻挠。但是,两人之间的感情并没有因为家长的干涉而有丝毫的减弱,反而愈加深沉,最终双双殉情,这种现象被称作"罗密欧与朱丽叶效应"。

究竟是什么原因让那些被"棒打的鸳鸯"关系更加紧密呢? 认知心理学家费斯廷格于1957年提出的认知失调理论认为,当我们有两种想法或信念在心理上不一致的时候,就会产生紧张感,为了减少这种不舒服的内心感受,我们就会调整自身的想法。也就是说,如果你是自愿做出某种选择的,那么你会喜欢你所选择的对象,也就不存在认知失调;但如果你并不乐意接受某种选择,内心就会产生不舒适感、产生心理抗拒,你就会做出完全相反的选择。所以,当外界压力要求人们放弃自己的爱人时,由于心理抗拒的作用,人们反而变得更加坚定,并增加对爱人的喜欢程度。但是,当这种爱情阻力消失的时候,苦恋的彼此反而失去了曾经的热情,双方或许要面临分手的结局。

四、爱情的阶段

在罗马神话中,丘比特是一个生性顽皮、身上长着翅膀的小爱神,他被喻为爱情的象征。他常常带着弓箭漫游,射出的"金箭"会让人倾心热恋、冤家变佳偶,射出的"铅箭"则会让人彼此憎恶、佳偶变冤家。他经常无目的地射,因此人们常常用丘比特的顽皮任性,来解释爱情发生时的不规则性。爱情的发展是一个动态变化的过程,但也是有规律可循的。完整的爱情一般包括四个阶段,即"爱情四部曲"。

1. 寻找梦中情人

从青春期开始,每个人的内心都有一个梦中情人的样子。梦中情人实质上就是抽象的爱情理想。它是社会价值观和个人审美观的综合,包含了一个人对理想爱人的外在形象、个性气质、思想品质、道德情操、社会地位等各方面的期望。

梦中情人的模样还受时代背景的影响。例如,中国女性在新中国成立后一段时间,善良淳朴的贫农是她们的理想对象;抗美援朝的时候,军人是她们眼中最可爱的人;国家提出四个现代化后,大多数女性都喜欢知识分子;随着改革开放的深入,女性逐渐偏向成功的企业家。

文化因素也会影响人们的爱情理想。比如我国女性的理想对象一般是身材高大的白马王子,而西方女性却并不怎么在意身高。又如,黑皮肤的人觉得人越黑越美,其他肤色的人自然不会这么认为。

南宋词人辛弃疾说:"众里寻他千百度,蓦然回首,那人却在,灯火阑珊处。"当我们遇见自己的心上人时,这句词最能反映内心的悸动了。"情人眼里出西施",陷入爱情的人们开始出现审美错觉,如痴如醉。

【课堂活动】你心中的 Ta

你心中或许有一个朦胧的身影，又或许这个身影正在慢慢变得清晰。那么，你心中期望的他（她）是什么样子呢？请按顺序写下你心中的他（她）应具备的五项特征。

1. _____

2. _____

3. _____

4. _____

5. _____

2. 求爱与接受期

当确定了爱情对象，我们就要追求爱情了。求爱过程有甜有苦，既需要力量又需要智慧。坠入情网的人会日思夜想，如何将心中的爱慕表达，这就是所谓的"相思病"。俗话说，人贵有自知之明。在我们做出求爱行动之前，需要对自己与对方的性格特征、处事风格、兴趣爱好等有客观清晰的了解和判断，即所谓的"知己知彼"。例如，男性向女性表白，若这位女性为人比较开朗直率，则不妨开门见山、直接坦率地说出心中的爱意；但若这位女性是比较小心谨慎的人，那就需要循序渐进地慢慢靠近。总之，不管你采用什么求爱手段，都要有礼有节，恰如其分地将自己的真情实意传达给对方，千万不要弄巧成拙而惹人讨厌。

接受他人求爱是一件慎重的事情，于己于人都不应该是儿戏，我们需要考虑很多方面：求爱的人的真正动机是什么？自己是否要接受求爱？如何恰当地拒绝求爱？……如果被爱人答应求爱，就会提出一系列值得考虑的长远问题和现实问题，还会去试探和求证对方是否真心诚意，特别是女性。如果拒绝求爱，那么也应该认真思索，设身处地地为对方着想，采用对方可以接受的拒绝方式，尽量不要伤害到对方的自尊心和爱的勇气，并且不要被过分的内疚感困扰自己。如何拒绝他人求爱有时可以反映出一个人的道德和修养。

扫描学习

微电影：《爱的贷价》

3. 热恋期

爱情本是一种充满浪漫情怀的感情，热恋中的浪漫将会达到最大值。"一日不见，如隔三秋"，热恋中的男女总会觉得时间过得太快。著名物理学家爱因斯坦曾用这个例子解释过相对论：一个热恋的青年同心爱的姑娘在一起，他会感到一小时像一分钟那么短。如果他在灼热的炉台旁坐一分钟，他就会感觉这一分钟是那么的漫长。

处于热恋中的人往往精力十分充沛，容易极度亢奋，彼此间有说不完的话，还会情不自禁地做出亲昵举动。但是,爱情中不能缺少理智。健康的爱情应该是推动我们前进的加速器,既可以提高自己,也能提高对方,而不是我们学习、工作或生活的绊脚石。

爱情之路并不会平坦。当最初的"伪装"卸去后,彼此间的真面目出现了。偶然的事件、细微的曲折、琐碎的细节都会引起爱情的烦恼。恋爱中的摩擦或矛盾主要是由双方个性特征、思维能力、家庭教育、生活环境等因素的差异所造成的。双方要以相互尊重和信任去解决矛盾,不要把自己的意志强加给对方,更不能把对方作自己的附属物(或依附物)。发生矛盾时,只要不是重大原则问题,彼此就要相互谅解和忍让。例如,女性要以稍微宽容的态度对待男性的粗枝大叶,男性对女性的任性和娇气不要过分计较。

❤ 【心理百科】

爱情中的心理效应

除了在人际关系中曾提到的首因效应、近因效应、晕轮效应等,在爱情中还有许多有趣的心理效应,例如:

在求爱过程中,如何让心上人接受自己呢?登门槛效应,又称得寸进尺效应,是指一个人一旦接受了他人的一个微不足道的要求,为了避免认知上的不协调,或想给他人以前后一致的印象,就有可能接受更大的要求。例如,男性在追求女性时,不能在认识之初就提出要与对方共度一生,总是通过与对方吃饭、看电影、轧马路等小要求来逐步实现。与登门槛效应相反,留面子效应,又称以退为进效应,是指人们拒绝了一个较大的要求后,对较小要求接受的可能性增加的现象。例如,一位男性向心仪的女性表白,对方可能因为不太了解或存在误会而拒绝,此时就可以尝试着与对方从朋友做起。

人们在面对他人求爱时所表现出的犹豫不定、迟疑不决的现象就是布里丹毛驴效应。"布里丹之驴"是以14世纪法国哲学家布里丹的名字命名的悖论:一头饥饿至极的毛驴站在两捆完全相同的草料中间,但是它始终犹豫不决,不知道应该先吃哪一捆才好,结果活活饿死了。例如,有些人在被他人特别是被多个人追求时,可能会左思右想、不知所措,以致既耽误了自己又伤害了别人。

在经济学中有"沉没成本"这一概念,是指已经付出且不可收回的成本。人们在恋爱过程中的那些情感付出、时间消耗、精力投入、金钱开支等点点滴滴,都会随着爱成往事而覆水难收,变成沉没成本。所以,当无法继续或维系一段感情时,人们的内心会变得非常纠结,不愿意让之前的努力就此付诸东流,所以会当断不断,反受其乱。

4. 心理平静期

这是热恋的降温阶段,不是消失不见,而应是愈加成熟。但由于彼此间无所不知,当初的新鲜感降低,此时容易发生移情别恋。俄国文学家车尔尼雪夫斯基这样说:"世界上不是缺少美,而是缺少发现美的眼睛。"享受激情,但不要把它作为维持爱情关系的基础。培养与爱人之间的友谊,努力保持新鲜感。如果不再有新奇感,那就努力去创造更多的新奇,把握每一个

电影《爱在黎明破晓前》说,浪漫不是件易事,你会慢慢拒绝虚幻的想法而接受生活的现实

彼此共同探索新奇的机会。爱情需要两个人的彼此付出与共同努力,互相在对方那里看到一个更加成熟与圆满的自己。当爱情走向平淡,彼此间最初的热情已经变成深厚的感情,这是一种美好而幸福的结果。

扫描学习

微课:《恋爱冲突的解决之道》

第二节　爱情的差异

爱情是世界上最美好也是最复杂的一种感情,每个人的爱情都有不同的背景、不同的对象、不同的经历……千差万别、各有特色。在这一部分,我们将讨论和爱情有关的影响较为持久的个体差异。

一、依恋类型

我们在婴儿时期是脆弱的,我们害怕与主要抚养者(主要是父母)分离,担心被父母抛弃,因为我们会通过不同的方式表现对父母的依赖,而父母对婴儿的行为和回应程度,就影响了婴儿的依恋类型。儿童心理学家安斯沃思 1973 年采用陌生情境测验进行研究,将儿童放在一个陌生的环境里(实验用的游戏室),观察母亲暂时离开而后又返回时儿童的反应,从而确定了三种依恋类型:

(1)安全型依恋(secureatt achment):当母亲在场时就会安心舒适地玩耍,积极快乐地探索周围环境;当母亲短暂离开时就会变得紧张不安;当母亲重新回来时就会跑向并抱住母亲,过一会后继续刚才的玩耍。

(2)回避型依恋(avoidantatt achment):母亲是否在场对他们并无影响。母亲短暂离开时没有明显的焦虑;母亲重新返回时不会主动寻求接触;母亲接近时反而会转过身去,回避母亲的亲密行为。

(3)矛盾型依恋(insecureatt achment):会因陌生环境而充满焦虑地黏在母亲身边。母亲短暂离开时会不安和哭泣;母亲重新返回时却表现出冷漠或敌意;不再继续刚才的玩耍。

扫描学习

视频:《被嫌弃的松子的一生》

我们在成年之后也会对恋人或伴侣产生依恋。童年期的依恋类型与成年后的依恋类型存在一些相似之处,可以说成年后的依恋类型是童年期依恋类型的某种延续。成人的依恋类型是根据焦虑和回避这两个维度进行划分的,共包括四种类型:

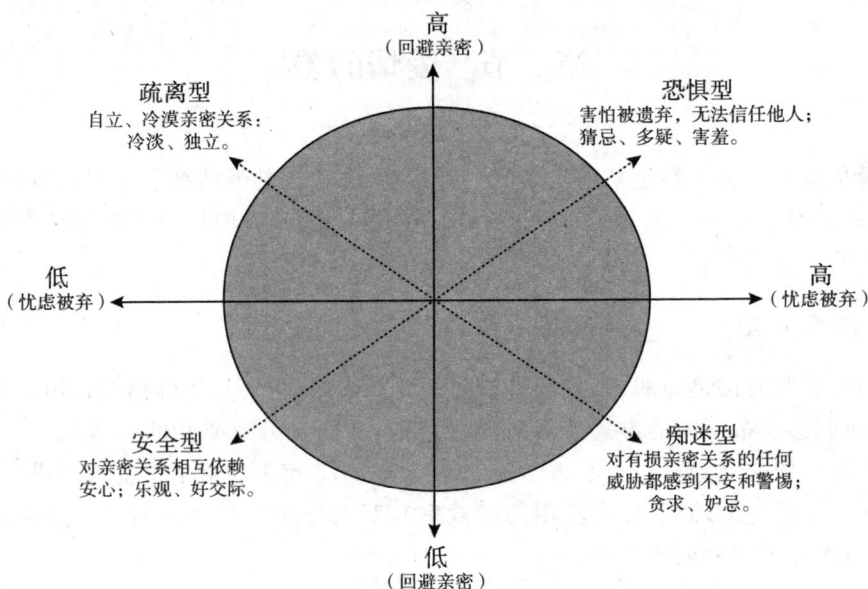

成年人的四种依恋类型

(1)安全型(secure):是指焦虑水平和回避水平都较低的人。他们容易与人亲密,并安心地依赖和被依赖,不担心自己会被抛弃;他们善于与他人分享,在交流中他们会分享自己的生活、经历和观点;他们对另一半有着较高的评价,懂得关心自己的恋人或伴侣;他们希望双方能够相互满足彼此的需求,找到关系中令人愉悦的部分。

(2)恐惧型(fearful avoidant):是指焦虑水平和回避水平都比较高的人。他们既期待亲密又恐惧亲密,因为恐惧在关系中会受到伤害或者无法合理表达自己,从而拒绝与他人亲近;他们容易陷入戏剧化的、大起大落的关系中,一方面渴望建立亲密关系而另一方面又担心这会让自己置于某种危险之中;他们担心依赖他人会损害自己的自由,也担心自己依赖别人会被对方拒绝或伤害,从而倍感恐惧、焦虑和折磨。

(3)疏离型(dismissive avoidant):是指焦虑水平低而回避水平高的人。他们感到与人亲密是不舒服的,难以信任和信赖他人;他们往往是一个独立的、自给自足的人,习惯于保护自己的自由而不愿给出承诺;他们在亲密关系中会觉得对方想要控制自己、限制自己;他们保护自己的内心,不轻易分享自己的感受,会让恋人或伴侣产生不真实或不被需要的感觉。

(4)痴迷型(anxious):是指焦虑水平高而回避水平低的人。他们经常表现出"情感上的渴望",非常依赖恋人或伴侣,也极度需要对方的承诺;他们总是紧紧地抓住自己的恋人或伴侣,希望对方可以拯救自己,使他们在身心上获得完整;他们拥有过多对亲密的渴求,因此会通过很多行为试图让对方开心来获得对方的爱。

扫描学习

微课:《你是哪种依恋类型》

【经典实验】

爱的能力

每个人都有体验爱的能力吗? 回答是否定的。有研究表明,爱的能力可能是由我们过去的经验塑造的。发展心理学家哈洛于 1971 年做了这样一个实验:

哈洛将刚出生的幼猴同母猴及其同类隔离在笼子里,结果发现它们对盖在笼子地板上的绒布产生了极大的依恋。幼猴躺在上面,用自己的爪子紧紧地抓着绒布,如果把绒布拿走的话,它们就会发脾气,这就像人类的婴儿喜欢毯子和填充熊玩具。后来,哈洛用铁丝做了一个代理母猴,它的胸前有一个可以提供奶水的装置;然后,哈洛又用绒布做了一个代理母猴,它不能提供奶水。他曾在文章中写道:"一个是柔软、温暖的母亲,一个是有着无限耐心、可以 24 小时提供奶水的母亲……"当把幼猴和两个代理母猴关在笼子里,令人惊讶的事情发生了。在几天之内,幼猴把对猴妈妈的依恋转向了用绒布做成的那个代理母猴。由于绒布做成的代理母猴不能提供奶水,所以幼猴只在饥饿的时候跑到铁丝做成的代理母猴那里喝几口奶水,然后又跑回来紧紧抱住绒布做成的代理母猴。

虽然幼猴获得了良好的喂养和身体的照顾,但没有得到传统意义上的母爱。当把幼猴放回同龄猴群中,它们没有与同龄猴群玩闹嬉戏或建立友谊的能力。等到发育成熟时,它们不接受异性的求爱。哈洛使雌猴接受人工授精,观察它们抚育后代的能力。结果发现它们根本不会喂养和照顾幼猴,甚至会很凶狠地对待幼猴。

幼猴与母猴之间的亲密接触和依恋经历,对其在今后生活中爱的能力有着重要影响

哈洛的实验在人们看来是有点残忍的。不过他的实验给我们带来一些启示:早年的情感剥夺会让人丧失爱的能力,变得无法给予或接受爱。我们都需要爱,而不仅仅是食物。

二、性别差异

两性择偶观在近几年已经成为引起广泛讨论的社会热门话题。达尔文进化论中"物竞天择,适者生存"的思想对人们的择偶观产生了深远的影响。以巴斯为代表的进化心理学家便从进化论的角度对择偶观和择偶行为的性别差异进行了研究。

1. 女性的择偶偏好

(1)经济条件:社会经济地位是跨文化背景下女性择偶的一个重要指标。从进化论的角度来看,女性承载着体内受精、十月怀胎和哺育婴儿的重大负担,因而更有可能选择资源丰富且能对女性及其后代投资的男性。

(2)社会地位:优越的社会地位是判断资源控制量的重要线索。优越的社会地位意味着更多的资源,更多的机会,以及更好的未来。因此,女性在择偶过程中往往更偏好那些能为自己的后代创造更多优越条件或带来安全保障的男性。

(3)身体特征:女性需要选择更为优秀的基因才能孕育出外形相貌都比较出众的后代。所以,在女性的择偶过程中,男性的身高、肩宽、肌肉、体重等都会起到性吸引的作用。但当女性拥有足够资源或有能力获得资源时,她对男性资源的要求会降低,更加注重男性的身体特征。

(4)人格特征:女性更会选择有抱负、事业心,勤奋上进的男性,因为这些优秀的品质是女性能够持续不断获得资源的可靠指标,能够让女性更多地感受到可靠、信赖和稳定,也有助于感情的积累和幸福感的提升。

(5)性关系策略:一般而言,大多数女性选择的是长期性关系策略,因为只有这样女性才会获得心理上的安全感、依赖感。

2. 男性的择偶偏好

(1)年轻女性:巴斯在 37 种文化中都发现,更多男性愿意选择比自己年轻的女性。从进化心理学的角度而言,男性选择年轻貌美的女性是因为与年龄相关的生殖力以及可生育后代的数量。

(2)身材体型:男性更偏好身材较为苗条的女性。有研究表明,腰臀比例(Waist-to-hip ratio,WHR)是女性生殖潜能和健康状况的重要指标。另外,身体质量指数(Body Mass Index,BMI),即体重与身高之比,是世界卫生组织(WHO)用以衡量身体发育是否均衡的一个指标。

(3)人格特征:影响男性选择的主要人格因素有:善良、宽容、孝顺、善解人意和照顾能力等。女性的这些人格特征有利于家庭生活的稳定与幸福,还会对后代产生深远影响。

(4)性关系策略:对于男性而言,他们在繁衍后代的过程中,不同于女性能够百分之百地确定自己是母亲这样的角色。因此,他们会与更多女性发生关系来繁殖更多的后代,所以男性更偏向于短期性关系策略。

3. 恋爱中的性别差异

印度诗人泰戈尔说过:"要是爱情不允许彼此之间有所差异,那么为什么世界上到处都有差异呢?"恋爱中的双方的确存在差异,所以,正确认识并合理处理这些差异,会有利于爱情的发展和稳固。

（1）审美观的差异

有句话说，男人是视觉动物，而女人是听觉动物。男性更注重自己的视觉感受，较多地注意女性的外表；而女性则注重自己的听觉感受，希望从男性那里听到更多爱情的语言。男性在选择恋爱对象时比较浪漫，更看重女性的外貌、性情、趣味等；而女性比较实际，更看重才华、能力、品格等。要注意，太过追求外在美是一种爱情心理误区。比如，俄国文学大师普希金迷恋上一位女性美丽的外表，却因为她的虚荣与出轨而荒废了写作，最后为她决斗以致英年早逝。

电影《那些年，我们一起追的女孩》说："成长最残酷的部分就是，女孩永远比同年龄的男孩成熟。女孩的成熟，没有一个男孩招架得住。"

（2）追求爱情形式的差异

在爱情的追求阶段，男性往往比较主动和强烈。女性美丽的面庞、可爱的微笑或动人的眼神，都会使男性迅速坠入情网。大多数男性在追求女性时，不喜欢"马拉松式爱情"，往往会在初期就表现出强烈的占有欲。女性在爱情中往往比较含蓄、被动、矜持，即使心目中有了心仪的男性，一般也不会主动表白，宁愿去暗示、去等待，期望男性去揭开这层面纱。这一差异造成了许多爱情的误会和错过，所以大胆明确地表示出自己的爱吧！

（3）恋爱态度的差异

在爱情中，大多数男性会期望女性对自己一往情深，但却担心自己的柔情蜜意有失男子气概而不愿意过于表露内心的感情。女性在爱情中渴望与男性建立亲密的关系，希望达到彼此感情上的高度融合。因此，当女性决定投身于一段感情时，用情投入而且专一。韩国文学家朱耀燮说："在爱情方面，女人可能是很坚强的，也可能是很懦弱的。要么是爱别人，要么是接受别人的爱，一旦陷入情网之后，就是有人命令她朝火里钻，她也会心甘情愿服从。"

（4）对爱情感受的差异

男性一般比较粗枝大叶，常常不能体察到女方细微的爱情心理。男性更多地关注大的方面，从而忽略了细节。当他们察觉到女性的情绪变化时，经常百思不得其解，发出"女人心好难猜"的感慨。女性的感情比较细腻，善于体察对方的心理。她们追求爱情的亲密，要求男性的言谈举止都能符合自己的预期。因此，男性不经意的话语或行为，可能会使女性陷入伤感或大发脾气。

（5）爱情挫折承受力的差异

爱情挫折包括恋爱中的摩擦和失恋两种情况。面对爱情中的各种摩擦，男性比较随意坦然，不愿将矛盾扩大或张扬出去，一般会选择主动让步；而女性较为细腻敏感，希望得到男性的体贴与关心，容易在摩擦后产生更多的负面情绪。失恋多是痛苦的事。当面对失恋时，男性的承受力却低于女性，表现出更多的悲伤和消沉，甚至会做出一些过激的举动。这是因为男性的爱情更多包含浪漫主义色彩，可能会对失恋缺少理智的考虑。

扫描学习

微课:《男生女生的沟通差异》

第三节 爱情的烦恼

有句话说:"最甜美的是爱情,最苦涩的也是爱情。"人们在爱情中都会体会到或大或小、或多或少的各种烦恼,只要恰当合理地去面对与调适,这些烦恼就不会对我们的学习、工作和生活产生太多负面影响。这一部分我们主要谈谈三种常见的爱情烦恼。

一、单恋

奥地利作家斯蒂芬·茨威格在他的名著《一个陌生女人的来信》中记录了一则悲剧式的单恋故事。故事的主人公——著名小说家在他41岁生日那天收到了一封陌生女子的来信,信中倾诉了她从13岁起对他的至死不渝的爱情,然而他竟对这个女子一无所知。按陌生女子在信中所述,他们也曾有过几次邂逅,但对这位作家来讲,那不过是无数风流韵事中的一桩而已,在他的生活中未曾激起任何涟漪,但是这个痴情的女子却为这样的爱情付出了一切。随着儿子的夭折,她彻底绝望了。她留下一封信,留下她的爱情,自己却要和这个世界告别。

宋代词人李冠的《蝶恋花·春暮》中"一寸相思千万绪,人间没个安排处"这句话描写的正是单恋的状态:一往情深、苦苦等待、相思成灾。单恋也被称作单相思,是指对某位异性一厢情愿的爱恋,而对方却不能投之以爱的回报或者根本不知道。心理学家研究发现,单恋是一种很普遍的爱情体验,在青少年晚期,即16~20岁时似乎最为多见。在我们的周围,大约有80%~90%的年轻人都曾经历过单恋,特别是男性要比女性更多地发生单恋。

单恋主要包括三种类型:第一种,你可能在心里默默地、强烈地爱着一个人,但是由于害羞或是胆怯,始终不敢向对方吐露真情,因而陷入无边的自我苦恼中,正所谓"衣带渐宽终不悔,为伊消得人憔悴"。第二种,你可能向意中人表达了爱意却遭到了拒绝,即"落花有意随流水,流水无情恋落花",但热烈的爱情并不因此消减。第三种,就像"所谓伊人,在水一方"一句所描述的,你所爱之人可能远在天边、飘在云端,渺渺茫茫、可望而不可即。你明明知道连走近对方身边都毫无希望,却无法熄灭心中的爱情,仍然日夜空思念。

如何面对单恋呢?首先,当觉察到自己陷入单相思时,要给这份爱情的感觉打问号。爱情是需要理性认知的,需要正确地、客观地、全面地认识自己和对方及其现实和未来,不要过分相信自己的感觉,免得最后作茧自缚。其次,不如鼓起勇气向自己的意中人表白。

对方若是接受,那就皆大欢喜;若不接受,那也无需后悔,让这份美好的爱意留在回忆里吧!再次,可以找自己的挚友倾吐心中的郁结。有的时候"当局者迷,旁观者清",听听他们的劝慰、分析和建议,可能会让自己心境平静、豁然开朗。最后,尝试把自己的注意力转移到其他事物上去。去实现自己的兴趣爱好吧,比如 K 歌、跑步、爬山等。

二、失恋

《少年维特之烦恼》是歌德的一部自传性书信体小说,里面的男主人公维特因为失恋而自杀。年轻的维特来到一个小镇,这里美丽的自然风光,淳朴善良的民风,还有天真快乐的儿童给予他极大的快乐。他在一次舞会上认识了一个叫绿蒂的少女,她的一颦一笑、一举一动都让他倾倒。绿蒂也很喜欢维特,但却不能给予爱的回报,因为她已与维特的好友订婚。维特就此陷入尴尬和痛苦,于是毅然选择离开此地,希望在事业上得到解脱、有所成就,然而鄙陋的外界环境、污浊的人际关系、压抑的现存秩序等都使他无法忍受。当维特怀才不遇地重返绿蒂身边时,发现绿蒂已经结婚,便决定以死殉情,遂用一支手枪结束了自己年轻的生命。

失恋对于任何男女来说都是一杯浓烈的苦酒,都会在内心深处烙上伤疤,甚至这种心理隐痛可能会伴随一个人的整个人生旅程。失恋意味着恋爱的结束,这是恋爱中人们最不愿意看到的结局。失恋的原因有很多,比如:性格不合、社会压力、一方见异思迁、恋爱动机不纯等。有时候,我们虽然尽了最大努力去维持这段感情,但是我们还是没有办法彻底摆脱失恋带给我们的伤害。

失恋之后,随即带来的可能是一些不良的心理或行为。在失恋之后,有些人整天闷闷不乐、茶饭不思,长时间情绪低落;有些人心生怨恨,伺机报复,寻死觅活;有的人每天哭哭啼啼,苦苦哀求对方重新开始;还有的人甚至轻率地结束自己的生命。失恋确实会让我们感受到强烈的分离焦虑,失恋后的恢复需要一个长时间的过程,不要总想着一两天就从失恋的阴影中走出来。

你可以参考这几种建议,也许会对失恋有所帮助:①冷静理智地面对这段爱情,分析一下到底问题出在哪里。既然分手已是事实,那就正视现实。失恋并不是是非对错的问题,也许是适合不适合的问题,努力从中找到你的收获,也许就如电影《失恋 33 天》中的女主人公黄小仙,另一个"对的人"就在你身边。②采用合理化的防御机制,例如使用阿 Q 的精神胜利法:"他也没那么好"。③以合理的方式宣泄自己的不良情绪,比如体育锻炼等。④换一个环境试试,比如出去旅游,美丽的户外风光或许可以使你心情舒畅起来。⑤可以考虑把失恋转化为更好地学习、工作和生活的前进动力。⑥避免有意无意地再去翻看对方的社交网络信息,不要因为对方的一些近况导致自己的心情陷入消极循环的怪圈。总之,随着时针一圈圈转过,日历一页页撕去,他会渐渐地淡出你的记忆,你的心伤便会慢慢愈合。

三、异地恋

大学阶段的爱情类型中,异地恋是较为常见的,因为很多恋人会在高考结束后异地或异国求学。事实上,一提到异地恋人们可能抱有一些担忧,比如很多人会认为异地恋比近距离恋爱更容易分手或出轨。这其实是一种思维误区,有研究表明异地恋和非异地恋的分手率分别为 27％和 30％,两者不存在显著差异;还有研究表明异地恋不会比非异地恋更容易出轨,因为会出轨的人无论是否异地都容易出轨。

异地恋比近距离恋爱有着自己的优势,比如:①异地恋会让人更坦诚地表达爱。物理上的距离会让恋人们更加渴望心灵上的沟通。因为分开的时间比较多,双方单独经历的事情也比较多,所以在和对方沟通时,总想与他分享自己生活的点点滴滴。在沟通的过程中,恋人之间也会比较大胆和直白地表达自己的爱意。②异地恋会让人把自己的恋人理想化。由于距离的原因,恋人们之间见面的机会较少,这样既看不到对方的一些缺点也避免为一些生活琐事发生冲突。他们可能将自己天天通话、时时想念的他在脑海中想象成比真实更加美好的人。研究表明,异地恋的人对于恋人或伴侣的满意程度要高于非异地恋的人。③异地恋会给双方带来更多个人自由。因为恋人不在身边,很多时间需要自己度过,这样可以让双方更加自由地追求自己的学业、事业或者爱好。

异地恋同样也存在一些挑战,常见的主要是下面三个:①时间和金钱上的压力。异地恋情侣最期待见到对方的那一刻,双方为了见到彼此需要在城市间奔波,这就需要不少资金来支付住宿和交通。②最迫切的需求无法得到即时满足。时间和空间上的距离会在恋人感到脆弱时变得格外难以接受,因为"我最需要你的时候你却总是无法陪在我身边",误解和忧虑很可能会不断伤害彼此间的亲密感。③重聚后的期待幻灭与

异地恋者渴望爱人的陪伴

不适。远距离会让恋人美化对方,也会遮蔽一些矛盾,例如生活习惯上的差异等。近距离在一起后,两个人对彼此的新发现可能会引发一些冲突。

在了解异地恋的优势和挑战后,我们尝试做些什么来优化这段感情呢?首先,客观评估关系,避开自证预言。如果一开始就对异地恋抱有悲观态度,当出现问题或摩擦时就会归因于"异地恋是很难的",那么这段感情十有八九会以分手而告终。其次,保持态度上的真诚。距离会放大不确定性,恋人需要主动给对方安全感,不刻意隐瞒对方在意的事情,主动与异性保持合适的距离。再次,保持定时定量的沟通。恋人可以提前约好每周或每日的通话时间,在这段时间里专注地倾听对方和分享自己,比如聊一聊发生在各自身边的新鲜事,让彼此产生对方就在身边的感受。从次,可以制造些惊喜或赠送礼物。如果可以的话,就试试提前计划下然后突然出现在对方面前,或者赠送一些能够随身携带的小礼物。最后,也是最重要的一点,要学会过好一个人的生活。如果彼此都是积极成长的、向着彼此奔跑的,那么这段感情一定可以长长久久。

扫描学习

微电影:《关于爱情的一些故事》

四、性冲动

英国著名作家霭理士在《性心理学》一书中写道:"恋爱的发展过程可以说是双重的。第一重的发展是由于性本能向全身释放……第二重的发展是由于性的冲动和其他性质多少相连的心理因素发生了混合。"爱情中包含性欲,所以恋爱中的男女会拥抱接吻、产生性冲动乃至发生性关系,这是一种正常的现象。性冲动与生理因素和心理因素密切相关:性激素是性欲望的生理动因,与性有关的感觉、情感、记忆和想象等心理因素都有可能诱发性冲动。特别是热恋中的男女,由于性激素分泌的旺盛、语言的投机、心灵的相通以及暧昧的环境等的影响,很容易发生性冲动和性关系。但是,如儿戏般的婚前性行为是充满各种危险的,比如导致女性怀孕、流产等不良后果。

1. 控制性冲动

性是一种本能,但是我们拥有理智。为了幸福生活,我们需要矜持。那么,该如何控制性冲动呢?下面几种方法你不妨试试。

(1)转移注意力

除了绵绵情话、卿卿我我之外,我们还需要在学习、工作和生活上互相关心与帮助,多融入集体,多参加集体活动,多做些有意思的事情,多加强思想的交流。开阔的视野、充实的内心、共同的兴趣都会转移性冲动。

(2)躲避性刺激

在与异性单独相处时,要保持一定的距离。如果觉察到自己的感情冲动,那么最好立即脱离那种刺激,让自己头脑清醒一下,免于做出越轨行为。例如,避免长时间独处一屋或者无人偏僻处。

(3)升华性冲动

我们可以将性冲动升华为对理想、未来的追求,或为赢得长久稳固的爱而奋发图强,或在与心上人分离后用自己的成长和发展来缓解暂时的空虚。我们需要用恰当合理的方法使自己的感情和人格都得到升华。

2. 性自慰

除了上面三种方法外,性自慰也可以缓解性冲动。性自慰是指在非性交的情况下,用手或其他物品摩擦性器官,以获得性欲满足的行为。性自慰是很普遍的现象,并不是一种病态,而是性机能成熟的表现。当一个人的性机能发展成熟,有了性的需要,而性自慰正好满足性需要,因此人们性自慰是必然发生的行为。

很多医学家认为,性自慰有一定的积极意义,它在一定程度上能防止人们不道德的行为甚至凶杀犯罪的发生。对于男性和女性来说,适度的性自慰是无害的,还具有一定的积极意义。当然,这并不是在提倡性自慰,因为过度的性自慰有着严重的危害。过度性自慰严重损害身心健康,影响人们的学业、心理和人生的健康发展。首先,过度性自慰会使生殖器官受伤。性自慰时施以过分粗暴的刺激还会使生殖器官出现损伤,造成充血、溃破等后果。其次,过度性自慰会对心理产生不良影响。有些人在体验性自慰的快感后会产生自责、内疚、后悔,甚至羞于见人等不良心理,从而导致抑郁、自卑、自闭等。最后,过度性自慰还可能对学习、工作和生活造成严重负面影响,如上课或上班时会经常闪现性幻想,一个字或一个词也会引起浮想联翩,严重影响自身的注意力、记忆力等,还会经常伴有失眠、多梦等症状,精力亏损,易感疲劳,浑身无力。所以,我们既要认识到适度的性自慰的无害性,也要认识到过度性自慰的有害性,提高自我控制和自我约束的能力,做一个身心健康的人。

扫描学习

自我测试:《测测你的恋爱心理成熟度》

第四节　培养爱的能力

如何获得美好的爱情? 如何建立、发展健康的爱情关系? 爱是一种能力,也是一种艺术。爱情的成功与失败,除了许多外在的原因,自身的爱情心理是否健全也是十分重要的影响因素。我们来看看健全的爱情心理所具有的特征。

一、自信

马斯洛发现,心理健康的人大多能接受自己,热爱自己,"他们能够不带忧虑地接受自己的人性,包括其中的种种缺点及与理想形象之间的种种差异等。但是如果认为他们自满自得,那显然是不恰当的。我们要指出的是,他们对待人的脆弱、罪恶、虚弱、邪恶等,恰如对待大自然的种种特点一样,以同样的不加疑问的态度表示接受认可"。也就是说,一个人有了自信,才有一定的心理承受能力,才能全部地接受自己的爱人(例如优缺点),同时也能承受起自己和他人的感情。自信的人会充满魅力,敢于主动去爱和被爱。试想,一个连自己都不喜欢的人如何能获得别人的爱呢?

二、独立

爱情中的独立不是疏远也不是隔离,而是在与爱人相处时有自己独立的思考和行动,不会轻易受到他人左右。独立的人是有自信的,他们会知道自己真正需要的是什么。当遇到自己理想中的爱情对象,独立的人会毫不迟疑地去追求并给予对方爱,却又不会一味地沉迷于缠缠绵绵与朝朝暮暮,更不会毫无原则地顺从对方,而是为了爱情去努力拼搏,构建一个幸福和谐的家。独立的心态是一种成熟的品质,是一种在心理上已经断乳的标准,它可以承受爱情的挫折、抵御情感的打击,及时调整并重新来过。

三、专一

爱情是最忌讳三心二意的。你可以对爱人不够理解、不够奉献、不够关心或者不够欣赏,但万万不能把爱情当做游戏,脚踏几只船。当然,一个人一生可能不止爱一个人,但那是在人生的不同时刻发生的事情。从心理学上看,只有专一才能获得充分的感受,正如学习需要专心一样,爱情也需要专一,否则会破坏爱情的感受。保加利亚社会学家瓦西列夫在《情爱论》中说:"爱情对象的选择是对熟悉的众多异性中某一个人的具体偏爱,是对这个人的价值理想化。没有一个人会同时深深地、忘我地、热烈地爱着两个人或三个人。那必然会导致心理动荡,使人面临困难的抉择,分散感情的洪流。爱情首先要求一个人将注意力集中在一个对象上,要求感觉的和谐和完整。"

四、付出

从某种意义上说,爱应该是一种主动的、无私的、勇敢的、不计回报的奉献。只有懂得奉献的人,才会获得真正的爱情。爱情是主动给予,不应是消极等待。但是在现实生活中,有些人却更多地关注对方应该如何爱自己,时刻算计着自己的收支平衡,以故作矜持、傲慢无礼来玩弄别人的真心付出。那些懂得爱情真谛的人会毫不做作,他们抱着真诚的心态主动给予对方爱,为了爱人尽可能地奉献自己的所有。俗话说,有意栽花花不开,无心插柳柳成荫。在认真耕耘的过程中,一个人可以使别人感受到快乐,也给自己带来了希望,从而也能收获一份真挚的感情。

五、关心

弗洛姆说:"爱是对所爱对象的生命和成长的积极关心。哪里缺少这种积极关心,哪里就没有爱。"由此可见关心在爱情中的重要作用。关心是对爱人的密切关注,能够注意到对方的感受和需要,尽自己的努力予以安抚和满足,这就是爱的奉献。关心可以体现在平常生活的一点一滴中,比如给爱人梳理头发、整理衣服、提醒天气等,也可以体现在人生大事上,比如关心爱人的学习、工作或前途。这种无微不至、体贴细腻的关心可以使人心生暖意,增加爱情的甜蜜。但是,关心不是自作多情、把意志强加到对方身上,例如不管对方是否需要、不管对方内心感受,硬要爱人接受自己的好意,这会让对方感到心理压力,甚至会心生厌烦。真正的关心是悉心观察对方所需,做到雪中送炭。

六、尊重

在爱情中,如果一方支配或占有另一方,那么这种爱情是缺乏尊重的。弗洛姆说:"尊重是指一个人对另一个人成长和发展应该顺其自身规律和意愿。尊重蕴含没有剥削。爱是让对方的理想自由发展,而不是让对方为己服务。"真正的爱情是互相尊重,包括对爱人的个性特征、想法选择、家庭背景、兴趣爱好、工作事业等各方面的接受。没有尊重就是残酷的占有，会让对方心生压抑与怨恨，也会导致彼此的不幸福。

七、信任

爱情需要相互信任，避免无休止地确认对方对自己的爱，例如不停地让对方来证明有多爱自己；无根据的多疑、猜测也会让爱情变得痛苦不堪，例如刨根问底或胡乱猜疑对方漏接电话、晚回短信、约会迟到的原因。给彼此一些距离，这样更有利于爱情的稳固。如果爱已不在，过多地追问、挽留也无济于事。实质上，信任自己就是信任对方，越是不自信的人越可能不信任爱人，常常会怀疑对方背着自己做了一些背叛的事情，总是担心自己会被对方所戏弄或抛弃。

八、欣赏

爱情的真正魅力在于相爱的人相互欣赏，在之前我们多次提到恋爱中的审美错觉。法国作家缪塞曾在其小说中有这样一句话："自从我爱上你以后，我觉得其他的男子全都是怪模怪样的、愚蠢的。"爱情的欣赏不仅包括对心上人的欣赏，还包括对其周围一切相关事物的喜好，所谓"爱屋及乌"就是这个道理。爱人间的相互欣赏可以使彼此获得心理上的满足，促进两个人的发展进步，让爱情变得更加积极美好。

九、理解

在心理学中有移情（transference）的概念，是指能够设身处地地站在别人的角度，理解和欣赏别人的感情。它作为一种心理品质，可以使双方相互理解、和谐相处，能够促成和鼓励双方交流，使彼此更加坦率真诚、推心置腹，并在很大程度上避免了两人之间的误解、冲突。在爱情中，相互理解非常重要，缺乏理解往往容易导致爱情夭折，而加深理解则会使爱情更加深厚。一般来说，相似的文化背景或经历体验比较容易引起共鸣，增加理解。

十、宽容

俗话说，金无足赤，人无完人。任何人都有其长处和短处，爱情中要包容对方的缺点。一段长久的爱情与双方有无一颗宽容之心是分不开的。如果没有宽容的胸怀，因为一件琐事就任性地说分手，那么这未免是对这段感情太过随意或对爱人太过苛刻。另外，人的一生中最容易被自己所爱之人伤害，爱得越深伤害自然越大。所以，如果对方真心悔过，那么不妨给彼此间的感情一个转机。

扫描学习

知识拓展：《36个让陌生人相爱的问题》

第五节 爱在我们身边

【美文欣赏】

热爱生命

人生在世可能遭遇的奇妙经验,无有胜过爱者。爱为生命注入意义,它有如魔术、有如奇迹。爱为身处黑暗的人带来光明,为沮丧的人带来希望。爱是最伟大的导师,是上天永恒的恩赐。

爱的力量超乎一切,它是看不到的——肉眼不能借鉴、秤尺不能度量,却有能力在转瞬间将你彻底改变,带给你任何其他有形财物所不能及的快乐。一旦你拥有了爱,没有人能把它从你身边抢走,唯有你自己能使爱离去。

爱是宇宙中的魔术师,它能在一无所有中创造一切。上一刻,爱还不存在,下一刻,它能光芒万丈地出现在你面前,让你惊讶不已。最令人赞叹的是,它无中生有的能力——微笑的脸庞、开怀的笑声、鸡皮疙瘩、脸红心跳、温柔的话语、亲昵的称呼、喜极而泣的泪眼,还有最重要的——生命。是爱将你带到人世间来;没有爱,你根本不会来到这世上。

(资料来源:芭芭拉·安吉丽思,《活在当下》,印刷工业出版社,2014)

在我们的生活中,爱既无处不在,又包罗万象。在"认识真实的自己"一章中,我们认知了自我之爱;在"探索人际的奥妙"一章中,我们探讨了朋友之爱;在本章中,我们又谈论了恋人之爱。当然,爱的内涵不仅仅如此,比如还有生命之爱、父母之爱、手足之爱、师生之爱、事业之爱、社会之爱、祖国之爱、人类之爱、自然之爱等。

从人的一生来看,生老病死,都有爱的存在。婴儿在还没有出生前,就受到母亲对自己的细心关爱。婴儿一出生,立刻生活在父母无微不至的爱护之中。一岁到三岁的儿童,会受到亲朋好友的喜爱。进入学校以后,又会得到同学的友爱。青春时期,你会经历一段热烈的恋爱。当你找到人生伴侣,爱情将为你营造最温馨的爱。在中年和老年,子女晚辈们对你的孝敬之爱,会让你感到无比温暖。即使在你生命终止之后,你的后辈们仍旧会怀着敬爱的心情将你纪念。在人类生活的天地中,爱是最明亮的阳光。

爱是什么?德国哲学家费尔巴哈说过:"爱是人的本质,我欲故我在。"这句话的意思是:爱是人与生俱来的特性,是天赋的。人们都会承认:母亲对自己的婴儿有母爱;婴儿对母亲有依恋之爱;爱情男女对自己的情侣会有情爱。这种爱都是人的本性,不需要有人教导。

爱来自人的内心,或者说,来自我们的感情。比如,对于不真的事实,人是可以爱的,例如上帝,从自然来说,并不是"真"的,但是基督徒完全可以爱上帝;对于做了坏事的人,人也可以爱,例如小孩子说了一次谎话,完全可以原谅他,好好教育他;对于不美的人或事物,你可以爱,例如你的母亲可能长得丑,但是不会影响你对她的爱。爱或不爱,并不决定于外界的特性,而是决定于你的内心或你的感情。

爱是一种正面的感情，并且是最重要的正面感情。爱不仅是感情，而且是感情和理智的综合。即使是婴儿对母亲的依恋之爱，也有初级的理智，至少婴儿意识到可以从母亲那里得到温暖和乳汁。热恋中的男女需要理智，如果缺乏理智，就可能做出一些对自己、对方、亲人和社会都不负责任的事。伴侣或夫妻之间的爱是每个人一生中最重要的爱。两人会共同生活几十年，不可避免地存在矛盾、争执、冲突等，但是理智会让彼此相互宽容、妥协、让步，携手走下去。

柏拉图说："爱的力量是伟大的、神奇的、无所不包的。"爱要对所爱的对象进行爱护、帮助、照顾、奉献，这些都是要付出体力和心力的，是要付诸行动的。爱还具有创造性的生命力，它可以推动人们进行不懈的努力，去追求或实现真、善、美，从而产生人类的一切文化、科学和艺术等。全部人类文明，都是爱的创造。

一、生命之爱

弗洛姆在《爱的艺术》一书中说道："我自己跟别人一样也是我爱的对象，对自己生命、幸福、成长以及自由的肯定，根深蒂固地存在于爱的能力中。"每个人只有敬畏生命、尊重生命和热爱生命才能让爱发生和继续。法国作家罗曼·罗兰说过："每个人都有他隐藏的精华，和任何别人的精华不同，它使人具有自己的气味。"每一个人的生命轨迹都是不同的，但同时也是有且只有一次的。生、老、病、死是生命的自然过程与规律，没有人能够逃脱，但如何活出生命本来的面目则在于个人选择。所以，活着只是显示生命的长度，而如何活着则会体现生命的宽度。著名励志演讲家尼克·胡哲患有"海豹肢症"，天生没有四肢，但勇于面对身体残障，创造了生命的奇迹。他说："活着有什么意义？活着就是做有意义的事，而做有意义的事就是活着……生命的意义在于全心全意的投入。"每个人对生命的意义有不同的诠释，只要能够活出属于自己的生命意义，也不枉费我们在人世间走过这一遭。

《攀登者》电影原型夏伯渝：
中国假肢登顶珠峰第一人

很多人对"死亡"二字讳莫如深，但每个人都不能避免死亡。目前，在一些国家与地区的中小学或大学里开设了死亡教育课程，引导学生们坦然地讨论有关"死亡"的话题。许多体验者在体验完"重生"之后，都感到"好多事应该放下""好多事还没有做"，告诉自己要更加珍爱生命、珍惜当下。现在，请闭上眼想象一下，如果你仅剩一个月的生命，你最想见哪些人？说哪些话？做哪些事？博朗尼迈尔是美国的一名缓和医学护士，她将自己所照顾的病人所发出的临终感悟整理成一本书——《临终的五大憾事》："希望当初我有勇气过自己真正想要的生活""希望当初我没花这么多精力在工作上，错过了关注孩子成长的乐趣，错过了爱人温暖的陪伴""希望当初能有勇气表达我的感受，而不是长期压抑愤怒与消极情绪""希望当初我能和朋友保持联系，而没有因忙碌的生活忽略了曾经闪亮的友情""希望当初我能让自己活得开心点，而不是习惯了掩饰，在人前堆起笑脸"。

事实上，生命中的成功与失败、荣耀与耻辱、纯真与芜杂，都将是一本与众不同的书、一幅风格迥异的画、一首别具一格的诗。我们不应该放弃生命的恩赐，不应该拒绝生命的美好，人生不设限，只要你勇敢。

二、父母之爱

你是否还记得作家朱自清先生的散文《背影》？这篇散文叙述的是作者离开南京到北京上大学，父亲送他到车站、照料他上车，并替他买橘子的情形："他用两手攀着上面，两脚再向上缩；他把肥胖的身子向左微倾，显出努力的样子，这时我看见他的背影，我的泪很快地流下来了。"唐代诗人孟郊有一首著名的诗——《游子吟》："慈母手中线，游子身上衣。临行密密缝，意恐迟迟归。谁言寸草心，报得三春晖。"在这个世界上，有一种爱，亘古绵长、无欲无求，不因时间改变、不因名利沉浮，这就是来自父母的爱。

我们在人生的最早十几年中，完全是依靠父母而成长的。每个人都要依赖母亲的乳汁喂养，依偎在母亲的怀抱中长大，借助父母的搀扶学步走路，依靠父母的开导咿呀学语……就算成年以后，我们依然经常离不开父母的帮助。这种亲情是世间任何感情所不能替代的。《诗经·蓼莪》中有句诗为："无父何怙？无母何恃？"（"怙""恃"均意依靠。）提起对父母的感恩，很多人会说要努力学习、努力工作，"将来有钱了在物质上感恩"，似乎把父母对子女的爱看成了一种期望获得收益的投资，这样就把"感恩"物化了。父母到底需要什么呢？其实，哪怕一件微不足道的事，都会让父母感到无限欣慰，例如问候的短信、关心的电话、耐心的陪伴等。曾经有一段感人肺腑的广告，里面一个小男孩，吃力地端着一盆水，天真地对妈妈说："妈妈，洗脚！"类似这样的事，每个人都能够做到，但又有多少人真正做过呢？俗语说："树欲静而风不止，子欲养而亲不待。"子女对父母付出的爱，是父母最好的慰藉，也应该是子女莫大的幸福。对父母的感恩并非我们口口声声说的"将来"，孝敬父母是不能等的。

我们在逐渐长大，而父母在慢慢老去。你或许会觉得他们变得唠叨、糊涂、固执、落伍……的确是岁月不饶人。对于至亲的父母，我们更需要耐心和爱心。有话慢慢说，有话好好说，一切还来得及。

扫描学习

美文欣赏：《目送》

三、社会之爱

我们除了自爱和家庭范围之爱外，还有更大范围的爱，例如对社会的爱。在心理学中有亲社会行为一词。亲社会行为又可以叫做积极的社会行为，是指人们表现出来的一些对社会有益的行为。我们在社会生活中也会表现出类似这样的行为，比如帮助、分享、合作、安慰、捐赠、同情、关心、谦让、互助等。但随着功利主义和实用主义的蔓延，很多人变得冷漠、疏离与自私，亲社会行为也越来越少：对他人十分计较与苛刻，缺少宽容与爱心；

对社会缺乏责任感,最关心自己的前途与命运,只看重自己的享受与利益;不善待自然,不关心环境,即便是举手之劳也不愿去做……

"燃灯"校长张桂梅为
大山女孩照亮人生之路

　　每个人都是社会中的一分子,不能独立于社会而存活。当然,社会也离不开其中的每位个体。社会的模样就是其中大多数人的模样。我们每个人的眼界都应该更开阔些,特别是年轻人更应该胸怀天下,从"小我"到"大我",从"小爱"到"大爱"。从 2002 年起,央视推出了一档栏目《感动中国》,从里面走出了许许多多震撼人心、令人感动的人物与团队。我们或许做不了那样的事情,但却可以从身边的小事着手,例如照顾身体不适的同学、帮助同事打印一份文件、给疲劳的陌生人让个座、顺手关掉白日还亮着的廊灯、量力而行地参与社会公益活动……

　　在现实生活中,有许多人喜欢抱怨他人、社会和世界,却从来没有尽己所能地去做些事情、尝试改变,即便是微乎其微、一点一滴。让我们拒绝冷漠,付出正能量,然后去拥抱爱,一切就会豁然开朗了。

 扫描学习

　　测验:《小节测验 20 题》

 【电影心赏】

我的邻居山田君(*My Neighbors the Yamadas*)(1999)

　　住在山野市的山田家共有五口人:一家之主山田隆年届不惑,是一间小公司杂物课的职员。他有些大男子主义,经常为了些琐事和老婆吵吵闹闹,却又被丈母娘压得抬不起头来。阿隆的妻子松子和丈夫同岁,是个全职的家庭主妇,每天忙忙碌碌,照顾一大家子人的饮食起居,却又迷迷糊糊,经常丢三落四。松子的母亲年近古稀,然而精神矍铄,这位老人家一向特立独行,讲话辛辣,连对暴走组也全不畏惧。长子阿升是个长相和学习都平平的中学生,他继承了母亲迷糊的性格,生活中乐事不断。小女儿野野子还是个小学三年级学生,瘦瘦小小的她碰上一群脑瓜秀逗的家人,经常成为被遗忘的对象。就是这样一个平凡的山田家,每日里上演着妙趣横生、幸福欢乐的精彩生活。

【推荐阅读】

艾·弗洛姆.爱的艺术[M].李健鸣,译.上海:上海译文出版社,2008.

罗伯特·J·斯腾伯格,凯琳·斯腾伯格.爱情心理学[M].李朝旭等,译.北京:世界图书出版公司,2010.

约翰·格雷.男人来自火星,女人来自金星[M].白莲等,译.长春:吉林文史出版社,2010.

霭理士.性心理学[M].曹洪健,译.北京:北京出版社,2012.

第五章　做积极的学习者

【案例导读】

是"荣耀"，还是"农药"

《王者荣耀》又被称为"王者农药"，是一款全民性、现象级的网络游戏。从数据上看，累计注册用户超 2 亿，日活跃用户 8000 余万，每 7 个中国人就有 1 人在玩，其中"00 后"用户占比超过 20％。在此可观的用户基础上，一些悲剧也在上演：11 岁女孩为买装备盗刷父母 10 余万元，13 岁学生因玩游戏被父亲教训后跳楼，17 岁少年狂打游戏 40 小时后诱发脑梗险些丧命……从 2017 年 7 月 3 日开始，人民网接连发文批评热门手游《王者荣耀》，质问其是娱乐大众还是"陷害"人生。随后，腾讯开始相继实施"最严防沉迷措施"：以《王者荣耀》为试点，率先推出健康游戏防沉迷系统的"三板斧"，其中包括未成年人限制每天登录时长、绑定硬件设备实现一键禁玩、强化实名认证体系等。事实上，除了众多中小学生玩家，大学生用户群也十分庞大。在大学的课堂上、校园里、餐厅里和宿舍里，随处可见玩游戏的大学生们。

很多人玩游戏的目标就是"赢"，有的为了排名，有的为了虚荣，有的为了盈利，有的为了娱乐，有的却已经成瘾……网络游戏可以用来娱乐放松，这本来是一件好事，但是慢慢地怎么就变质了呢？其背后的原因涉及社会、学校、家庭和个人等方方面面。就大学生沉迷游戏的个人层面来说，一部分人已经将"学习"这个概念狭隘化了，甚至一听到"学习"这两个字就会产生逆反心理，他们会想"高中过得那么累，大学不该轻松吗"。一部人在进入大学以后，没了生活目标和学习动力，没有获得归属感和价值感，于是投身于可以给自己带来荣誉和成就的游戏世界；还有一部分人是人云亦云，随波逐流，别人叫你一起开黑，你是玩还是不玩？四人宿舍里三个人都在玩游戏，你又是玩还是不玩……

暂且抛开网络游戏本身不论，很多问题源自我们自身的错误。已经成年的我们，在面对网络游戏时，应该拥有更理性的态度。我们试想一下，如果连玩游戏都自控不住，那么还有什么资格谈掌控人生？

问题思考

（1）我们在大学里到底学什么？

（2）奖励和惩罚如何影响学习？

（3）学习过程受到哪些因素的影响？

（4）怎样才能成为一名高效的学习者？

（5）如何更好地管理自己的大学生活？

你对自己大学四年的学习有什么设想呢？你有好好考虑过你在为什么而学习吗？你又有哪些学习方面的困惑与苦恼呢？在这一章里，我们将和你一起探讨学习的意义，让你了解影响学习过程的心理因素，与你分享可以促进高效学习的建议。真心希望你能够爱上大学，成为一名爱学习的生活者。

第一节　大学到底学什么

在高中的时候，我们梦想自由的大学，憧憬无忧无虑的时光，渴望解放自己的内心。当我们终于一路闯关来到大学，拥有了时间也拥有了自由时，有些人为什么却失去了方向？2016 年，北京大学心理咨询师徐凯文提出了"空心病"一词，他发现北大一年级的新生，包括本科生和研究生，其中有 30.4% 的学生厌恶学习，或者认为学习没有意义，请注意这是高考战场上千军万马中杀出来的赢家。还有 40.4% 的学生认为活着没有意义，他们现在活着只是按照别人的逻辑这样活下去而已，其中最极端的就是放弃自己。厌学、空虚和逃避是很多大一新生面临的问题，他们不知道上大学到底有什么意义。那么，大学里到底要学什么？

一、学习生存

学习是我们生存的本能，每个人从一出生就开始学习，从在母亲怀抱中听声音、学说话、练翻身，学习玩耍、探索，再到学习其他内容，成长的每一步都离不开学习。大学是人生最关键的阶段，我们在这一时期探索各种角色、价值观和行为模式。大学让我们接受"文化冲击"，与新的思想和追求、新的自由和机遇、新的知识和社会要求相接触。从小到大有父母提供的比较充足的物质环境，现在的你可能还没有忧虑生活的压力，但考虑到自己未来要走向社会并独立生活，现在的你需要增强自己的核心竞争力。因为像世界上其他物种一样，人类也要遵从"物竞天择"的规律。

在工作了若干年之后，有人发现自己不喜欢当前的工作，可是又没有能力改变现状。原因就是自己在工作之外没有别的特长，没有能力和别人竞争。也有少部分人在工作之余，长期坚持学习新的技能，慢慢转向自己更感兴趣的职业。除了在不同方向的选择机会，还有在同一个领域的选择机会。例如，你在计算机编程方面有很深的造诣，你可以去大公司获得一个很高的技术职位，也可以去创业公司做技术合伙人，或者作为一个技术导师去讲课，等等，此时的你可以有多种多样的选择。如果你只是一个非常普通的程序员，那么实在对不起，雇用你的公司随时可以找到他人替代你，这就是生存现实。

大学里学到的很多知识可能你这辈子都不会用得上，但重点不在于你学了什么，而在于你是怎么学的。所以，大学的要义不是学习知识，而是学会学习。没有人会天天陪在身边提醒你，在相对比较自由和宽松的大学校园里，培养自己的自控能力和自律能力是最为重要的，而良好的思维习惯和学习习惯也会让我们终身受用。在校园励志电视剧《龙樱》里有这样一句话："你要是不喜欢这样的世界，就自己重新制定规则。"当你真正学会学习的时候，你就会更好地生存下去，并且掌握属于自己的自由。

学习影响高度

记得有学生曾说，学习生存没有什么大不了的，我现在做直播就可以赚钱。尝试在社会上找份兼职或实习锻炼自己、学着自立是值得推荐的事，但若仅以赚取金钱为目的并消耗光你所有的时间和精力就是得不偿失。国家退休年龄不断在推后，以后赚钱的时间很多，没有必要那么着急。对于一些人来说，除了青春和时间就身无长物了，遗憾的是这两者都是不可再生的。

扫描学习

阅读：《我为什么要求你读书》

二、学会生活

每个人都会拥有自己的生存之道，但不一定找到了属于自己的生活。一天之内大多数人有 8 小时的睡眠时间，8 小时的上课或作业时间，剩下 8 小时则包括吃饭、休闲和人际交往等。如果你能从学习中找到乐趣，那么清醒的一半时间都在进行有意义的活动；如果你畏惧起床、讨厌学习，那么学习的这 8 个小时会对其他 8 个小时产生消极影响。如果把现阶段的大学教育看成是一份工作，那么以你现在的生活模式迎接下一份社会工作时，你会感到快乐吗？

假设现在的学习生活可能让你有些疲惫，或者未来的社会工作不能给你带来价值感，这时候我们需要找到学习或工作之余能够满足被认可、重要性、有能力和愉悦感等这些需要的事情，而大学四年正是我们探索或经营这些事情的好时机。无论是娱乐活动、创造性活动、志愿者活动，还是与亲人、恋人或朋友在一起时进行的活动等，都会让我们从中获得价值感，也会让自己变得积极有趣。

很多人经历过紧张的高中生活，进入大学后就特别想"放松"，以至于什么也懒得做。

什么都不做就是放松吗？心理学家曾付费给一些大学生,对他们的要求就是什么也不能做。他们的基本需要得以满足,但是禁止进行任何工作。在 4～8 小时后这些大学生开始感到了沮丧,尽管参与研究的收入非常可观,但他们宁可放弃参与实验而选择那些压力大同时收入也没有这么多的工作。人们宁愿做一些毫无意义的事情也不愿傻傻地待着,就像重复刷手机、玩游戏的人可能是在逃避无聊一样。

《长颈鹿但丁》系列漫画

　　学习也可以是一种放松方式,比如学习乐器弹奏自己喜欢的音乐,学习摄影拍摄美照与人分享,学习骑行去千岛湖环岛行,学习游泳锻炼自己的身体……一举两得的放松方式会让你成为更好的自己。还有一种安静的放松,那就是阅读。作家三毛曾说:"读书多了,容颜自然改变,许多时候,自己可能以为许多看过的书籍都成了过眼云烟,不复记忆,其实它们仍是潜在的。在气质上,在谈吐上,在胸襟的无涯,当然也可能显露在生活和文字里。"

扫描学习

微课:《学习是指什么》

第二节　行为主义学习理论

　　在行为心理学家看来,学习是指由经验带来的行为上相对持久的改变。在生命的初始,人类就已经做好了学习的准备。即便是小小的婴儿,就已经展现出学习的原始形态,心理学家将其定义为习惯化。它是指当同一刺激反复出现时,人们对这种刺激的反应会减少。例如,婴儿一开始会对色彩明亮的玩具很感兴趣,但是如果反复看到同一个玩具,这种兴趣很快就会丧失,习惯化帮助我们忽略一些旧信息以便接收新信息。在西方,尽管从亚里士多德的时代起,哲学家们就在探索学习的基础了,但是第一个有关学习的系统研究直到 20 世纪才真正展开。

一、经典条件作用

　　请你回忆一下,小的时候生病去医院,你会不会将消毒水的味道、穿白大褂的医生、戴口罩的护士与之前不愉快的打针经历联系起来?再比如,在雄壮国歌声中看到五星红旗冉冉升起,你会不会心跳加速、端正姿态、凝视国旗并唱起国歌?这两个例子反映的就是接下来要分享的经典条件。经典条件是我们日常学习的重要组成部分,它可以帮助我们躲避潜在的危险,也可以帮助我们获得积极的体验。

经典条件理论（Classical Conditioning Theory）是在100多年以前由巴甫洛夫提出的。他所做的所有研究都是集中在简单的自动反应,这种生来就有的反应就是非条件的,例如吃东西时分泌唾液等就属于这类。巴甫洛夫和他的团队将没有受过训练的狗进行固定并采集唾液,以便研究唾液分泌与消化过程。巴甫洛夫观察到,在实验者准备食物时,用于盛放食物的金属盘发出叮当声,听到叮当声的狗即便没有吃到食物也开始分泌唾液。得到这一发现

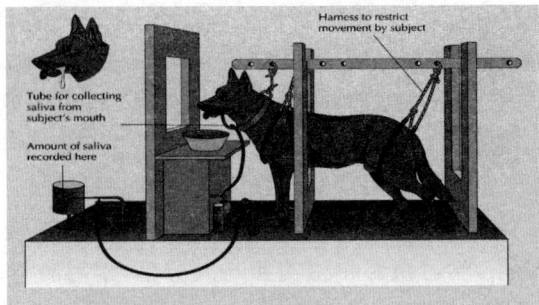

巴甫洛夫的经典条件作用实验

后,巴普洛夫就停不下来了,从对消化系统的研究转向了对学习心理的研究。在接下来的一系列实验中,实验者在每次喂食前都先发出一些信号,像摇铃、吹口哨、敲击音叉、使用节拍器、开灯等,多次反复后发现狗虽然没有食物可吃却照样流口水。此时,铃声等中性刺激变成了条件刺激,而狗分泌唾液的行为属于对条件刺激的反应,这一刺激—反应的过程就是条件,也就是狗习得了这一特定的联结。但是,这一条件反应会一直保持下去吗?研究发现,如果一直摇铃却不给狗提供食物,反复多次之后,铃声引起的唾液分泌量逐渐减少,甚至完全不能引起分泌了,这就是条件的消退。可是,研究又发现,过段时间之后,当狗再次听到铃声又开始分泌唾液,只不过条件的强度变小,这就是自然恢复。这一现象告诉我们,消退并没有将条件完全消除,而只是进行了一定程度的抑制,其本质就是让个体习得对条件刺激不做出反应的过程。巴甫洛夫还注意到,当实验者发出与原条件刺激相似的声音时,狗也会分泌唾液。声音越像,狗分泌的唾液越多。也就是说,这种对相似刺激做出条件的倾向是泛化,例如一朝被蛇咬,十年怕井绳。与泛化相对应的就是分化,狗会学会只对特定的声音做出条件,例如都是可乐,但有人偏好可口可乐,有人偏好百事可乐。巴甫洛夫的条件作用模式被美国的行为主义心理学家华生(J. B. Watson)应用到了人的身上。他相信如果将这种模式加以扩展,可以解释各种类型的学习和个性特征。华生认为,学习就是以一种刺激代替另一种刺激建立条件作用的过程。

华生提出有机体的学习,实质上就是通过建立条件作用,形成刺激与反应之间联结的过程。在学习过程中,许多学生的态度就是通过经典条件作用而习得的,例如不少同学可能不喜欢外语,因为老师在课堂上要求他们大声朗读或翻译句子,这容易引起英语成绩不好的同学的焦虑,如果将外语和这种不愉快的体验联系起来,就会形成了对外语学习的恐惧反应,更糟糕的是这种对外语学习的恐惧如果泛化就甚至可能会影响其他功课。

♥ 【成长练习】

经典条件作用能提高考试成绩吗?

如果你有考前焦虑的话,那么你可以试一试操控自己对一首特别的歌曲形成放松反应。

先挑一首你并不经常听的舒缓曲子,然后找一个令人平静放松的环境,每天听上5～15分钟,在听的时候搭配深呼吸练习。

注意,在其他时间里不要听这首歌。坚持几个星期后,可以在听的时候,只是听而不再做深呼吸。比较一下现在听这首歌和之前听这首歌的感觉,有没有觉得放松些呢?如果有的话,那么在考试前你就可以听一听,它会帮助你降低焦虑,更好地专注于考试。

（资料来源:麦格劳-希尔编写组,《妙趣横生的心理学》,人民邮电出版社,2015）

二、操作性条件作用

美国心理学家斯金纳(B. F. Skinner)认为对行为最有影响力的因素是结果。他设计了精巧的斯金纳箱,它是一个心理学实验装置,用来研究老鼠或鸽子的行为学习。例如以老鼠为研究对象。斯金纳箱内的老鼠最初的行为是杂乱无章的,但是当老鼠表现出实验者想要的行为(如按压杠杆),实验者马上给予强化(即掉落食物),老鼠就会由偶然、无序地按压杠杆变成主动、重复地按压杠杆。与巴甫洛夫的经典条件不同,斯金纳箱中老鼠的行为是主动习得的,而且在环境中得到强化的行为能够被固定下来,这就是操作性条件作用(operant conditioning)。

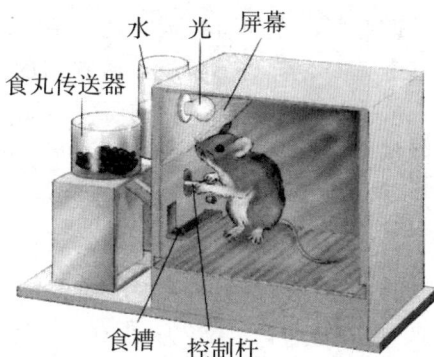

斯金纳的操作性条件作用实验

再看看我们日常生活中的例子:在幼儿园时,因为画的画很漂亮,老师给你发了一朵小红花;小学时你成绩优秀、表现突出,老师任命你为大队长;中学时你在学科竞赛中取得了好成绩,家长奖励你一台笔记本电脑;大学时你因为各方面表现优异,获得了荣誉称号;工作了你因为业绩突出,得到了较多的年终奖,等等。我们会发现,正是因为这些奖励促使自己做出了更多类似的行为。当行为的结果导致我们以后做出该行为的可能性增加时,正强化就发生了。但是,如果一个行为没有得到及时的强化,就可能导致这一行为的消退。因此,如果要使一个行为持久而巩固,强化是十分必要的,特别通过变比率强化,也就是在不定反应次数后给予强化(见表5-1)。

表5-1 强化的不同类型,变比率强化最有效

持续强化		每次做出目标行为后即给予强化
部分强化	定比率强化	行为发生固定次数后给予强化
	变比率强化	平均次数固定,但单次次数不固定
	定时距强化	行为发生一定时间之后给予强化
	变时距强化	强化的时间不确定

回顾一下那些让我们上瘾的东西,比如刷抖音、玩网游等,它们的共同点就是不断为我们带来惊喜,就像刷抖音时我们不知道下一条短视频会不会有趣,就像玩网游时我们不知道接下来的游戏中会不会获得装备。好玩—愉悦—上瘾,一种行为模式就这样形成了。当一种行为成为一种习惯时,外在的强化才不那么重要,这可以帮助我们理解为什么有些大学生在中学时学习很勤奋,但到了大学却提不起劲儿来,是因为中学时有高考这根压力棒指挥着(就像是强化物),而到了大学"解放了"(也就是没有强化物了)。因此,只有养成

勤奋学习习惯的人才不需要外界的刺激。

与正强化相较,负强化是指一个反应之后可以消除一件不愉快的事情,从而促进某个反应的再次发生。例如,老师说只要你上课好好听讲,晚上就不需要写作业了,这就属于负强化。负强化并不等于惩罚。惩罚是指一个反应随之带来的结果是厌恶刺激,是用来降低反应再次发生的可能性,例如,因为孩子欺负同学,家长让他罚站或减少零花钱。

我们可以利用操作性条件理论来改变一些不良的学习习惯,例如:

1. 通过远离强化物的方式使反应消退

改变坏习惯的有效策略之一是"远离诱惑",也就是发现那些不良行为习惯的强化物,并移走它们,避开它们,或推迟它们的强化作用。例如,小 A 一到学习时间就刷手机,渐渐养成了一学习就刷手机的习惯。刷手机强化了她的休息行为,休息时间越来越长,学习时间越来越短。为了改变这种习惯,小 A 在去自习时将手机放在寝室,这样就避开了强化物,推迟了强化发生。

2. 打破不良行为发生之前的反应链

打破反应链是指打乱过去形成的一套行为程序。例如,小 B 每天自习时,习惯先打开网页,看会儿网剧再学习。但是看完剧集并刷刷评论,再搜搜相关信息后时间所剩无几了。这时,小 B 可以通过打破学习前的"反应链"来改变这个习惯,到自习教室后可以立即学习,或在学习任务完成后再看网剧。

3. 自我惩罚合同

有些坏习惯根深蒂固,如果让自己不痛不痒、不受惩罚,就难以改变。有一种更具有强迫性的方法:我们首先要确定自己想控制的问题行为和自己想达到的合理目标;同时,要制定出奖惩办法,即自己达到目标将有什么奖励,不能达到目标将受什么惩罚或失去什么利益。这是一个行为合同,当你把适度的惩罚办法详细写到合同里之后,将激发你履行合同的行为动机。"合同"最好打印出来,我们与自己所信任的小伙伴们都要签字。这样可以互相督促、履行合同,改变行为并达到目标。除此以外,我们还可以结合自身实际,利用其他强化和惩罚相结合的方式塑造或改变我们的行为,毕竟只有自己才能改变自身的行为。

【知识拓展】

塑造:强化非自然行为

想象一下要教会人们修理汽车,如果只运用操作性条件作用,那该是多么的困难。因为人们要先自己摸索好长一段时间,然后才能偶尔做出正确的动作,继而才能获得强化,这一过程将是无比漫长的。生活中很多复杂的行为不可能自然而然就习得的。鉴于这些行为不会自发地出现,也就没有机会给予他们强化以稳固和保持。我们可以通过塑造(shaping)来达成这个目标,它是指通过小步反馈,帮助个体习得复杂行为的过程。在塑造的最初,对于任何与目标行为类似的那些行为都可以给予强化;随后只强化那些与目标行为十分接近的行为;最后是只强化目标行为。通过这样的办法,个体每次都能向着目标行为前进一小步,直至最终完全学会复杂行为。

塑造也可以让动物们学会一些不可能自发出现的复杂行为,如狮子跳火圈、海豚救溺水者等。同时,人类学习诸多复杂技术的过程中也有塑造的功劳,比如在大学里修习课程的能力就是从小塑造起来的。小学课堂上所需的注意力和专心程度远远不如大学课堂上所要求的,但正是通过这样经年累月的塑造,我们学会了怎样专心致志,直到符合大学课堂的要求。

（资料来源：麦格劳-希尔编写组,《妙趣横生的心理学》,人民邮电出版社,2015）

第三节　学习是如何进行的

一般来说,大学生们的智商水平相差不大。那么,为什么有的人学习水平更高? 仅仅是因为努力程度的差异? 究竟有哪些因素影响学习的过程? 学习是一个复杂的心理过程,接下来我们一起了解下学习是如何进行的。

扫描学习

微课：《调整学习动机》

一、注意带来专注

俄国教育家乌申斯基说："注意是一座门,凡是外界进入心理的东西都要通过它。"这说明注意集中对学习过程多么重要。注意是指心理活动对一定对象的指向和集中,是一种有意识的和受控制的活动。当注意力高度集中时,注意指向的范围就会缩小,我们对周围的一切可能会"视而不见,听而不闻"。这一现象在心理学中被称为选择性注意,是指当两个或两个以上的物体同时出现在眼前时,我们常常只注意其中的一个物体,而不注意另外的物体。

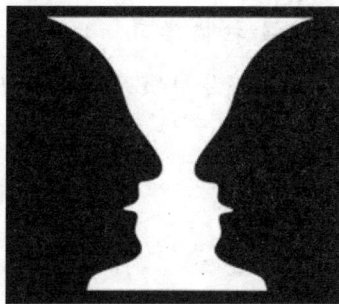

注意聚焦于白色,你看到花瓶；
注意聚焦于黑色,你看到人脸

例如,在人声嘈杂的公共场合,我们只注意朋友间的窃窃私语；在琳琅满目的购物超市里,我们只关注自己最想要的商品。

当我们的注意力高度集中时,学习效率会有事半功倍的效果。但在日常生活中,你在学习过程中是否经常被一则微信、一条微博或同学打游戏的一声尖叫所吸引? 你在注意力分散之后能否很快地调整自己、重新回归学习过程中? 这体现了注意的稳定性。一般来说,舒适放松的环境和愉悦兴奋的情绪容易让注意力发散,而相对安静和适度紧张则可以使我们较好地集中注意力,这也是很多同学排队去图书馆学习而不在宿舍学习的原因。注意的稳定性并不意味着心理活动总是指向和集中于某一事物或活动,而是指虽然行动所接触的对象和活动本身有所变化,但注意的总方向和总任务却没有改变。例如,你在听课时,既要看教科书,又要听老师讲述,还要记笔记等,这些活动都服从于听课这一项总任务,它们属于在注意稳定性范围之内的注意转移。对于要求持久注意的学习活动来说,活动转换可以防止疲劳并提高注意稳定性。

我们认知资源的容量有限,往往只能一次做一件事,也就是做事需要一心一意。早在1400多年前的中国,有人提出"使左手画方,右手画圆",结果发现"由心不两用,则手不并运也"。但事实上,我们有时也可以一心二用,例如,研究发现,听低信息负载的音乐(如纯音乐)可以提高阅读理解能力。这涉及注意的分配过程,它取决于同时进行的两个任务的性质、复杂程度以及人们对任务的熟练程度等条件。当同时进行的两个任务相对复杂或难度较大时,注意分配就比较困难,而当其中一个任务已达到相对"自动化"的程度时,注意就集中在比较生疏的任务上。听歌促进学习是因人而异的,但只要排除无关事情的干扰,学习效率会因为你的专注而提高。

有些人看起来特别的勤奋:每天很晚睡觉,只是拿着手机点了无数的赞;每天早起上课,只是在教室里补觉;每天在图书馆坐一天,只是真的在那上网坐了一天……要集中注意和高度专注,最关键的一条就是杜绝外界的影响。例如,从强制断网、卸载游戏到把各种软件"关小黑屋",乃至真正地把自己关进小黑屋……你可能还需要一点外力(如没收手机)帮你屏蔽干扰。毕竟,错的不是找你聊天的朋友、不是布置作业的老师,也不是信息爆炸的网络,错的是无法凭借自己的意志集中注意力的你,而你终究也会为这个错误付出一些成长的代价。

扫描学习

音乐欣赏:《帮助集中注意力的学习音乐》

【成长练习】

注意力的培养

希腊文学家沙米尔·强森说过:"真正的记忆术就是注意术。"

我们生活在一个丰富多彩、纷繁复杂的世界上,各种对感官的刺激纷至沓来,使我们目不暇接、各音盈耳。它分散了我们的注意力,妨碍了大脑皮层优势兴奋中心的形成和稳定,从而影响我们对某一特定事物有清楚、深入的认识。

瓦格纳说:"一个人不能骑两匹马,骑上这匹,就要丢掉那匹。聪明人会把一切分散精力的要求置之度外,只专心致志地去学一门知识,把它学好。"善于控制自己的注意力,使它能根据我们的需要而有一定的指向性、集中性和稳定性,对提高我们的智能水平有很大的帮助。注意力的集中与稳定是深入认识客观事物,改善记忆效果,提升学习效率的必要条件。

心理学家指出,使记忆系统得到加强的关键是"注意力",但绝不仅限于提升注意的层次。

比如,对某电影明星极度痴狂的影迷,虽然将同一部电影看了好几遍,但对整部电影的记忆仍相当薄弱。换言之,我们往往特意地把自己的注意力投注于特定事物上,以至于成为我们注意焦点的事物,在我们的记忆中就比其他事物清晰许多。所以,特定的信息被记忆到什么程度,受到整体注意力的"层次"和"分配"方法的影响。

那么,怎样才能使注意力集中到要记忆的对象上呢?那就是要对想要记忆的对象感兴趣。例如,新来的老师要想很快记住所有学生的名字是根本不可能的,可是对那些"显眼"的学生,如学习特别好的学生、课堂上爱发言的学生、最不遵守纪律的学生等,老师会很快记住他们的名字。相反,对那些不"显眼"的学生、缺乏个性的学生,老师就很难在短时间内记住他们的名字。

因此,要提高注意力,就要讲究方法和不断地做一些训练,毕竟,冰冻三尺非一日之寒。下面的一些训练对于我们提高注意力会有一定的帮助。

第一阶段:先将注意力转移至钢笔、课本、玩具、零食等各类琐碎的事物上。

第二阶段:再凝视某一目的物,直到厌烦为止。

第三阶段:将眼睛闭起来,回忆刚才所见的事物,例如圆珠笔,将其颜色、形状、长短等外形特征描绘在脑海中。

第四阶段:将思维从圆珠笔上移开,然后睁开眼睛。

第五阶段:间隔 30 秒。

接着,再选其他事物重新从第一阶段做起。

这种方法同样适用于企业经营管理人员,根据受此训练的人介绍,刚接受训练时,注意力集中无法持续 8 秒钟以上,但经过一周的训练后,注意力集中便能持续 3~4 分钟。这种训练,大脑会自动排除那些你不想听到的噪声,这是一种能使脑子冷静下来的训练。

(资料来源:王阔,《超级记忆书》,吉林文史出版社,2017)

二、记忆会被遗忘

假设你在玩棋盘问答游戏时遇到一个问题,孟买坐落于哪片水域旁边?你在脑海中不停地搜索答案,这个过程正是记忆加工的体现。可能你从未接触过这方面的地理知识,也可能你曾经看到过却没有记住,换句话说信息没有被记录在你大脑中。记录信息的过程就是记忆的第一步,称为编码,即将信息输入记忆中的过程。即便你曾经接触过这方面的知识,听说过那片水域叫什么,也依然有可能答不出来,因为你没有保存它。存储,即将信息材料保存起来,是记忆过程的重要一环,如果信息存储得不充分,那么日后再回忆时就可能失败。记忆还取决于提取过程,也就是查找已存储信息的过程。信息需要被准确定位并被意识到才算提取成功。例如,你想不起来孟买的位置可能就是对之前学过的地理知识提取失败的缘故。

编码、存储、提取是记忆的三个加工过程。其中,存储是最重要的。根据近几十年来记忆研究领域的主流理论——记忆三系统理论的观点,记忆是一个结构性的信息加工系统,由三个不同的子系统构成,信息需要通过三个系统才能最终被记住,这三个系统分别是:感觉记忆、短时记忆和长时记忆。感觉记忆是记忆系统的开始阶段,信息在该阶段转瞬即逝;中间为短时记忆,最长可以保存信息 25 秒,然后视信息意义而决定是否进行更深的存储;最后当信息进入长时记忆时,通常它就会被永久保留了。

长时记忆是没有限度的,但也存在遗忘现象。事实上,遗忘对人类来说充满了意义,例如,现在积极心理学的观点认为,人们对过去消极事件的遗忘,有助于维持良好的心理健康。但是我们不喜欢发生在学习过程中的遗忘,特别是在考试前夕临时抱佛脚时。那么,遗忘是如何发生的呢?

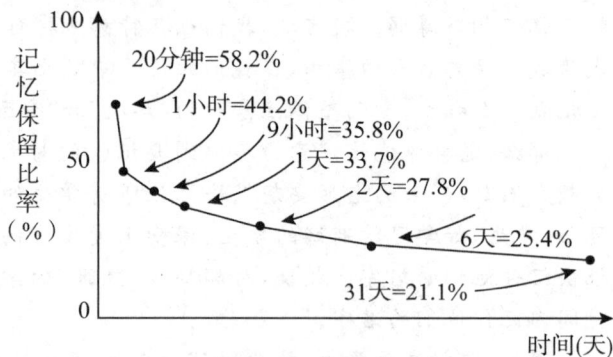

艾宾浩斯遗忘曲线:前快后慢

记忆可能会随着时间的流逝而变得模糊。例如,如果这学期心理课结束后,毕业时你还会记得老师曾讲过什么吗?德国心理学家艾宾浩斯以自己为研究对象完成了遗忘的实验研究:他首先学习一个几乎或完全不蕴含任何语义的无意义音节表(如 XIQ、ZEH 和 GUB 等),然后采用机械重复的记忆方法对词表进行系列学习。艾宾浩斯采用节省法测量自己的记忆保持量,即学习音节表到恰能背诵时,间隔一段时间再重新进行学习,达到同样能背诵的程度后,比较两次学习所用的学习时间和诵读次数,就可以得到一个绝对的节省值。结果发现,遗忘在学习后立即开始,遗忘速度在最初很快,之后逐渐缓慢到不再遗忘。这一研究提醒我们,在学习知识的过程中,特别是学习比较难懂、不易理解的知识时,及时复习或反复学习将有利于知识的掌握。除此之外,深度加工和知识联想要比机械记忆更有效。

干扰也会导致遗忘。例如,刚上完法语课的同学接着上西班牙语课,就会出现互相干扰的现象。干扰的因素可包括:将要学习的内容之间越相似,彼此可能产生的干扰就越大,所以法语课和西班牙语课远比心理学课和计算机课更容易互相干扰;没有意义的信息比有意义的信息更容易干扰,由于长时记忆是根据意义来进行组织的,所以记住密码锁的密码往往要比记住银行卡的密码更难;引发强烈情绪的事件也是造成干扰的重要原因,例如昨晚刚跟自己的朋友吵架,你在今天的课堂上可能什么也听不进去。所以,合理地安排学习内容会让我们更好地避免遗忘,可以进行分段学习并在中间穿插休息时间或其他活动。

🐛 扫描学习

视频:《记忆是如何形成的》

❤ 【心理百科】

常见的记忆术

古罗马哲学家西塞罗说:"我们有两种记忆:自然记忆源于我们的心灵,并与思维同时产生。人工记忆是通过训练可以加强的记忆。"记忆术是一种可以通过训练所得的精细加工技术,其基础是利用视觉表象或寻找语义之间的联系。在记忆名词、种类、系列或项目组等信息时,记忆术非常有用。

(1)位置记忆法是在头脑中创建一个熟悉的场景,在这个场景中确定一条明确的路线,在这条路线上确定一些特定的点,然后将所要记住的内容全都视觉化,并按顺序和这条路线上的各特定点联系起来。例如,为了记住一个购买清单,你可以在心里将清单中的各个条目沿着你从家到学校的路线顺序进行排列,之后在回忆这个清单时只要在心里重走这条路线,找到每个特定地点所对应的条目就好。

(2)首字连词法是利用每个词、每一句的第一个字形成一个缩写。例如,二十四节气歌就是将各节气首字相连以方便记忆的:春雨惊春清谷天,夏满芒夏暑相连,秋处露秋寒霜降,冬雪雪冬小大寒。

(3)谐音联想法是运用联想,假借意义。例如,有这样一个有趣的故事,一个私塾先生每天让学生背诵圆周率,自己却跑到山上与和尚喝酒。于是有学生编了一个顺口溜:山巅一寺一壶酒,尔乐苦煞吾,把酒吃,酒杀尔,杀不死,乐而乐。将数字赋予意义,并化作视觉表象,记忆起来就简单多了。

(4)关键词法是将新词或概念与相似的声音线索词通过视觉表象联系起来。例如,英文单词"tiger"可以联想成"泰山上一只虎"。这种方法在外语词汇学习时非常有用,还适用于其他信息的学习,如地方名称、地理信息、阅读理解等。

(资料来源:陈琦等,《教育心理学》,北京师范大学出版社,2009)

三、培养批判思维

2017年浙江高考语文试卷阅读题所选取的文章是《青年文摘》中巩高峰写的《一种美味》,文章的大体内容是一个农村家庭吃鱼的经历,该大题最后一道小题"文章结尾赏析"让许多考生苦不堪言。该文章末尾为"现在,它早死了,只是眼里还闪着一丝诡异的光"。诸多考生在作者的微博留言:"那种诡异的光,究竟表达了什么?"作者回应:"很多根本没采访的媒体大聊高考阅读理解的出题老师过度曲解《一种美味》,我从没这么说……出题老师有自己的看法没任何问题。"事实上,在过去的中学生活中,接受灌输和死记硬背是大部分人的学习常态。有些人学会了揣摩和记忆"标准答案",但却可能已经丧失了独立思考的能力,以至于到现在还只采用"海绵式"接收信息的方式。这种信息处理方式的特点便是:浅尝辄止、囫囵吞枣、非黑即白、过目即忘。特别是在信息爆炸的网络时代,每天都在上网的我们有没有认真地审视自己所看到的、所听到的和所学到的?

批判性思维(critical thinking)是指将对言论的评估和判断建立在充足的理由和证据支持上,而不依赖情感或经验的能力和意愿。批判性思考者能够洞察判断中的错误,抵御没有理论或事实根据的论断。批评一种观点与批评产生这一观点的人不同,批判性思考者是对这一观点进行有效且有力的批评。当然,批判性思考不只包含负面的思考,它还包括创造性和建设性的能力,这种能力伴随着对事物独到的解释、对研究结果意义的思考、将新知识运用于社会和个人问题。越来越多的人喜欢到健身房通过锻炼身体来保持体形美好,清醒的思考同样也需要我们有意识地努力和锻炼。下面推荐8条必需的批判性思维指南。

1. 提问并学会质疑

"天空为什么是蓝色的""飞机为什么不会掉下来"……随着年龄的增长,我们不再喜欢问"为什么"。开启创造性思维的关键特质是好奇、怀疑和探索,我们可以针对自己所接触的观点、理论和事例提出自己的问题,特别要关注那些没有被提问或提问过而没有得到答案的问题。

2. 定义你的概念

当你心存疑问时,下一步就是用清晰而正确的概念来描述。例如,问卷调查中提问"什么会让人感到幸福",这里的"幸福"是指大多数情况下那种愉悦的状态? 或是对生活的满意感? 还是从困境或痛苦中解脱的快乐感? 如果没有对"幸福"进行定义,那么你可能得不到答案。

3. 检验得到的证据

你是否听过一个人在争论中声嘶力竭地大喊"我的观点任何事情也不能动摇"? 或者"不管别人怎么说,我知道这是对的"? 你是否也做过这样的断言? 未经证实就接受一个观点,甚至要求别人也这样做,这是典型的思考懒惰。批判性思维者则会有这样的疑问:"有证据支持或反对这个观点吗? 这些支持或反对的证据是否可信?"但在现实生活中,检验一些证据是否合理有时并不可行,这时候需要考虑这些证据的来源是否可靠,例如到底是来自"专家"还是"砖家"。

4. 分析假设和谬误

批判性思考者会努力鉴别和评估那些未被说出来的假设,而这些假设往往支持了某些断言和论据(在我们阅读的书籍中、我们浏览到的网络言论中以及每天向我们推送的各种广告中)。"处女座的人都有洁癖""年轻人就是需要我们的商品""所有人贩子都必须判死刑",这些带有偏误的假设则会让我们远离公正地思考事实或者是我们完全忽视事实到底是什么样子。

5. 避免情绪化推理

人是情感动物,所以我们很可能对某些人、事、物投射自己的情绪。例如,当听到一个自己不喜欢的人的观点或者自己不喜欢的一类观点时,你可能提出自己相反的意见,甚至还会言辞激烈地与之争辩。这时,你需要先思考一下你为什么不同意对方的观点,是因为对方的观点没有有力的证据支撑,还是因为你不喜欢对方或是对方的观点让你心里不舒服?

6. 不要过于简单化

批判性思考者可以超越明摆着的事实,抵御容易获得的结论,拒绝非此即彼的思考。最常见的过于简单化的形式是把从个人经历或少数例子中抽取出的经验通用于所有人。例如,一个精神病人伤人,不代表所有精神病人都会伤人。我们在做出结论之前,需要更多的证据,而非一两个个案。

7. 思考其他解释

2014年世界杯期间,有多条"球迷熬夜看球猝死"的新闻报道,于是很多人将熬夜与猝死划上等号。看到这一结论,你需要思考其他可能性,也许熬夜的人更容易过度吸烟、喝酒,而正是这些不良习惯增加了猝死的风险。也就是说,在我们得到熬夜是猝死的直接原因之前,我们还需要考虑到其他的解释。

8. 忍受不确定性

我们会面临这样的情境,几乎没有证据用以检验结论,或者证据充分得到结论后,新证据又将其全盘否定,这就需要我们有忍受不确定性的能力。批判性思维不能解决世界上所有的问题,例如生命是否会有轮回? 这个问题基本上属于宗教范畴。批判性思维是一个思考过程,并非一次性可以达成,也没有人是不犯错的。在大学四年里,有意识地培养和锻炼自己的批判性思维,有利于更好地看待自己、他人和社会。例如,你就可以用批判性的思维阅读这本书。

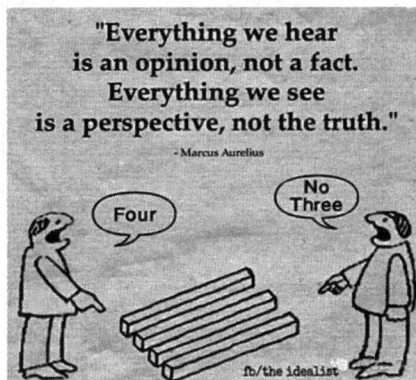

"Everything we hear is an opinion, not a fact. Everything we see is a perspective, not the truth."
- Marcus Aurelius

Four / No Three

fb/the idealist

多角度思考问题

♡ **【心理百科】**

你有没有陷入过这些思维陷阱?

人们在思考过程中经常会陷入很多可预见的错误,以下我们将介绍几种中招频率较高的思维陷阱。

(1)避免损失

设想国家正在准备对付一场罕见的亚洲疾病,预计这次疾病会死亡 600 人,现有两种对付疾病的方案可供选择:如果采取方案 A,那么将有 200 人获救;如果采取方案 B,那么将有 1/3 的概率为 600 人获救,2/3 的概率为没有人获救。你会如何做出选择? 大部分人会选择有确定收获的方案 A。再看另外两个方案:如果采取方案 C,那么将有 400 人死亡;如果采取方案 D,那么将有 1/3 的概率为没有人死亡,2/3 的概率为 600 人死亡。假设只能从这两个方案中进行选择,那么你很可能选择方案 D。实际上方案 C、D 与之前的方案 A、B 完全相同,只不过信息的描述方式发生了变化。也即是说,人们在做决定时总是努力避免或减少风险或损失:当思考结果为救人时,人们拒绝冒险;而当思考结果为失去生命时,人们偏好风险。

(2)证实偏见

乔布斯在 1996 年接受采访时说过这样一段话:"当你年轻的时候,你看着电视就会想,这里面一定有阴谋,电视台想把我们变傻。可是等你长大一点,你发现不是这么回事儿。电视台的业务就是人们想要什么它们就给什么。这个想法更令人沮丧,阴谋论还算乐观的! 至少还有个坏人可以打,我们还可以革命! 而现实是电视台只不过给我们想要的东西。"这就是证实偏见,无论合乎事实与否,人们更偏好支持自己观点的证据。由此,人们在脑中选择性地回忆、搜集有利细节,忽略反对信息,并采取片面诠释。这种偏见尤其显见于感情问题和传统观念。例如,在恋爱关系中,怀疑对方不够喜欢自己,经常搜集或不停地发现支持这一猜想的细节。

（3）心理定式

心理定式是指人们试图用过去解决类似问题的方法、策略和规则来解决新问题的一种倾向。心理定式对人类学习和解决问题有着积极意义，因为将不需要重复思考如何解决相同的问题，但却不利于解决不断出现的新假设和新问题。心理学家陆钦斯于1942年所做的量杯实验发现了心理定式对问题解决的阻碍作用：被试需要利用三个大小不同杯子量出一定量的水（见表5-2）。结果表明，序列2～6的实验使被试形成了利用B－A－2C这个公式的定式，结果大多数人采用同样的解决方式对待序列7～8的实验，竟然没有发现原本应该显而易见的简单办法（即A－C和A＋C）。

表5-2　陆钦斯的量杯实验

问题	A	B	C	要量的水	方法
1	29	3		20	A－3B
2	21	127	3	100	B－A－2C
3	14	163	25	99	B－A－2C
4	18	43	10	5	B－A－2C
5	9	42	6	21	B－A－2C
6	20	59	4	31	B－A－2C
7	23	49	3	20	B－A－2C，A－C
8	15	39	3	18	B－A－2C，A＋C
9	28	76	3	25	A－C
10	18	48	4	22	B－A－2C，A＋C
11	14	36	8	6	B－A－2C，A－C

（4）事后聪明

其实每个人都当过事后诸葛亮，当事情发生之后跳出来说"我早就知道啦"，或者后悔自己应该早料到"这事不是明摆着吗"。人们将已经发生的事情视为相对不可避免或显而易见的，却忽略了自己的判断实际上已经受到已知结果的影响。例如，在总统大选或股市震荡发生之后，一部分评论员对结果并不感到意外。这一现象不仅令社会科学的发现看起来与常识无二，还可能会使人们的自尊心膨胀从而高估自己的能力。不仅如此，人们更倾向于为那些事后看起来"显而易见"的错误决策去责备他人，却并不因那些同样"显而见"的正确决策去褒奖他人。

第四节　成为不拖延的学习者

美国麻省理工学院教授丹·艾瑞里以大学生为被试进行了一项实验并记录在其著作《怪诞行为学》里。他所任教的学期共12周，学生要提交3篇论文，这些论文在期末成绩中占据重要分量。他对三个班级采用了三种不同的提交策略：A 班，学生自己决定 3 篇论文什么时候提交（只要在学期结束之前提交就可以），但他们必须在一开始就写下每一篇的提交日期，而且每晚交一天就要会被扣除 1% 的成绩；B 班，学生也可以自己决定论文什么时候提交，但不必规定每一篇的上交日期而且也不会扣分；C 班，教师规定了明确的提交日期，分别是第 4 周、第 8 周和第 12 周，学生们没有任何的选择余地。试想一下，你会选择哪种提交论文的方式呢？你估计哪个班级的论文成绩最好？结果发现，就论文质量与期末成绩而言，受到"专制"待遇的 C 班最好，可以一定程度自由安排的 A 班次之，享有完全时间弹性的 B 班最差。由此联想

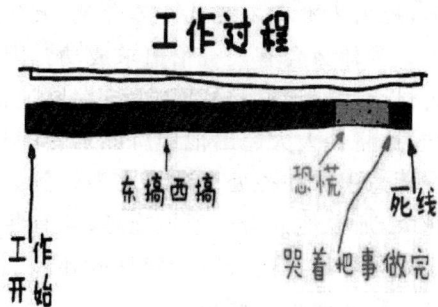

你是否也有拖延倾向？

到我们的大学生活，不再有那么多的强迫性规定，学习更多依赖于自我主动性，这时候的我们出现越来越多的拖延现象。例如，我们买回来一大堆书，结果却把它们放在书架上积累灰尘；我们下载了一大堆纪录片，用途却仅仅是拿来塞满硬盘；我们收藏了一大堆网络链接，最终却让自己删到手酸……于是，拖延行为很可能被消极情绪加剧，从而使我们进入恶性循环：拖延——坏情绪——更加拖延——更坏的情绪。正是因为拖延倾向往往会带来消极结果，所以"拖延症"这一叫法广泛流传开来，但拖延症并不是一种医学或心理学中正式定义的疾病。

一、拖延的分类

1. 对失败的恐惧

小 A 以优异的成绩进入大学，发现周围的同学也都很优秀，他希望能够好好表现自己。可慢慢地，他在学习和生活中越来越拖延，每天忙忙碌碌却也没做成什么事。为了应付课程作业或考试，他经常不得不熬通宵，最后的结果也能说得过去。再到后来，他的生活

明日复明日，明日何其多

以打游戏为主，每逢考试都是临时突击，勉强通过就算万事大吉。

有些人总是希望通过某些事情来表现出自己是多么优秀，他们的自我价值感就源于自己在这些事情上的表现。他们有这样的假设：如果表现得好，我就是一个优秀的人；如果表现得差，我就是一个平庸的人。由于他们对失败感到恐惧，于是使用拖延来保护自己，例如，在失败后小 A 会安慰自己说："如果有更多时间做事，我应该能够做得更好。"或者虽然有所拖延但还是表现不错，小 A 甚至会更加满意自己，"就算天天打游戏我都能做得不错，如果全力以赴投入就更厉害了！"

2. 对成功的恐惧

小 B 在大学里的专业是计算机，但是当选修了心理学的课程后，她发现自己找到了感兴趣的领域。她对于每次课堂作业都很认真地完成，期末论文也花费了大量的时间和精

力,甚至准备在未来就读心理学的研究生。她用了两年的时间学习心理学知识,但是在这一过程当中时常感到焦虑,纠结于到底要不要放弃自己的专业。直到研究生考试到来之际,她因为准备不足放弃了考试,最终选择了专业对口的工作就业。

为什么会有人害怕追求成功?因为获得成功需要付出很多时间、努力和专注,人们认为自己达不到这样的要求,待在原地比较安全。人们要么担心自己需要付出太多才能成功,这将会大大超出他们所能承受的程度,要么害怕成功会带来一些不利的方面,使自己在无意识中往往处于冲突之中。例如,有些人能力出众但做事不积极,因为能力越大责任越大,所以他们会刻意地拖延;还有些人的自我评价比较低,认为自己根本不能获得成功,于是很容易半途而废或轻易放弃。

3. 想获得控制权

小 C 正在和好朋友参加周末聚会,此时却收到来自学校社团的短信,因为工作让他下午一点回电。小 C 感到很不爽,一直拖着不回电。虽然下午一点的时候他有时间,但却在下午三点的时候才回电话。

拖延可能是一个人的独立宣言,有些人试图通过拖延来告诉他人:"我是一个拥有自主权的人。我根据自己的选择行动。我没有必要按照别人的规定或者要求来做事。"利用拖延来抵制被人控制的人可能是想保持他们独立的个体感,必须确信他们是按照自己的方式生活而不是别人的安排。当他们认为拖延不仅是为争夺控制权而战,也是为自我价值和自我尊重而战时,他们会体验到更强烈的抵触并顽固地不愿改变。

4. 对亲近与疏远的恐惧

小 D 来自一个对教育十分重视的家庭。在她上学的时候,父母会规定她在家学习的时间,也不鼓励她从事任何课外活动,并对她的人际关系也是严格管控。在上大学以后,小 D 要面临所有事情都得自己来做的情况,她感到自己没有办法独立生活,却又羞于开口请求他人帮助。于是,她的孤立无援导致了她的拖延行为以及成绩下降。

"探索人际的奥秘"这章中讲到了人际距离,对很多人来说,维持一定的人际距离,对维护他们的心理安全感和舒适感是十分重要的,而心理舒适区也会反过来决定他们与周围人之间的亲疏关系。具体来说,当一个人觉得无法完全依靠自己做事时,就会在需要独立完成的事情上退缩拖延;当一个人觉得他人在接近自己、挤压自己或有求于自己时,就会以拖延的方式撤退以避免焦虑不安。

二、如何与拖延习惯作战

你又是因为什么而拖延呢?在了解拖延的原因之后我们再看看如何与拖延习惯作战。

1. 学会怎样判断时间

时间是拖延者面临的最大挑战之一,他们对时间的感知往往是不现实的,"今晚我想去看一场电影,不会影响到明天交论文",以至于时间到截止期时已所剩无几。时间管理专家阿兰·卡凯因说:"想要失败,就别做计划。"就像之前提到的丹·艾瑞里的实验结果中,有计划设置的大学生可以取得较好的成绩。但即便是制订了计划表,我们也常常不能顺利完成,还会让我们产生挫败感。

　　心理学家尼尔·费奥创造了"非计划"这个概念,它是一个每周日程表,要求列出所有你必须做的事情:请你将自己在下一周内要做的、可预见的所有活动事无巨细地标出来,要注意不是那些你认为自己应该去做的或者希望可以开始做的活动,并将这些活动将会(或可能会)占用的时间点和时间长度记下来,那些未在表格上标注的时间就是你的"非计划"时间(见表5-3)。如果这张表格代表了下一周的生活,那么你是怎样度过这一周的?你可用的时间真的那么少吗?你有多少时间用于完成计划?通过这一表格你将了解自己的预测完成时间与实际完成时间的对比;发现自己拥有哪些零碎的时间可以用于做些杂事;探索符合自己生物节律的各项活动的"最佳时间";寻找专注学习与享受放松的平衡点,用心练习将会大大提高你的时间判断能力和时间管理能力。当你把实际做过的事情记录下来,并把表格上对应的那些空格涂掉时,这会成为奖励,让你体验到成就感。

表 5-3　每周非计划日程表

	周一	周二	周三	周四	周五	周六	周日
6:00	起床	起床	起床	起床	起床	补觉	补觉
7:00	早餐	早餐	早餐	早餐	早餐	起床	起床
8:00	上课	上课	上课	上课	上课	早餐	早餐
9:00						个人清洁	实验室
10:00							
11:00	↓	↓	↓	↓	↓		
12:00	午餐	午餐	午餐	午餐	午餐	午餐	午餐
13:00	午休	午休	午休	午休			超市购物
14:00	上课	上课	实验室	上课			
15:00							↓
16:00						看电影	
17:00	↓	↓	↓	↓			
18:00	晚餐	晚餐	晚餐	晚餐	朋友聚会	朋友聚会	晚餐
	周一	周二	周三	周四	周五	周六	周日
19:00	自习	自习	社团活动				家人电话
20:00	↓	↓					
21:00	↓	↓			↓		
22:00							
23:00	休息	休息	休息	休息	休息	休息	休息
小时							

2. 学会"接受"和"拒绝"

当不能直接拒绝某事的时候,我们可能将通过拖延来间接表示拒绝,我们还可能将拖延时间用在自己不能公然接受的事情上。我们要更多的信息、更多的选择、更多的金钱……伴随"更多"追求所带来的心理压力,我们却在真正要紧的事情上所得甚少:更少的休息、更少的时间与所爱人在一起、更少的机会用于创造性的活动……拖延也许是我们无法承受"太多"的一个反映,它表达了我们对所错失的东西的一种渴求。与依靠消极拖延相反,我们需要有意识地接受那些提高自身生活品质的事情,而应该拒绝那些对此无益的事情并直截了当地表达出来。

要改变拖延倾向,首先需要找对人,所以社交圈对你有很大的影响力。研究显示,如果周围的人都停止吸烟,你就很容易戒烟;如果身边有很多身材偏胖者,那么你也很容易变胖。所以要想改变自己的拖延倾向,你可能需要与一个能够影响你、督促你或是支持你的人合作,与他人结伴学习很可能会让你在心理上感到一定程度的压力,从而使自己产生更多的坚持。

在时间管理里有一个二八法则:你20%的事务非常重要,并会产生最大的影响;你另外80%的事务不太重要,做不做没有多大影响。所以,我们要学会拒绝与自己当前目标相比而言微不足道的琐事,努力把握80%的时间用来完成对自己来说重要的事务。对于现代人来说,特别是要对各种电子产品和网络应用说不,你可以尝试一天不用手机是什么样的体验,重新审视下手机和网络到底占用了你的多少时间,也可以慢慢尝试改变一学习就想上网的不良习惯。

3. 利用身体减轻拖延

培养自己良好的身体状态,花时间跟自己的感官体验相接触,这有助于你面对那些被拖延的事情。运动有利于将自己从拖延的麻痹状态中解救出来。哈佛大学心理学家约翰·莱迪提出,在运动的时候不仅会使人感觉更好,也会使大脑以更好的状态运作:学习更快,思维更清晰,记忆更敏锐,认知灵活性提高,大脑的学习能力激发。有调查研究显示,在运动之后人们学习新单词的能力比以前增强了20%。另一份调查研究显示,在美国芝加哥校区启动了一项学生早晨身体锻炼计划之后,八年级学生在一项标准化科学考试中取得了世界第一的好成绩。

运动会刺激一种大脑生长因子的释放,这个生长因子被称为脑源神经营养因子。脑源神经营养因子就像你大脑的肥料,它能帮助神经元成长得更为健康和茁壮,使更多神经元的触角可以彼此发生联结互动。除此之外,脑源神经营养因子还会刺激新神经元(特别是与记忆相关的大脑海马区的神经元)的生长。因此,脑源神经营养因子对我们将每一件事情纳入更为广阔的经验框架起着重要的作用,通过大脑海马区的帮助,我们会产生一个全局视野,这一全局化的视野对调节不安的情绪是非常关键的。当你处在拖延的挣扎中,内心焦虑、恐惧和愤怒时,大脑海马区有助于你在一个整体背景下看待威胁,这样你就不会陷入对拖延恐惧的怪圈中。

三、拖延处理技巧

在本节最后,我们分享一些拖延处理技巧,希望这些技巧能够帮助到你。

（1）确立一个可操作的目标（可观察、具体而实在的），而不是那种模糊而抽象的目标。

不是："我要停止拖延。"

而是："我要在期末来临之前完成课程论文。"

（2）设定一个务实的目标。不要异想天开，而要从小事做起。不要过于理想化，而要选择一个能接受的程度最低的目标。

不是："我绝不再拖延！"

而是："我会每天花一个小时学习英语。"

（3）将你的目标分解成短小具体的迷你目标。每一个迷你目标都要比大目标容易达到，小目标可以累积成大目标。

不是："我打算要写这份报告。"

而是："今晚我将花半个小时设计表格，明天我将花另外半个小时把数据填进去，接下来一天我将根据那些数据花一个小时将报告写出来。"

（4）现实地（而不是按照自己的愿望）对待时间。问自己：这个任务事实上将花去我多少时间？我真正能抽出多少时间投入其中？

不是："明天我有充足的时间去做这件事。"

而是："我最好看一下我的日程表，看看我什么时候可以开始做，上次那件事所花的时间超出了我的预期。"

（5）只管开始做！不要想一下子做完一整件事，每次只需要迈出一小步。

不是："我一坐下来就要把事情做完。"

而是："我可以采取的第一个行动是什么？"

（6）利用接下来的15分钟。任何事情你都可以忍受15分钟。你只能通过一次又一次的15分钟才能完成一件事情。因此，你在15分钟时间内所做的事情是相当有意义的。

不是："我只有15分钟时间，又何必费力去做呢？"

而是："在接下来的15分钟时间内，这件事的哪个部分我可以上手去做呢？"

（7）为困难和挫折做好心理准备。当你遭遇到第一个（或者第二、第三个）困难时不要放弃。困难只不过是一个需要你去解决的问题，并不是你个人价值或能力的反映。

不是："教授不在办公室，所以没办法写论文了，我想去看场电影。"

而是："虽然教授不在，但是我可以在他回来之前先列出论文提纲。"

（8）如果可能的话，就将任务分派出去（甚至扔掉不管！）。你真的是能够做这件事的唯一人选吗？这件事情真的有必要去做吗？

不是："我是唯一可以做好这件事的人。"

而是："我会给这件事找个合适的人来做，这样我就可以去做更重要的事了。"

（9）保护你的时间。一定要学会怎样说不，不去做额外的或没必要的事情。为了从事重要的事务，你可以决定对"急迫"的事情置之不理。

不是："我必须对任何需要我的人有求必应。"

而是："在学习的时候，我没必要接听电话。我会收看手机留言，在做完事情后回电。"

（10）留意你的借口。不要习惯性地利用借口来拖延，而要将它看作再做15分钟的一个信号，或者利用你的借口作为完成一个步骤之后的奖赏。

不是:"我累了(抑郁/饿了/很忙/很烦等),以后再做事吧。"

而是:"我累了,我将只花15分钟写报告,接下来我将会小睡片刻。"

(11)奖赏你一路上的进步。将奖赏聚焦于你的努力而不是结果,需要小心非此即彼的思维方式。

不是:"除非我全部完成,否则我就会感觉哪里不对。"

而是:"我已经走出了几步,而且我做事非常努力。现在我打算去看一部电影。"

(12)将拖延看成是一个信号。停下来问自己:"拖延传递给我的是什么信息?"

不是:"我又在拖延,我恨我自己。"

而是:"我又在拖延了,我的感受如何? 它又意味着什么? 我可以学到什么?"

请记住:你能够做出自己的选择。你可以拖延,也可以行动。

🐸 扫描学习

> 视频:《四个培养习惯的方法》
>
>

第五节　管理你在大学的学习

在学习过程中,成绩优异的学生靠的是更"聪明"、更有效、更科学的学习方法,而不只是延长学习时间或更努力地学习。接下来将介绍几种提高学习效率的途径,这将会帮助我们更好地管理学习、安排学习、学会学习。

一、自律学习

不论是音乐、时装、烹饪、电影,还是体育、汽车、政治,凡是我们特别感兴趣的事情,都能让你在愉快中学到大量的知识。那么,怎样才能使大学生也更加自觉自愿地学习呢?自律学习可能是一个良好的开端。自律学习是积极的、自我导向的学习,自律学习可以变被动学习为主动、更有目标的学习。

自律学习的基本步骤如下:

——建立具体、客观的学习目标

——制订一个学习计划

——自我指导和自我提问

——监控进展

——自我奖赏

——经常性评价

——发现问题后,及时采取措施

如果发现自己缺乏自律学习的能力或技巧,我们就应该去寻求帮助,或者从课外寻找信息。一个人学会了自律和控制自己的行为,就等于拿到了提高个人能力和充实自己生命的钥匙,将终身受益。

扫描学习

视频:《如何让自律成为你的超能力》

二、管理自己的行为

你是否想让自己集中注意力学习,学习更多的知识? 这可以通过行为管理的方法来实现。自我管理行为的基本方法就是要把操作性条件反射的原理与自己的实际情况结合起来。通常有以下几个步骤。

(1)选择"目标行为"。即要确定自己希望改变的行为。

(2)记录初始值。记录自己达到目标需要花的时间,或者记录下自己每天做出的合意反应及不合意反应的数量。

(3)建立目标。所要建立的目标就是目标行为的增加或减少,自己需要记住行为塑造的原则,不可操之过急,要为每一天、每一周都建立现实并合理的进步目标。

(4)选择强化物。如果完成了每天的目标,就要按照计划给予自己奖励,例如,一天的奖励可以是看电视剧、去找朋友聚一聚、玩一会儿乐器或找一件自己喜欢的事去做。同时,也要为自己制订达到一周目标后的奖励办法,例如看一场电影、下一次馆子或尝试一次短途旅行。

(5)为进步做量化记录。要精确记录每天花在"目标行为"上的时间,以及自己做出的"目标行为"的数量。

(6)奖励成功的行为。一定要诚实待己,如果自己达到了每天的目标,就要给自己奖励;如果没有达到一天的目标,则没有奖励。自己要实事求是地根据每周计划完成的情况决定奖励与否。

(7)当对自己的行为管理能力了解更多之后,即可调整自己的计划。如果自己在自我管理中获得成功,进行自我管理的做法就会得到进一步强化。

发现一个适合自己的强化物往往并不容易。例如,对一个人来说,受到表扬或看一场球赛都是强化物,而对另一个人却不适用。一种办法就是应用普雷麦克原则来确定适用的强化物。普雷麦克提出的原则是:任何一个经常发生的(或占优势的)反应都可以用于强化一个不经常发生的反应。假设你是一个经常听音乐并热爱音乐的人,同时又是一个很少倒垃圾并总是懒得倒垃圾的人,那么你可以用听音乐去强化倒垃圾的行为,要求自己在听音乐之前把垃圾倒干净,这样你就会培养自己经常清理垃圾的行为,你经常愿意做的事情都可以作为强化物,比如看电视、和朋友聊天、听音乐等。

下面是一个学生的身体锻炼计划,具体运动方式包括走路、游泳和骑自行车:

——目标行为:保证每周训练达到规定小时数。

——记录初始值:目前平均每天 25 分钟,即每周近 3 小时。

——周目标:第一周每天把锻炼时间增加到 40 分钟,达到周锻炼时间近 5 小时的目标。第二周目标为每天锻炼 50 分钟,周目标为近 6 小时。第三周目标为每天锻炼 60 分钟,周目标为 7 小时。最终目标为达到并维持每周锻炼时间 14 小时。

——对每天达到目标的奖励:晚上弹吉他半小时,如果达不到目标则不能弹吉他。达到周目标的奖励为看一场电影或买一张 DVD。

即使不能每天都真的做到给自己奖赏,你的锻炼计划仍有望获得成功。对于人们来说,只要知道自己即将达到一个理想的目标,就能得到最有效的强化。因此,自我管理方法中的一个关键步骤是做自我记录,即坚持记录下每天的反应频率。有一个实验,研究者要求一部分选修心理学课的同学每天记录自己的学习时间,并用表格记录下他们每天和每周的学习活动。事实上做这种自我记录得不到任何奖励,但结果发现那些做记录的同学的考试成绩显著优于那些没有被要求做记录的同学。

扫描学习

自我测试:《所罗门学习风格自测》

三、养成良好的习惯

努力和智力这两个因素对学习成绩的影响几乎一样大。但要记住,学习好的学生不仅努力,而且更有效率。很多不好的学习习惯耗时而无效,如反复抄写课堂笔记,只看笔记不读课本(或只看课本不读笔记),读书时只看要点而不细读、做练习时只是从书中抄答案,等等。优秀学生则强调质量:读书要读懂、读透,不能缺课。许多学生在考试成绩不佳时只是责备教师讲得不好,而教师怎么讲课并不是我们能够决定的,因此这种抱怨有害无益。只有那些将成功归因于努力和动机作用的学生才能取得好成绩。为了改善自己的学习习惯,我们可以尝试以下做法:

1. 营造适合学习的环境

学习需要一个安静、光线充足、没有干扰的环境,这是毋庸置疑的。如果有可能,则还应该至少有一个专门用于学习的地方,在那里不做任何其他事情,因此要把杂志、手机、平板电脑等可能干扰学习之物放在自己的视线之外。只有这样,才能真正在这个特定的地方进行学习。不要强迫自己去学习,而是要养成到那个小环境里去学习的习惯。有了这种习惯,一旦我们坐在学习室里,很容易静下心来开始学习。

2. 采用分散复习法

在考试前连续熬两夜进行复习是有用的。但是,如果我们总是到考试前才死记硬背,那么这将会面临很大风险。研究表明，分散复习比集中复习更有效率。分散复习是指把复习时间分为一些相对较短的时间段，中间穿插休息和其他一些活动；而长时间、不间断的复习则称为集中复习法。如果我们把什么课都集中在一起复习，那么最后反而可能把自己搞得糊里糊涂。填鸭式的复习方法将使我们的记忆不堪重负。一般来说，在考试之前的最后一天，我们不要再去学新知识，最好的方法是，每天都学一点，并且时常复习。

3. 联想记忆

记忆是学习的第一步，记忆术是指帮助人记住事物的方法，把新的信息与容易记住的某种概念或形象联系起来是常用的记忆术。如果想记住"小脑控制人的协调功能"，那么我们可以想象有一位名叫小脑的人，他的动作非常协调。要获取最佳效果，我们需要想方设法使自己记忆的形象夸张、古怪、生动，并能与你互动。

4. 自测

在真正的考试之前为自己安排几次练习性的测验，这对于提高我们的考试成绩很有益处。换句话说，学习过程中应该包括自测，要尽量多向自己提问，并确信自己能够回答所有的问题。学习中不做自测，就好像在篮球比赛前的热身活动中不练习投篮一样。

5. 过度学习

考试成绩不理想，有的人是由于复习得不够，也有很多人是由于过高估计了自己的实力。解决这两个问题的方法就是进行过度学习，即在认为自己已经达到掌握知识的程度后，继续学下去。换句话说，即使我们觉得已经为考试做好了准备，自己仍要制订计划，继续学习和复习。

扫描学习

> 微电影:《致我们即将成为的学长》
>
>

四、学会记笔记

记课堂笔记用什么样的方法好？有时候真搞不清楚哪些是重点。想记好笔记，我们必须积极主动地寻找信息。积极听课者能够集中注意力而不分心。这里介绍一个对许多学生都很管用的记笔记方法，按照 5 个英文单词的首字母组合，可简称为"LISAN"法，这有助于我们记住它的步骤：

（1）主动记(lead)。自我提问，以便提前预估教师下面要讲什么。我们可以从学习指导、阅读作业，甚至是自己的好奇心中找出问题、做出预测。

（2）重点记(idea)。每一节课都是基于一个重要的核心观点设计的。通常情况下，教师都是先介绍一个观点，然后举一些例证。我们可以经常问一下自己："现在讲的要点是什么？这个观点得到哪些证据的支持？"

(3)抓信号词(signal words)。听讲时要抓住那些表示教师思路变化的话语。

(4)积极听(activity listen)。坐在听课清楚并能与教师交流的地方。带着前一次听课时或自己看书时遇到的问题来,课堂上举手提问或课前课后找教师请教。在课堂上,要使自己保持活跃、机敏的思维状态。

(5)选择记(note taking)。听课时笔记记得好的学生考试成绩一般也不错。听课要完整,但记录要有选择,只记要点。如果总是忙于记录,就可能漏掉一些正在讲的内容。我们记笔记的时候,可以把自己想象成一个正在捕捉重大新闻的记者。

事实上,大多数学生笔记都做得相当好,但如果课后基本不看,记笔记就失去了大部分意义。假如我们不想自己的笔记像"天书"一样潦草难认,就应该每天整理和复习笔记。不仅如此,还需要我们不断地联想、拓宽思路和对新的观点进行思考。在课堂上要积极听课,要与教师交流,这样我们对学习内容的理解将更加透彻。

扫描学习

知识拓展:《学会生活、学会学习——给大学生的 30 条忠告》

扫描学习

测验:《小节测验 20 题》

【电影心赏】

风雨哈佛路(*Homeless to Harvard:The Liz Murray Story*)(2003)

丽兹(Liz)出生在美国的贫民窟里,从小就承受着家庭的千疮百孔,父母酗酒吸毒,母亲患上了精神分裂症。贫穷的丽兹需要出去乞讨,流浪在城市的角落,生活的苦难似乎无穷无尽。

随着慢慢成长,丽兹知道,只有读书成才方能改变自身命运,走出泥潭般的现况。她从老师那里争取了一张试卷,漂亮地完成答卷,争取到了读书的机会。从现在起,丽兹在漫漫的求学路上开始了征程。她千方百计申请哈佛的全额奖学金,面试时候连一件像样的衣服也没有。然而,贫困并没有止住丽兹前进的决心,在她的人生里面,从不退缩的奋斗是永恒主题。

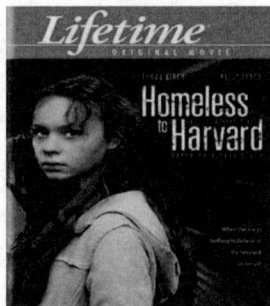

【推荐阅读】

简·博克、莱诺拉·袁.拖延心理学:向与生俱来的行为顽症宣战[M].蒋永强,陆正芳,译.北京:中国人民大学出版社,2009.

丹·艾瑞里.怪诞行为学——可预测的非理性[M].赵德亮,夏蓓洁,译.北京:中信出版社,2010.

罗伊·鲍迈斯特、约翰·蒂尔尼.意志力:关于专注、自控与效率的心理学[M].丁丹,译.北京:中信出版社,2012.

丹尼尔·卡尼曼.思考,快与慢[M].胡晓姣,李爱民,何梦莹,译.北京:中信出版社,2012.

凯利·麦格尼格尔.自控力[M].王岑卉,译.北京:印刷工业出版社,2013.

第六章 解析情绪方程式

神奇的小药丸

请你想象一下,时间来到了2100年,科技已经发展到我们无法预估的地步。某一天,有人向你推荐一种神奇的小药丸,据说吃了以后可以消除所有我们无法调控的情绪。那么,吃下这颗小药丸后的"无忧无虑"的生活会是怎么样的呢?以下便是立竿见影的效果:

(1)因为消除了紧张、焦虑这类情绪,在公众场合演讲不再怯场,真情表白也不在话下! 你都将在这些场合里淡定现身,平静沉稳的气质叫人钦佩不已;

(2)因为消除了愤怒、怨恨这类情绪,你不会再一时口快说出不可挽回的话,而那些积压在心头的愤怒、怨恨也会烟消云散;

(3)因为消除了悲伤、挫败这类情绪,你不再因为失败伤心,也不再感到受挫,而变得冷静而沉着;

(4)因为消除了羡慕、嫉妒这类情绪,当你看到别人成功后,心里不再充斥着羡慕嫉妒恨;谈了恋爱后也不会因为看到别人和你的那位他/她多说几句话而不悦、猜忌、怀疑;

(5)因为消除了羞愧、尴尬这类情绪,当你做错事不再慌张,也不再为自己外在或内在的缺陷、不足而心生自卑、愧疚;

(6)因为消除了激动这类情绪,你从此将告别心悸、流泪、头疼腹痛、脸色羞红或发白、手心出汗、双手发抖等由激动诱发的体征;

(7)因为消除了爱和喜悦等情绪,你不会再变得盲目冲动或经历"恋爱中的人智商为零"这样的尴尬,你也不会再因"一时冲动"而犯下过失。

看到这里,你是不是非常心动?一颗小小的药丸能带来这么多的好处,而且每种好处都如此吸引人,想必你已经迫不及待地想要吞下它了吧?

且慢,别忘了"是药三分毒"。包装盒上印着"长期使用本品可能导致如下副作用":

(1)对周围的人和事漠不关心,毫无热情,置若罔闻;

(2)有可能做出危害自己或他人的行为;

(3)记忆力衰退、判断力减弱;

(4)发生人际关系障碍,表现出不恰当的社交行为。

看到这里,你还愿意吞下这颗神奇的小药丸吗?

为什么为我们消除烦恼、带来美妙生活的神奇小药丸会有这些副作用呢?而制药方又凭什么如此肯定地列出这些副作用呢?情绪到底是什么?它对我们的生活有着怎样的影响?这些问题都将在这一章得到解答,让我们一起开始学习吧!

问题思考

(1)人为什么会有"七情六欲"？
(2)愤怒的情绪如何管理？
(3)内心的焦虑怎样排解？
(4)悲伤的时候该怎么办？
(5)怎样才能成为一个"高情商"者？
(6)如何应对生活中各种各样的压力？

第一节　情绪是什么

情绪是什么？要回答这个问题对我们来说可有难度？虽然情绪每时每刻都伴随着我们，我们每个人都有着对情绪的理解和感受，但真要对情绪下个定义似乎没那么容易。早在 1884 年，美国心理学奠基人威廉·詹姆斯就写过一篇题为《情绪是什么？》的重要文章。100 多年后的今天，心理学家们还在问同样的问题。有心理学家说"情绪最显著的特点之一，就是如果不要求对其进行定义的话，那么人人都知道它是什么"。与心理学中的其他几个重要概念一样，情绪也很难被精确定义。同时，由于情绪是一种相对私密的内在体验，想对情绪进行精确测量也颇具挑战。尽管如此，心理学家们一直做着各种尝试，希望对情绪有更多更全面的了解。他们有哪些发现呢？让我们来一起看看吧！

一、情绪的来源

情绪产生于生命的一个古老的机制，它的性质可以归纳为两种：愉快的和不愉快的。就算最简单的单细胞生物（如草履虫）没有知觉能力和思维能力，但却有生物学意义上的"趋利避害"的本能行为。这种本能行为的实现是以"趋悦避痛"的情绪机制为基础的，也就是说，趋向愉悦的情绪状态，逃避不快的（或痛疼的）情绪状态，从而使自己得到保护并得以生存。有谁会喜欢痛苦呢？"趋悦避痛"是从最简单的动物体到最高级的人类共有的基础本能与生命原则。

我们的情绪来源于哪个部位呢？1954 年，美国心理学家詹姆斯·奥尔茨等利用实验证明了老鼠的下丘脑中存在"快乐中枢"（pleasure center）。研究者在老鼠下丘脑的某一部位埋上微电极，电极的另一端与一个杠杆相连，而杠杆又与电源开关相连，老鼠只要按压杠杆就会接通电源，埋了电极的部位就会受到微弱的电刺激。老鼠经过摸索发现：通过按压杠杆获得电流对脑的刺激能引起快乐和满足。所

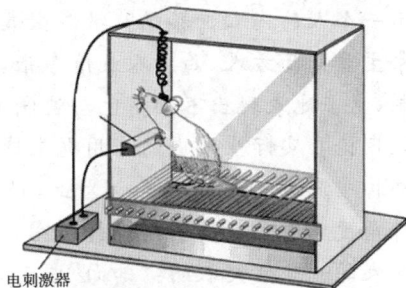

电刺激器

老鼠通过不断地按压杠杆来刺激"快乐中枢"

以老鼠通过不断地按压杠杆来追求快乐，直到累得筋疲力尽、昏昏欲睡为止。也就是说，

在老鼠的下丘脑中存在一个"快乐中枢"。后来研究者用类似的方法发现在人的下丘脑的相应部位也存在着"快乐中枢"。但是,若对"快乐"不加节制,就会形成病理性成瘾(如吸毒成瘾),从而造成不可逆的永久性伤害。

在一些关于刑侦的影视作品中会提到测谎仪,它通过了解犯罪嫌疑人的心理状况来判断其是否涉及案件。测谎仪通过监测一个人的呼吸、汗腺及心跳等不能主观控制的生理反应来推测其是否说谎。事实上,当处于情绪状态时,虽然我们能够自我觉察,但不能控制情绪的发生,原因是控制情绪的自主神经系统是不受意志支配的。自主神经系统分为交感神经系统和副交感神经系统,交感神经系统是在情绪兴奋(如心跳加速、血压升高、呼吸加速、瞳孔放大等)时发生作用,副交感神经系统是在情绪抑制(如心跳放慢、血压降低、呼吸变慢、瞳孔收缩等)时发生作用。由于人们在接受测谎时,难免会产生反感而影响情绪,而且情绪反应存在个体差异性,所以,测谎结果只是提供辅助参考,不能作为定案证据使用。

我们的身体里会产生许多激素,其中对情绪最重要的有血清素、肾上腺素和去甲肾上腺素。血清素与抑郁有关,肾上腺素是人在面对恐惧时产生的激素,而在愤怒的时候,体内的去甲肾上腺素会比较多。总的来说,情绪不是主观臆测的产物,而是具有神经生理学根据的。各种研究表明,情绪与脑、自主神经系统、内分泌系统等都有着十分密切的联系。

【心理百科】

微表情心理学

2009年一部风靡全球的美剧《别对我撒谎》(*Lie to Me*)让微表情心理学大热起来。剧中的男主角通过对面部表情和肢体动作的观察和解析,捕捉普通表情中转瞬即逝的微表情,发掘隐藏在人的面部、身体和声音里的线索,然后将犯罪调查中的真相昭示天下。

微表情又称微反应,与普通表情的不同之处在于,它是一种非常快速的表情,持续时间仅为1/25秒至1/5秒,因此大多数人往往难以觉察到它的存在。心理学家认为,微表情与一个人的心理防御有关,通常在人们撒谎的时候出现,它表达了人们试图压抑与隐藏的真正情感。因此,科学家们希望通过对微表情的识别与分析来了解一个人的真实情感和内在的情绪。

微表情的推论靠谱吗?转瞬即逝的微表情能揭示一个人的内心世界吗?很多微表情研究针对的对象主要是西方人,西方人表情夸张,而东方人善于克制,更多地表现出不动声色与波澜不惊。目前,微反应理论在实际生活中的应用也未能达到电视剧里那样神乎其神的程度。迄今为止,科学家们还在从各种角度对人类情绪识别进行研究。《科学》杂志曾经发表的一项研究表明:"知面"也未必能"知心",如果

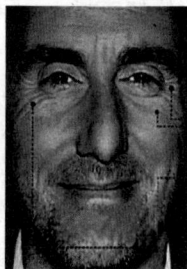

快乐
真实的笑容永远会有:
① 眼角皱纹
② 脸颊鼓起
③ 眼睛周围肌肉运动

快乐真实的笑容

缺乏相应的身体语言,那么人们其实无法单纯通过"察言观色"来准确地判别他人的心情。而且,微表情消失得很快,比你的反应速度还快,在你反应过来之前它就消失了,你就会怀

疑自己是不是看错了,连有没有看到都不敢确定,又怎么可以用自己不确定的东西来预测对方的想法呢?

二、情绪的定义

在古代汉语中,最初只有情字,直至南北朝以后才出现了"情绪"一词。"绪"是"丝端"的意思,意指感情多端、如丝有绪。《牛津英语大词典》对情绪的解释是:"指心灵、感觉或情感的激动或者骚动,泛指任何激动或兴奋的心理状态"。《心理学词典》给情绪下的定义则是:"任何短时评估的、情感的、意图的及心理的状态,包括高兴、悲伤、厌恶及其内心的感受。"也许很多人认为情绪只是一种感觉——"我感到快乐"或"我觉得悲伤",但是心理学家将情绪界定为一种躯体和精神上的复杂的变化模式,包括生理唤醒、认知解释、主观感觉以及行为反应四个组成部分。目前,心理学界比较公认的一种定义是:"情绪是一种普遍的、对于外部刺激事件的功能性反应,它暂时地整合生理、认知、感觉以及行为等渠道,以便促进个体对当前情境做出一种增强适应性、塑造环境的回应。"

这个定义的核心特征在于强调了情绪的功能性。排除情绪存在缺陷或者存在破坏性的情况,一般来说,情绪能够很好地服务我们,能使我们在某些情境下做出更明智、更有用的反应。这个定义是否会让人感到意外? 在我们的认知中,情绪多是非理性的、冲动的、强烈的,有时甚至会让我们做出可怕的事情。

那么,情绪的功能性究竟该如何理解? 为什么说情绪是对我们有利的? 情绪能使我们做出更明智更有用的反应? 这些疑问我们将在下节一一解答。

🐷 扫描学习

微课:《情绪到底是怎么回事》

🐷 扫描学习

自我测试:《情绪稳定度测验》

第二节　消极情绪使用手册

按照愉快与不愉快的情绪维度,并结合人们的主观体验,可以将情绪分为积极情绪和消极情绪。积极情绪就是正性情绪,是指个体由于体内外刺激、事件满足个体需要而产生的伴有愉悦感受的情绪。积极情绪是一种可以令生活充实的情绪,它与某种需要的满足相联系,通常伴随愉悦的主观体验,并能提高人的积极性,例如幸福、快乐、希望、幽默、爱慕、同情、自豪等都是积极情绪。消极情绪就是负性情绪,是指个体由于体内外刺激、事件不符合个体需要而产生的伴有厌恶感受的情绪。消极情绪是一种可令生活空虚的情绪,它与需要的不满足相联系,例如恐惧、焦虑、愤怒、悲伤、厌恶、轻蔑、内疚等情绪。

心理学在 20 世纪末出现了一种新的研究取向——积极心理学。积极心理学是一种以研究人的积极品质和积极力量为核心的心理学理论。随着积极心理学的兴起,人的积极情绪得到了越来越多的重视。很多研究都证实了积极情绪对取得人生成就、拥有幸福人生的重要性。然而也有心理学家提出,这种对积极情绪重要性的过分强调是值得商榷的。事实上,没有哪种情绪状态能一股脑儿地解决所有人生烦恼,更没有所谓的最好最积极的情绪状态,每一种情绪都很重要。每一种情绪,即使是负面的、痛苦的,也都有它存在的意义和价值。还记得本章开头说的那颗神奇的小药丸吗?当带给我们麻烦的情绪体验被统统抹掉之后,伴随而来的并不是"从此过上了无忧无虑的生活""顺利走上人生巅峰"。

埃德·迪纳(Ed Diener)是美国伊利诺伊大学的一位心理学家,同时也是世界著名的积极情绪研究者。他曾经在一次演讲中向观众展示了一个装着大脑的瓶子,瓶内的蓝色液体被称为"快乐试剂",是通过瓶子上方的一个塑料小囊滴入的。他请观众假定,若大脑受到荷尔蒙(即"快乐试剂")的作用,可以令人处于极度愉悦的状态,甚至这种愉悦状态可以始终保持下去。然后他问了下面一个关键问题:"那么有多少人想这么做?"60 名观众中只有 2 人举手表示他们愿意保持这种永远的快乐。

为什么那么多人拒绝了?也许即便没有体验,我们也能预料:终日处于愉悦状态的生活并不是我们想要的;也许我们内心深处早已有所领悟:正是各种情绪的交织构成了我们丰富多彩的人生。对情绪的深入研究也揭示了:人类与生俱来的各种情绪都是重要的,即使是不讨喜的消极情绪,也有着不可替代的重要意义,比如:

(1)恐惧:促使我们逃跑,让我们远离危险的环境或事物;

(2)愤怒:促使我们攻击敌人或者示威,提醒我们保护自己及所珍爱的人和事,或捍卫我们所珍视的价值观;

(3)悲伤:促使我们关注自己即将失去或已经失去的人和事,也提醒我们可能有更大的损失即将发生;

(4)厌恶:提醒我们远离自己厌恶的事物,维护内心的选择与道德标尺;

(5)焦虑:提醒我们集中注意力,对身边或不远的未来可能出现的危险提前发出警示;

(6)尴尬:提醒我们犯了一个小错误,促使我们在今后的类似情境中做出改变;

(7)愧疚:提醒我们破坏了自己的道德准则,促使我们改变自己的行为或对准则进行调整。

可以看到,虽然消极情绪让人不舒服,常常不被待见,但消极情绪对我们的生存和发展有相当重要的作用:它们或是作为一种信号,向我们传递某种讯息、发出某种警示;或是作为一种动力,让我们得以产生平日不具备的力量、魄力或行动力。

与其只朝着某一种情绪状态努力,不如试着去理解各种情绪状态在向我们传达的讯息,学会利用各种情绪状态带来的好处。以平常心对待积极情绪和消极情绪,既不盲目追求积极情绪状态,也不断然排斥消极情绪状态,与情绪和平共处,从每种情绪状态中汲取力量。接下来,我们将以三种常见的消极情绪为例展开深入讨论,希望能有助于你掌握情绪使用新技能。

❤【心理百科】

钟摆效应

钟摆效应是指一个人在某种情绪上降低了反应的强度,其他的情绪强度也会同样地降低。消极情绪的强度降低了,积极情绪的强度也会相应地降低,就像"钟摆"一样,左右两边的摆动幅度总是一样的。比方说,有些同学因为压力大,受不了情绪的折磨,学会了"感觉麻木",这是对自身的一种保护,短时间这样做是没问题的,但如果长期如此,对自身会有损害——不好的事情不会伤害到你,好的事情也不能使你高兴、满意和幸福了。这种情况就像是钟摆一样,左边低右边也低了,长期这样钟摆就不会走动了,永远停留在中间,人这个时候就会出现情绪混乱的状态。

我们每个人都想生活得幸福、快乐,希望避开痛苦的情绪,然而有些人因为矫枉过正,结果连那些想得到的情绪也失去了。一心逃避负面情绪并不是最好的方法,积极的做法是从负面情绪中挖掘出正面的意义,让负面情绪为我们所用。而且,如果我们每个人的"钟摆"摆幅足够大,我们在日常生活中就会体会到足够的快乐、喜悦、满足、自豪、幸福等积极情绪,心中就会充满了人生的意义和乐趣。因为有了左边的摆动带给我们的正面情绪,所以右边的摆动带来的负面情绪我们也能够承受。

🐸 扫描学习

视频:《救命的"负面情绪"》

一、愤怒

美国心理学家托马斯·摩尔在其著作《灵魂的黑夜》中说:"当人们清楚明白地表达出愤怒的情感时,它就能为一个人和一种关系做出很大的贡献。"愤怒有好坏之分,它可以帮助我们捍卫权利与自由,维护尊严与价值,去反抗不合理的现实和对待。美国科学家富兰克林曾说:"愤怒以愚蠢开始,以后悔告终。"事实上,人们在生活中体验到的更多的是坏的愤怒。

愤怒的研究越来越受到心理学家的重视,其中一个原因是社会暴力事件的显著增加,尤其是青少年暴力;第二个原因在于,坏的愤怒与大量负面的生理后果、情绪后果和行为后果相联系。愤怒的原因也常常被认为是学校问题、职业困难、家庭暴力以及婚姻冲突等。很多研究表明,愤怒情绪与心理健康、人格和人际交往等心理和行为都有密切的联系。

1. 愤怒的表现

愤怒是人的一种重要情绪，一般是个体在遭遇攻击、羞辱的刺激下，感受到愿望受压抑、行动受挫折、尊严受伤害时所表现出来的一种情绪体验，个体在体验到这种情绪时往往伴随着典型的身体反应，并产生敌意心态，甚至有报复和攻击性行为。

（1）身体反应

在一项对五大洲 31 个国家民众进行的调查访问中，受访者被问及自己在愤怒时出现的身体反应，最常见的回答如下：明显感到了肌肉的紧张；心跳骤然加速；浑身发热，从而进一步证明了愤怒及其表现的普遍性。同时他们描述愤怒时的状态也与专家们研究发现的机体变化相吻合：

①愤怒会大大增加肌肉紧张度，尤其是双臂的肌肉。如此便会导致人握紧双拳。

②人体的周身血管张开，导致热感上升（与恐惧引起的冷感相反）。愤怒常常表现为脸部涨红，这一点在年幼的孩童身上尤为明显。这时，指尖表皮的温度上升。

③呼吸频率上升，心跳过速，血压升高。在愤怒状态下，心脏会供应更多的血，而这些血也会加速氧化，因而可能会对心血管产生有害影响。

（2）敌意心态

这里所说的不是致使向他人开枪射击、行刺或其他暴行的愤怒。所讲的是日常生活中许多完全正常的人，在思想和行为上表现出来的生气、恼怒和激怒。敌意就是对他人的价值观不屑一顾，常容易产生愤怒，并倾向把愤怒发泄到他人身上。有敌意的人倾向于看到他人动机与意图的阴暗面，他们会被这些事情迅速惹恼，而没有敌意的人更多地会以平静的心态、理智的方式去应对。人们表达愤怒的方式可以是向外的（对外界发怒），也可以是向内的（对自己发怒）。也就是说，面对困难，你可能会自责，也可能责备他人。

《猫言猫语》系列漫画

（3）攻击和报复行为

报复更有可能让你变得更加易怒，比原来更小的一些事由就会让你暴跳如雷。许多心理学研究证实，当你对某人感到愤怒的时候，攻击或伤害对方并不会让你糟糕的情绪平复，而只会激化自己的负面情绪。所以，报复不仅不会结束仇恨，而且只会火上浇油。理智而安全的做法是克制自己的情绪，至少等到愤怒渐渐平息，你可以更加理性地思考冲突的本质，思考如何解决问题。在一般情况下，只要与你的愤怒对象进行沟通，建设性地说明问题，并告知你的感受就足以解除紧张状态。

2. 愤怒的根源

（1）遗传和环境的相互作用

愤怒是本能的，具有原始性。这一点可以从情绪的生存价值中得到解释。尽管愤怒情绪的身体表达和生理反应是与生俱来的，但应对愤怒的方式同样是可以习得的。有研究指出,敌意倾向可能是遗传和环境共同作用的结果。对日常生活事件倾向于在生理上、情绪上和行为上有过激反应的父母,他们的孩子更可能继承父母的不信任和敌意。尽管先天遗传毫无疑问在敌意形成中起着作用,但是社会学习所起的作用更为重要。例如,当孩子被陌生人抱起来的时候,他又哭又闹,脸上表现出讨厌、紧张或愤怒,成人可能会不再表现得那么亲切并放下孩子,这又证实了孩子对这个世界是不友好的、难以预测的而又充满敌意的看法,进而导致他以后的社会疏远行为、敌意甚至公然愤怒,并形成恶性循环。

(2)认知评估的结果

我们为什么会发怒?从认知的角度来说,我们的愤怒是一系列瞬间发生的心理评估的结果,当我们对某件事的评估符合以下几点时,愤怒就产生了:

①事件是我们不希望看到的:我们希望事情按照预期达成、别人以尊重的态度对待我们、能得到自己想要的东西、拥有属于自己的时间和空间……但事与愿违。于是,愤怒便从这样的挫败感、失落感中产生了。

②事件是被故意制造的(即出自我们之外的其他人的意愿):当有人踩了我们一脚,我们可能认为他是不小心的,也可能认为他是故意的。在这两种想法下,我们的反应截然不同。这种"主动意向"的概念有许多微妙的层次,人类非常敏感于"故意"和"非故意"之间的诸多微妙差别,如表 6-1 所示。

表 6-1　愤怒的缘由

分级	例子
第一级: 完全非故意	你在微信群里提了一个问题,几乎同时,群里的某位小伙伴提了一个其他问题。
第二级: 故意但没有损害他人的意识	你在微信群里提了一个问题,十分钟后,群里的某位小伙伴提了一个其他问题,话题被引向了他感兴趣的方向。
第三级: 故意且有损害他人的意识	这位小伙伴意识到了他把话题引向了自己感兴趣的方向,但他认为自己的想法和兴趣比其他人的更重要。
第四级: 故意且有意损害他人	这位小伙伴有意引开话题,让你的问题无法得到回答与重视,达到当众凌驾于你之上的目的。

一个有趣的现象是:当我们发怒时,我们都倾向于对对方的行为作出高于事实的"评级"。比如在表 6-1 的例子中,第二级所述行为(即那位小伙伴无意识引开了群聊方向)很容易被解读为第三级(即他是有意识的,但他毫不在乎),甚至是第四级(即他有意羞辱别人),愤怒也在这层层评级过程中不断加码。

③事件与我们的价值观相悖:每个人都有自己的价值观或处事原则,并以其判断某种做法是可接受的、"正常的",还是过分的、可耻的。这一

评估愤怒

价值体系自儿时就开始形成,受到不同文化的影响,甚至因为每个家庭的差异而大相径庭。价值观或处事原则的不同会导致人们对同一事件的反应有所不同。

不过,在诸多区别之上还是存在一种普遍的价值观,即相互性。一般来说,面对与我们对等的人,我们总是期待对方以我们对待他们的方式同等地对待我们。古人说"己所不欲勿施于人",将这句话改成"己所欲施于人"就能体现相互性的内涵。相互性的缺失很容易使我们发怒,尤其在亲密的恋人或夫妻关系中,双方都有各自对相互性的理解,并且都觉得自己为此付出的努力远胜过对方。

这一价值体系还有另一种表现形式,即认知学派心理治疗师或心理医生所称的"内在信念"。这些内在信念是人们几乎不自觉就拥有的,是我们人格的一部分,在各种情形下使我们对事物做出"正常"与否的判断。在心理治疗过程中,咨询师或医生让来访者表达出他们的内在信念,而来访者的回答中经常会出现一个词:应该。

常见的与"应该"有关的内在信念表述有:"我应该在所做的任何事情上完美地达成目标""我应该让所有人都喜欢我""人们应该用我对待他们的方式对待我""世界应该是公平的",等等。当我们的信念与现实发生冲突时,随之而来的便是强烈的情绪,通常以愤怒和悲伤居多。

(3)对其他情绪的一种掩饰

什么情景下我们会发怒?当觉察到所珍视的东西受到某种形式的威胁、破坏或阻碍时,我们就会发怒。通常我们认为他人以某种方式侵犯了我们,或对我们做了某些不应当做的事,使我们感觉到自我观念、所有物、计划和目标、生活方式被侵犯时,我们会愤怒。当发现自己被别人利用时,我们很愤怒。如果他人没有给我们足够的关注,那么也会引发我们的愤怒。当别人没有按照自己的要求做时,也会让我们产生愤怒,如父母对不听话的孩子发怒。当我们看到他人受伤害时,也会产生同情性愤怒。嫉妒也会引发我们的愤怒。

上述这些情景,事实上都引发了我们其他的一些情绪体验:沮丧、恐惧、自我怀疑、孤独、罪恶感、受伤害等。因此,愤怒常常是一个继发的情绪,是对先前更强烈情绪的一种掩饰。那种更强烈的情绪由于某种原因,被我们隐藏起来了。愤怒通常是由知觉到的危险、沮丧或不公正行为引起的反应。大概最难进入意识的是已经暴露的、被证明是错误的、被质问和怀疑的愤怒。它们是对自我价值的威胁,威胁越大,潜在的愤怒越强。

3. 愤怒的调节

总的来说,目前调节愤怒情绪主要有两种错误倾向。一种是任其爆发:任由愤怒不受控制地爆发出来,或出于暂时、短期的目的任其宣泄。这往往会引起无法挽回的后果,制造本可以避免的不和,留下难以抹去的怨恨,甚至让自己成为他人的笑柄。这种"过度愤怒"有时可以帮助你短期内获得想要的效果,但其代价就是破坏长期的人际关系。另一种是隐忍压抑:向他人甚至向自己隐藏愤怒,把愤怒完全"积存"起来。这样做意味着积压越来越多的怒火,既对冠状动脉有害,又会使人把你当成一个可以随意欺凌的对象。这种过度压抑(后文称之为"愤怒缺失")的做法同样具有风险,它可能在未来的某一天,当类似的场景重现时,让你瞬间崩溃。因为过度积压必然在某个时刻导致爆发,而爆发的那一刻往往是最坏的时机。鲁迅先生有一句名言:"不在沉默中爆发,就在沉默中灭亡。"虽然先生想表达的初衷并非如此,但这句话用来描述过度压抑愤怒情绪的可怕后果也颇为合适。

接下来,针对这两种较为典型的错误倾向,将会一一给出应对方法和建议,希望对有这方面困扰的你有所帮助。

(1)如何处理"愤怒过度"

亚里士多德说过,怒气在某种程度上似乎是听从"逻各斯"(可解释为"理性")的,只不过没有听对,就像急性子的仆人没有听完主人的话就急匆匆地跑出门,结果把事情做错了。研究证明,大多数情况下,人们在情绪强度适中时才能更好地达到解决问题的目的。暴怒(愤怒过度)会降低人们对问题解决方法多样化的感知力,让人只知道依靠自己惯性的问题解决方式,也就是说暴怒使人盲目。以下几条建议供易怒的人参考:

①停止惯性思维,与自己对话

从认知的角度来说,愤怒往往是我们对事件认知评估的结果,我们可以很自然地得出"换个方式思考就会减少生气"。举个很简单的例子:朋友约你周末一起出去玩,但整个周末他/她都悄无声息的,好像完全忘了这回事。对此,你会很愤怒吗? 从表6-2可以看出,愤怒与否取决于我们如何看待这件事。

表 6-2　看待事情的角度会影响个体的情绪

A-事件	B-想法	C-结果
你的好友约你周末去逛街,但整个周末他/她都没有联系你	这个人一点都不讲信用	生气、不理他/她
	他/她根本不当我是朋友	伤心、闹掰
	他/她可能突然有急事	平静、谅解
	他/她不会出了什么意外吧	担心、询问

我们的情绪并不是由事件本身决定的,而是由我们对这一事件的看法决定的。这一观点是认知学派心理治疗理论的一大基石。面对容易发怒的来访者,认知学派心理咨询师经常用这一方法帮助他们更好地调节怒气:切断自己的惯性思维,换一种解读方式来看待事件,用内心语言(自言自语)将愤怒在其萌芽状态便控制住。

表 6-3　愤怒分析表 1:我是哪一种?

触发愤怒的内在信念例句	更灵活的内在信念表达
人人都应该对我以礼相待,正如我对待他们那样,否则便是无法忍受的、不可原谅的,我理应为此愤怒。	我对别人都以礼相待,我不喜欢别人以不礼貌的方式对待我,但我可以忍受他们(同时我会告诉他们我的想法)。
我应该通过发怒来获得我想要的,不然别人就会看不起我。	我的愤怒也许可以让我的观点增加分量,但这并不一定是最佳方式。
我应该发怒,不然我就会变成弱者。	我希望自己被别人尊重,但愤怒不是唯一途径。

灵活修改愤怒分析表(表6-3)并不意味着要消除我们所有的愤怒,这也不是健康的做法。分析愤怒的目的是帮助我们避免落入没有意义的或是过于激烈的愤怒情绪中。愤怒可以是正当的,但暴怒和狂怒都是无意义且有害的。

②关注触发愤怒的行为，而非人本身，勿做人身攻击

当我们陷入愤怒中时，很可能会不假思索地大声指责甚至羞辱他人。这样的做法终将会给一段人际关系带来长久的损害，甚至还会导致无法挽回的后果。因此，我们可以这样做，见表6-4。

表 6-4　愤怒分析表 2：我是哪一种？

请关注激怒自己的行为	不要对对方做人身攻击
"不要打断我！"	"你从来就不让别人发言，太自以为是了！"
"你把事情都搞乱了！"	"你总是这么不负责任！"
"你做这件事之前没有通知我！"	"你完全不尊重别人！"
"你这么说我真的很火大！"	"你真是个自私自利的家伙！"

指责某人会把对方置于自我防御的立场上——面对他人的人身攻击，一般人都会想要为自己辩护并予以回击，同时也会对攻击自己的对方怀恨在心。这样不仅无助于问题的解决，更破坏了这段关系。我们可以就事论事地表达对方的行为引发了我们的愤怒，但指责对方甚至对对方做出相当负面的人身攻击并不是一个明智的选择。诚然，经验告诉我们这样做确实非常泄恨，但事后呢？除非我们真的想尽快和这人分手或撇清关系，否则请记住：即使非常愤怒，也绝不能说恶毒的话。

③考虑一夜再行动

这个建议特别要给那些对身边重要的人怀有愤怒情绪的人。"重要的人"包括但不限于：恋人、朋友和家人。一夜的思考时间（或一段冷静的时间）可以帮助我们：

➢ 重新对所遇情形作出评估（对方是故意为之的吗？他/她意识到对你的伤害了吗？）。

➢ 获得中肯的建议，询问作为局外人的朋友或亲人的意见很重要。

➢ 详细理清你之所以感到愤怒的理由，同时准备好想对对方申明的话。

但是这一做法可能会引发以下两种不利情形，需要引起你的注意，并就具体情况做好分析和权衡：

➢ 你的愤怒早就退去了大半，你连提都不想再提了。于是，对方在这类事情上没有任何教训，下次还会激怒你；

➢ 有些事情当场解决好于秋后算账，事后重提可能会被视为"记仇""小心眼儿"。

♥ 【成长练习】

发怒前，试着与自己对话

我们自己可以画一张表格，如表 6-5 列出所有我们决心不再为之发怒的日常情景，并为每个情景分别构思一句缓和性语句，用以平息自己已升到嘴边的怒火。

表 6-5　愤怒情景的自我对话

序号	容易导致我发怒的日常情景	容易导致我发怒的想法	可以用来替换该想法的缓和性语句
示例	夜深了，我很困想睡觉，但室友还在打游戏，而且还时不时发出很大的响动。	他/她完全不考虑别人的感受，真是一个自私的家伙！	也许他/她沉浸在游戏中而不自知，我也确实没有明确向他表达过我的想法，我可以试着和他/她谈一谈！
1			
2			
3			
4			
5			
……			

（2）如何处理"愤怒缺失"

我们再欣赏一句亚里士多德的感言："那些在应当发怒的场合不发怒的人被看成是愚蠢的，那些对该发怒的人、在该发怒的时候不以恰当方式发怒的人也是愚蠢的。"我们在应该发怒的时候不发怒会带来很多问题，比如：由于自己没有通过发怒在冲突中表明原则和底线，可能导致他人会过分随意地对待我们；我们在事后又会经常反复回顾事件本身，内心被怨恨充满，而这种敢怒不敢言的怨恨会反过来影响我们和他人的关系，也可能对我们的自我认知造成负面影响。所以在愤怒缺失的情况下，我们要更好地调节愤怒，特别是应该学会表达愤怒。以下几条建议供愤怒缺失的人参考：

①分析抑制你愤怒的内心信念

从来不发怒的人会试着用自己的逻辑为自己辩护："总的来说，这事儿没什么大不了的，不值得为它发火。"并非只有那些易怒的人才有关于愤怒的自动化的内在信念，过于压抑愤怒的人同样遭受着不恰当信念的困扰。那么，阻止我们发怒的内在信念又是什么呢？具体见表 6-6。

表 6-6　愤怒缺失分析表：我是哪一种？

过于抑制愤怒者的内在信念例句	更灵活的内在信念表达
我应该时刻保持自控，不然我就没有价值了。	保持自控固然很好，但我不可能时刻都做到。
过于抑制愤怒者的内在信念例句	更灵活的内在信念表达
我绝不能伤害别人，不然我就会有愧疚感。	虽然我不愿意伤害别人，但万一发生的话，我也可以忍受。
我只能在百分百确定自己有理的时候发怒。	虽然自己有理的时候发怒才是对的，但我有权犯错。
我应该表现出一贯的亲切，不然别人就不会接受我。	虽然我更希望被人接受，但我不可能让所有人都喜欢我。

首先，接受发怒后的结果。若我们除去一贯的温和面纱对人发怒，我们可能从此就与

人结下了梁子,那个怨恨我们的人就会从此远离或寻求报复。这是我们对发怒后果的普遍担忧,但这种担心在愤怒缺失的人心中被夸大了。我们来听听下面这位患了抑郁症的年轻女性的讲述,她在治疗过程中终于将自己难以发怒的原因一一列举了出来:

我和所有人一样,当好朋友不守诺言、别人在背后诋毁我,或有人对我做出伤害性的批判时,我都会很愤怒。但是,我没有表达愤怒,反而选择去将它们一一"积存"起来,随后减少与对方的联系,以冷漠对待他/她。然而这种情形坚持不了多久,我甚至都不知道对方是否感觉到了我的冷漠。其实,我思考过究竟是什么原因使我难以发怒,最后我想到:应该是我对关系破裂的恐惧。我总觉得如果我发怒的话,别人就会排斥我。

这位年轻女性分享的是一种常见的恐惧:若我们对别人发怒的话,别人就会拒绝我、排斥我,留下我孤身一人或被别人孤立。不过,现实是完全不同的。愤怒会使人对你更加关注,通常也会让你显得比他人眼中曾经的你更为重要。当然,有些人也许只欣赏顺从状态下的你,这些人会决定与你疏远。那么,还有与这些人保持联系的必要吗?

其次,从非语言表达开始为发怒做演练。说到底,愤怒也是一种沟通行为,在他人面前具有短暂的社会沟通作用,让他人知道什么会触怒我们,我们又希望对方记住什么。为了让这种沟通行为更为顺畅和有效,我们可以提前为愤怒做一些演练,比如我们可以从非语言表达开始练习:在两人的交流中,非语言表达会传达大量信息,而这些信息往往是语言表达所无法传达的。非语言表达的形式包括面部表情、身体姿势、声音频率、声音大小等。在情绪的沟通上,非语言表达比语言更为有效。如果用语言表达愤怒比较有难度的话,那么也许我们可以试着先通过一些非语言信息来表明我们的愤怒。简单来说,表达、传递愤怒的非语言方式之一就是:皱起眉头,说话比平时大声。这一有意识改变惯常表达方式的做法另有一个益处:通过面部表情反馈(例如皱眉),我们将自然而然地感到自己的不满情绪变得明显且越发激烈了。

再次,接受和解但请稍等片刻。在大多数情况下,发怒的目的并不是使我们与某人结下仇恨,而是为了让对方以尊重和认真的态度对待我们。因此,冲突过后发生和解是很自然的,而和解的形式可能是心照不宣,也可能是通过口头达成的。如果我们想让自己的愤怒维持一段时间的影响力,那么请记住,不要当场和解。否则,我们将可能被视为情绪不稳定或太容易受影响的人,别人可能会议论道:"你看,他/她刚刚还在发火,怎么一会儿就没事了?"所以,在大多数类似情形下,我们可以先离开现场,留时间给对方好好思考一下我们发怒的原因,以免太快接受他/她的道歉。当然,特殊情况除外:如果对方面对你的发怒分外悲伤、表现绝望、开始哭泣,或者对方道歉的诚恳度很高且相当可信,那么就可以考虑接受当场和解。

最后,请告诉自己有愤怒的权利。事实上,在终于成功表达出了愤怒情绪之后,我们可能会有负罪感,或害怕自己被他人错误对待。这时请回想一下我们已经修正过的内心信念:还害怕自己没有价值吗?还担心被排斥吗?还怀疑自己做错了吗?如果需要的话,那么我们可以找一位信赖的亲友,讲述事情的经过、我们的愤怒,并询问他/她的想法。

扫描学习

视频:《如何礼貌地表达愤怒》

二、焦虑

焦虑是人类生活的一部分,你肯定曾在生活的某个时刻或多或少地体验过烦躁不安、心神不宁、紧张害怕、无法入眠等感受。心理学家罗洛·梅说过:"人们几乎在每一个十字路口都会遇到焦虑问题。"中学生担心自己能否考上重点高中;高中生担心自己能否顺利通过高考;大学生担心未来的工作与生活能否幸福如意;工作的人担心自己会不会被排挤或裁员……人活一世,有谁能不经历困扰?

事实上,当我们感受到"局限"的时候,焦虑就会产生。按照存在主义哲学,只要你渴望触及人类、社会乃至世界的真相,你就会一直焦虑下去。因为不管成长到哪一层次,你都会发现新的局限性,这时焦虑就会产生。所以,一个人越深入这个世界,就越明白自己的无知。这时,人们可以通过焦虑,发现人生的局限性,然后或者

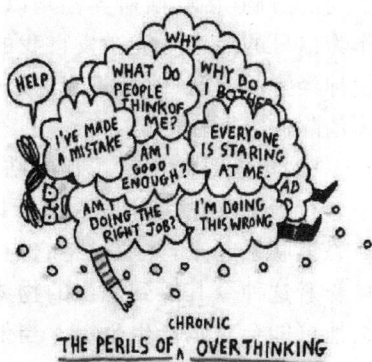

越想得多,越会焦虑

越过它,或者化解它,或者超越它。从这一点而言,焦虑是推动我们认识世界、认识自我的动力。适当的焦虑,对保持警觉性,激发积极性都有好处,可以促使你鼓起勇气去面对即将发生的未知。但是如果焦虑过头,以至于达到焦虑症,这种情绪就会起到相反的作用——它会伤害你的身体健康,妨碍你去应对、处理眼前的危机,甚至还会严重影响你的日常生活。

1. 焦虑的表现

(1)焦虑的情绪体验

焦虑是一种烦躁急切、提心吊胆、紧张不安的心境,是一种没有明确对象和具体内容的恐惧。被焦虑情绪困扰的人整天惶恐不安,提心吊胆,总感觉似乎大难就要临头或者危险迫在眉睫,这些人明知道实际上并不存在什么危险或威胁,但不知道为什么自己就是如此不安。这种体验常常被称为漂浮焦虑或无名焦虑。情绪是不愉快的,往往带有抑郁色彩,并且变得易怒、不耐烦、脾气暴躁、灰心丧气等。对于焦虑,心理学有这样的总结:"焦虑是对恐惧的恐惧,对担忧的担忧。"

(2)焦虑的身体表现

我们可以把焦虑反应看作带有不愉快情绪色调的正常的适应性行为,把它们描述为包含着对危险、威胁和需要特别努力但对此又无能为力的苦恼的强烈预期。在身体上,自

主神经活动增加,血压心率增强,皮肤出汗、面色苍白、嘴发干;呼吸加深、加快,肌肉失去弹性;尿频尿急等自主神经功能紊乱。如果这种状态持续相当长的时间,那么坐立不安的情况就要开始出现,而且会使消化和睡眠受到影响。

2. 焦虑的原因

心理学家对焦虑的潜在因果关系做了很多探索。不同的心理学流派对焦虑的来源有着不同的解释:

(1)焦虑来源于潜意识冲突

心理动力学派认为焦虑产生于潜意识过程和个体的内心冲突。按照弗洛伊德的自我理论,焦虑是一种来自自我的情绪,起源于本我与超我之间的冲突(如性本能冲动与性道德的约束)。焦虑说明个体潜意识中存在危险信号,为了回应此危险,自我才自动运用一系列的防御机制(回避异性),以防止那些不为人所接受的欲望和冲动进入意识层面,而当作为信号的焦虑不能激发自我的防御或防御失败时,个体就会出现持续的焦虑状态或其他神经症的症状(对性行为的恐惧或无节制的手淫),所以焦虑既是冲突的产物,又是自我为消除冲突所作的努力。

(2)焦虑是障碍性习得的结果

行为主义认为一些人之所以患上焦虑症,是因为他们把某个并不会引起焦虑的东西与恐惧联系起来,并通过将它与其他环境或者物体联系起来强化这种恐惧,进而形成了尽量躲避这种令其感到恐惧的物体的习惯。例如,如果一个小孩被另一个小孩摁到水里,那么他可能会对水产生恐惧。当他靠近水(如坐船或过桥)时,他就会开始感到焦虑不安,而当他避开这些情景时,他的焦虑感则会减轻。

行为主义理论家认为,焦虑是通过操作性条件作用才得以维持的。例如,当患强迫症的人重复地进行某种行为时,这种重复会减少他原先的恐惧感,原因在于预料之中的结果并没有发生。当某些摆脱不了的思想或者图像出现时,人们的焦虑程度将会增加;然而当人们开展某种行动或者进行某种思考时,焦虑的程度将会减轻。于是,强迫行为得以形成并加强。

(3)高估情境的危险性导致焦虑

在焦虑的认知理论中,对某种情境的错误解释,尤其是高估情境的危险性被认为是导致人们患上焦虑症的主要因素。心理学家艾伦·贝克指出,那些患有社交恐怖症的人更在意自己在别人面前的表现,对别人的反应或者批评过分敏感。贝克同时也指出,那些经常经历恐怖事件的人过高地估计他们所经历的情感体验所具有的意义,例如,他们把心跳加速看做是心脏病或者其他身体健康问题出现的征兆。他还认为,这些人正确理解和解释情感体验的能力是非常有限的。当焦虑症状出现时,他们做了一系列错误的解释,并且对这种威胁做出了过高的估计。这不仅导致他们身上的症状更加明显,而且也提高了恐怖症发作的可能性。

同样,患有其他焦虑症的人对威胁或者消极后果也进行了过高的估计。例如,那些患有广泛性焦虑症的人认为他们没有办法处理那些具有危险性的事件,而那些患有强迫症的人则认为如果他们不以特定的方式重复性地做某个动作,他们就将受到伤害。

3. 焦虑的调节

一些人在特定的情境下才会感到焦虑,而另一些人在任何时候都会感到一定程度的焦虑。要想有效地控制你的焦虑,你需要了解自己对引发焦虑情境的反应是什么,明确你与之相关的关注点有哪些,以及你曾经做过的应对焦虑的努力有哪些。你也需要学习一些处理和消除焦虑症状的技巧,愿意以不同方式行事,并坚持下去和承担改变。

(1)找出与焦虑有关的问题

为了找出可能与焦虑有关的问题,你必须更为关注自己内心的想法。因为你的想法会影响你的情绪和行为。请仔细想一想,你是否具有下面的一些观念。

①你是否感到自己强烈地需要得到别人的认可?得不到别人的认可会导致挫败感,长此以往甚至还会产生怨恨,而挫败和怨恨可能会对促进慢性焦虑和持续紧张产生强烈影响。

②你是否有强烈的控制欲?你是否担心自己如何出现在众人面前?你是否因为没能控制住局面而觉得自己是弱者和失败者?

③你是否倾向于完美主义且进行自我批判?你是否觉得你所做的从来就不够多或不够好?你是否经常批判自己所做出的努力,并且感到来自追求成就的持续的压力?

这些信念和行为模式是非理性的。如果你被这些行为或信念所困扰,那就预示着你将经历焦虑和低自尊。你需要改进你与自己和他人的无效的和功能不良的关系模式。

(2)改变不良的关系模式

如果你希望从满足关系需要中获得最好的感受,那么你首先要将自己调整到最好。

①现实地看待他人的认同,并且不靠它来评判自己是否有价值。同样,要学会用客观的方式应对他人的批评。任何人都有资格表达他们的意见。如果他们提供了对你有益的信息,你就加以采纳。反之,你完全可以不予理会。

②发展现实的期望和限制。改变"你的价值是建立在你所取得的成就之上"这一信念。一旦你有了现实的目标,你就将有足够的时间去从事其他必要的个人活动,例如,做一些让你感到愉快的事情或者与你喜欢的人共度时光。

③认识到并非一切都是完美无瑕和可以预知的,学会接受和忍耐你无法改变的现实。相信大多数问题最终都能得到解决,如果这个问题你没有任何控制权,那就"由它去吧"。

(3)应对焦虑的行动

①学习放松技能:大部分人可以通过渐进式肌肉放松训练获得放松感。这些技能包括:静思、深呼吸、视觉想象、身体扫描法,以及简式渐进肌肉放松。你可以学会一种最适合你的放松技能。

②运动:有氧运动,特别是散步,可以缓解肌肉紧张,提高活力并促进睡眠。将这种焦虑缓解策略持续使用几周后你就可以体会到散步带来的好处。

③记日记:日记是宣泄情绪和想法的良好工具。让这些"添堵的东西"憋在心里会使你心力交瘁。写下你的想法和感受既澄清了问题,又能监控你为缓解焦虑而做出改变的意志力,确保承诺得以实现。

④发展自我培育行为:你除了照顾他人的需求外,也请做些让自己感到高兴的事情吧。

当然,你还可以尝试很多可以帮助你缓解焦虑的方法,如训练积极的自我对话,利用你的社会支持系统(如父母、好友、爱人),努力进行时间管理等。如果你已经制订了管理焦虑的计划并且坚持实施,那么你的感觉一定会更好。

💗【心理百科】

远离"消极完美主义"

先看这样一个故事:一个圆环被切掉一块,圆环想使自己重新完整起来,于是就到处去寻找丢失的那一块。可是由于它不完整,因此滚得很慢。它欣赏路边的花草,它与昆虫聊天,它享受温暖阳光。终于有一天,它发现了非常适合的小块。它高兴极了,将小块装到自己的身上,终于变成完美的圆环了。它飞快地滚动了起来,以致无暇享受以前的快乐。当它发现飞快的滚动使得它的世界不再美好时,它努力使自己停了下来,把那一小块重新放到了路边,再次缓慢地向前滚去。仔细想想,缺憾不也是一种完美吗?

完美主义是虚幻的代名词。世界上本来就没有完美的事物,就连科学赖以发展的公理,也总是依赖某某假设或某某前提。在心理学上,具有"消极完美主义"的人存在比较严重的"不完美焦虑"。他们做事犹豫不决、过度谨慎、害怕出错,过分在意细节和讲求计划性。为了避免失败,他们将目标和标准定得远远高出自己的实际能力。可以看出,消极完美主义的突出特点不是"追求完美",而是"害怕不完美"。大量的研究证实,消极完美主义与强迫症有关。我们该如何克服"消极完美主义"?

(1)接受瑕疵

没有瑕疵的事物是不存在的,盲目追求一个虚幻的境界只能是徒劳无功。即便是失败,也可以丰富你的人生。不要为了一件事未做到尽善尽美的程度而自怨自艾。

(2)认识自我

要在自己的长处上培养自尊、自信和兴趣,不要固执地拿自己的短处与人竞争。对自己不必太苛刻,要有点"我行我素"的气魄。任何一个人都很难让周围的人完全对你满意,只要对得起自己的努力和真心,就大可不必在意他人对自己的评价。

(3)合理目标

当你不再追求完美,而只是希望表现良好时,往往会取得出乎意料的佳绩。找到并努力做好一件自己完全有能力做好的事,你会变得心情更加轻松,做事更有信心,拥有更多动力和创造力。

(4)学会排解

过分焦虑和紧张会影响到一个人解决问题的能力。学会调节自己的情绪,保持健康规律的生活习惯,学会倾诉和寻求帮助,以饱满的精神状态去面对与解决问题。

三、悲伤

还记得自己最近一次悲伤的经历吗?是高考失利?同好友吵架?还是与恋人分手?不论我们因为什么悲伤,其背后往往伴随着同一样东西——缺失。生命中重要事物的缺失会让我们感到悲伤。同时,根据所失去的事物在我们心中的价值不同,悲伤的程度和持续时间也会不同。丢失了心爱的手机,可能会让我们伤心一周;失恋分手,可能会让我们伤心一个暑假;若不幸遭遇所爱之人的亡故,可能会让我们悲伤好几年,甚至余生都在悲伤中度过。

因为缺失随时可能发生，所以悲伤也就不可避免地会出现在我们的生命中。悲伤过后，我们可以整理情绪和思路，更懂珍惜、更会感恩，从而更好地生活下去；但也有人会陷入悲伤中不能自拔，引发另一些问题，比如抑郁。那么，悲伤和抑郁有什么样的区别？如何调节悲伤情绪？如何避免过度悲伤？让我们一起来看看吧！

1. 悲伤的表情

与愤怒、喜悦、恐惧一样，悲伤也有一种世人普遍具有的面部表情（喜怒哀惧是人类的四大基本情绪），无论生活在哪个国家、哪个地方和哪种文化。悲伤的面部表情首先表现为眉毛的向外倾斜。我们可以试着让眉毛这么倾斜，但会发现大多数人都不可能刻意地做出这种标志性的悲伤表情。当这种悲伤的表情被强调至一定程度时，额头的纹路就会扭曲成马蹄形，或者也可以称作希腊字母 Ω 状。所谓"欧米伽抑郁症"，指的就是精神科专家们在某些陷入深度抑郁的患者中发现的症状。

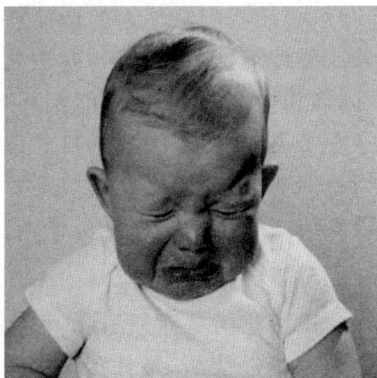
婴儿悲伤的表情

眉毛并不是悲痛之时面部唯一发生变化的，我们的嘴唇也会通过上下唇接合处（即口角）的下压表达悲伤（由唇部三角区带动）。互联网聊天消息中用以表达伤心的表情符号就准确地抓住了这一点。

2. 悲伤的作用

与其他所有情绪一样，悲伤情绪也具有双重作用，即准备行动的作用和传递信息的作用。具体来说，悲伤情绪主要有以下作用。

（1）教会我们避开类似情境

悲伤会让我们明白什么样的情境对我们是不利的、有可能会造成伤害的，因此我们可以学会如何在未来保护自己免受此类伤害。正因为我们会感到悲伤，我们才能有意识地避开那些可能会造成缺失和伤害的情境。

在人际交往中，无论是爱情、友情还是亲情，吵架、分手或决裂带来的悲伤都可以让我们以后学会选择更适合我们的恋人、朋友（亲人也许无法选择，但我们可以选择与其保持何种程度的亲疏距离），也学会怎样更珍惜和重视他们。网络上有句流行语是这样说的："勇敢的人会像从来没有受过伤那样去爱。"这句话反过来也说明：很多人在受过伤以后会有所顾忌，从而调整自己的亲密关系模式，这就是悲伤情绪对我们的一种保护。遗憾的是，悲伤情绪有时候对我们的保护作用过犹不及，从而变成了"自我保护过度"，比如失恋的人就再也不敢去爱了，失败了就再也不敢去尝试了。

总的来说，悲伤有着和痛苦类似的教导作用，即当人受伤后，会倾向于避免重蹈覆辙。

（2）让我们放慢脚步，反思自身过错

人们在遭遇失落之后往往会产生一种普遍的反应——后退。后退可以让人调整后振作起来，也会让人重新审视自己的处境。比如，考试考砸了是否说明我的学习方法存在问题？恋人提出分手是否说明我们之间存在什么问题？从这个角度讲，悲伤确实让我们不好受，但它也让我们在放慢脚步、后退一步的过程中得以反思，从而获得新的思考和领悟。

（3）吸引他人的注意，引发其同情心

一般情况下，他人是会感知我们的悲伤情绪的，而我们最亲近的人或那些敏感的人还会对我们产生同情心或同理心。即便并非故意为之，我们的悲伤还是会吸引他人的注意，从而主动为我们带来情感或物质上的支持，帮助我们尽快走出失落。

（4）让我们对他人的伤痛产生同情心或同理心

要理解别人的伤痛，办法之一（当然不是唯一办法）就是自己也体验过同样的伤痛。"同病相怜"的人往往更能相互理解与支持。从某种角度来说，如果我们想为某位悲伤的亲友带去支持，那么我们自己也曾经历过类似的伤痛会让我们成为更好的安慰者。所以，当我们下次再感到悲伤时，不要一味地抗拒它。我们可以把这样的情绪看成是失落或失败经历之后自然的恢复步骤，它将让我们更了解他人，也更了解自己。

3. 悲伤与抑郁

虽然悲伤是抑郁的成因之一，但两者之间有诸多根本性的区别，具体见表 6-7。悲伤是一种正常情绪，是任何健康人都会有的情绪。抑郁是悲伤的一种特殊形式，它持久、顽固、剧烈，伴有自我贬低，并掺有其他情绪。抑郁症是一种常见的疾病，每十位女性中的两位和每十位男性中的一位都会在一生中经历一段严重的抑郁期。

表 6-7　悲伤与抑郁的区别

悲伤	抑郁
正常情绪	病理性障碍
不稳定，持续时间短	长期持续
身体出现适度或短暂的反应（几小时或几天）	睡眠及食欲发生持续性紊乱（几周至数月）
会因积极正面的事好转	对积极正面的事几乎无动于衷
自我形象仅出现微小或短时间的改变	长期坚持负面的自我形象

抑郁症患者的思想通常可以用以下三大负面视角概括：

（1）关于自己：低人一等，卑微低级；

（2）关于未来：一片黑暗，消极无望；

（3）关于世界：世事艰难，严酷不公。

这三点被称为"抑郁的认知三元素"。它们与抑郁的其他典型思想都显示：抑郁症患者不断地进行着错误的信息处理，而这些错误反过来又进一步造成或延续了悲伤的情绪，从而进入一个灰暗循环，加深了抑郁症患者的痛苦。本节主要讨论悲伤情绪的相关内容，如果你对抑郁症这个话题感兴趣，更多内容可以翻阅本书第七章"了解心灵的痛苦"。

4. 悲伤的调节

请记住，悲伤是一种正常的情绪，它是我们人生经历的一部分，参与着我们心理成熟的历程。因此，我们不需要排解或压抑所有的悲伤情绪，那样既不现实也对心理有害。但是，和其他情绪一样，悲伤也需要被调节在一定范围内，若超出该范围便会产生问题。我们已经了解了悲伤的积极的影响，以下是它可能带来的消极影响（见表 6-8）：

表 6-8　悲伤的积极影响和消极影响

悲伤的积极影响	过度悲伤的消极影响
教我们避开类似情境	对自我的保护过度
使我们评估形势、反思自身过错	使我们反复审视自己的失败
吸引他人的注意和同情	在他人眼中显得脆弱，让原本出于好意的他人厌烦不已
使我们对他人的伤痛产生同情心或同理心	让我们变得对任何痛心之事都过于敏感

为了使悲伤带来尽可能多的益处，我们列出了几条建议。请注意，这些建议只对正常的悲伤情绪有效；如果当事人处于抑郁中，那么它们是远远不够的，如果有需要，就请寻求医疗和心理援助。

（1）接受悲伤的事实

悲伤似乎常常被认为是脆弱的表现，在历史上它却曾被重视和推崇，例如，宗教人士视其为谦卑的标志，表明此人对自身不足之处有意识；艺术家，尤其是浪漫派艺术家，以其为内心敏感的象征，并且认为在这个日益不完美的世界里，它的存在是可以理解的；医生和哲学家们深知，忧郁是许多伟大人士的共同特质。即便我们如今的社会已不再那么推崇悲伤，也请坦然接受自己的悲伤。它将帮助我们思考、铭记、认识四周的世界，避免再次犯错。因为这是一种无法避免的情绪，所以想要永远不悲伤地生活，就和想要长生不老一样不切实际。

（2）有节制地表达悲伤

表达悲伤会吸引他人的注意和同情，并有助于与倾听、安慰我们的人加深关系。我们的不幸有时会让我们惊奇地发现他人身上令人意想不到的善良与宽容，而不表达悲伤则会错过这些分享情绪的珍贵时刻——情绪的分享是最基本的人类体验之一。同时，要注意两个风险：一是过度支取他人的善意，二是显得过于脆弱。

（3）继续保持行动力

退缩、不作为、自省是伴随悲伤的常见反应，这些反应本身是有积极作用的。但是如果若让自己过久地沉浸在这样的状态中，我们的悲伤就可能延续；当我们什么都不做，尤其当我们固步自封于孤单、缺乏活力和变化的环境中时，注意力就会集中在自己的缺失上，不利于我们从悲伤中振作。就算无法避免一段时期的退缩（这是人之常情），也要提醒自己在必要的时候继续行动，哪怕只是有限的行动。从事某些目标导向的活动，可能是悲伤的一剂良方。

（4）重拾喜爱的活动或事业

除非我们处在较严重的抑郁中，否则我们的悲伤通常是可以通过从事喜爱的活动调整的。不需要期待狂喜的状态，只需用片刻的快乐时光来达到减轻悲伤的效果。对于某些人来说，悲伤可以通过一场热闹的聚会来减轻；但对于另一些人来说，两个人一起散步就足够了。听一首能表达我们内心思绪的歌、看一部喜爱的经典电影、阅读一些具有疗愈作用的文字、与一位温暖有同理心的好友聊聊，这些都能缓解我们的悲伤。所以，如果想让自己或他人的心情好起来，就请先思考一下自己或对方喜欢的方式。

（5）考虑咨询专业人士

如果我们的悲伤长时间地持续，并且具有以下特征中的任何一项：

①悲伤让我们难以继续面对手头的工作或学习；

②从前喜爱的活动对悲伤缓解丝毫不起作用；

③总感到异常疲劳或睡不着觉，或者胃口受到严重影响；

④常有失踪或自杀的想法。

这时请尽快咨询心理医生，向他/她坦白说出这些问题。他/她将判断你是否得了抑郁症；若确实如此，那以上建议远远不够，你将需要接受正规的心理治疗。

扫描学习

美文欣赏：《男孩子也可以哭的呀》

第三节　做一个"高情商"的人

你曾经在公共场合对朋友发过火吗？有过因同学的不当言辞而感到难堪吗？通常情况下，人们能很好地压制自己的情绪表露。但是，尽管压制情绪使我们在外面看起来更冷静镇定，但这种表现却付出了很大的代价。经常压制情绪的人不能很好地应对生活，而且更容易抑郁。相反，善于合理将自己的情绪表达出来的个体在情绪和身体上都会更好。因此，通常来说，对情绪进行管理比对其进行压制要好。

情绪管理指人们主动地调整自己的情绪，使自己能够在适当的时间和适当的场合，对适当的对象恰如其分地表达情绪，达到内心世界与外部环境的平衡，从而保持身心健康。这也是个体管理和改变自己或他人情绪的过程。在这个过程中，通过一定的策略和机制，使情绪在生理活动、主观体验、表情行为等方面发生变化。情绪管理不仅是维护身心健康以达到对社会良好适应的手段，也是一个人获得幸福感的重要方式。

一、掌握情绪管理步骤

人的情绪没有好坏之分，只要是我们真实的感受，我们就要学习并接纳它。医学心理学既不鼓励人们无限制地任凭情绪反应发展，也不认为压抑是适当的方法，但赞同对情绪进行适度的控制，既要使情绪有适度的表现，也要通过一些方法加以缓和。行之有效的情绪管理包括三个步骤：评估情绪、分析情绪和处理情绪。

1. 评估情绪

首先，我们要确定自己真实的感受。很多时候我们并不确切地知道自己的真实感受，不习惯寻找情绪的根源。通常，我们可以通过回答一些问题来确定我们的情绪：到底需要什么？如果不想继续下去，那么应该怎么做？能够从目前的情绪状况中学到些什么？这种方法可以很快降低情绪的强度,从而使我们能客观理智地看待问题和处理事情。

其次,总结自己曾经有过的各种情绪,可以更清楚地了解自己独特的内在反应模式及情绪反应原因。你可以这样做:找一个独处的时间和安全的空间,大声地把自己的感觉不加责备、不做逃避地说给自己听;也可以在选定一个情绪主题后,自由联想与童年有关的事情,把所想到的事情不做任何筛选地大声讲出来,甚至对忘记部分进行虚构,来澄清自己内心的感受;或者你也可以问问父母或儿时的朋友,问他们记忆中你的喜、怒、哀、乐等情绪的表达。

最后,记录整理我们的情绪以增加对情绪的认识和觉察。我们可以撰写个人心情日记或记录自己每天的情绪状态,了解自己的情绪、想法。这些方法可以让我们定时觉察自己的情绪。如果能记录情绪产生的原因,就不仅能增强情绪的觉察能力,也能洞悉情绪与事件、想法之间的联系。

2. 分析情绪

生理发生疾病时会影响情绪。例如,中枢神经感染、缺氧、外伤、中毒、血管性疾病、肿瘤、营养代谢障碍等都容易引发情绪障碍。另外,人体内部的生物节奏也会影响人的情绪。有研究认为,人的体力、情绪和智力都呈现出一种周期性的盛衰节律,他们的周期分别是 23 天、28 天和 33 天。当这三者均处于高峰期时,人就处于身心最佳状态,精力充沛、生机勃勃、乐观豁达;当这三者均处于低谷期时,人的各种机能效率就会降低。体力与智力的不佳也会加强已有的情绪反应,当这三者处于临界状态时,则是一个不稳定的过渡期,情绪也容易波动。

遗传对情绪的影响主要表现在人的神经类型上。不同神经类型的人在情绪体验上存在很大的差异。巴甫洛夫根据神经类型的三个基本特征(兴奋和抑制过程的强度、灵活性和平衡性)把人的气质类型分为四个基本类型:不可遏制型、活泼型、安静型、弱型,这四个类型的人分别表现出不同的情绪特点。不可遏制型的人兴奋和抑制过程都很强,而且兴奋相对抑制过程要更强些,这种人的外向性格较为明显,好斗、脾气暴躁、精神负担重。活泼型的人神经活动的兴奋和抑制过程较为平稳,虽然易兴奋,但有很大的灵活性,在面临各种应激的时候具有很强的自我调节能力。安静型的人神经活动很难从一种状态转移到另一种状态,表现为平静、冷静,具有较强的忍耐力,能够宽容别人,有时也表现得有些压抑,但有很强的自我调节能力。弱型的人情绪压抑,情感脆弱,经不起挫折和打击,容易出现情绪异常。

认知因素通过归因来影响我们的情绪。大学生作为特殊的社会群体,自然存在许多特殊的问题,诸如对新的学习环境、学习任务的适应问题,理想与现实之间的冲突问题,人际关系与恋爱问题,升学或就业压力等。认知的偏差容易导致各种心理冲突和负面情绪。

环境对大学生的情绪波动也具有明显的作用,例如,各大高校扩招,就业市场竞争加剧,对人才的要求高、就业难的问题,增加了大学生的心理压力和焦虑程度。学校填鸭式的授课模式限制了大学生创造性思维的发展和人格的完善,也不利于其认知水平的提高和人格的成熟。除此之外,家庭经济状况和亲子关系等都会影响大学生的情绪与行为。

3. 处理情绪

我们必须学会缓和、转化自己过激或不稳定的情绪,让自己生活得更愉快。我们可以通过生理和心理的放松方法,使生理和心理两方面同时达到松弛效果,使人达到一个平静舒适的境界,这也有利于我们了解自己的真实情绪。我们在有消极情绪的时候也可以暂时先放下情绪,转而从事喜欢的活动,如体育运动、音乐、绘画、学习等,这可以转变情绪体验的性质,达到调控情绪的目的。

扫描学习

微课:《积极应对消极情绪》

二、运用情绪管理策略

现代情绪管理的研究揭示,情绪管理取决于两个方面:一是对主观体验的依赖性。许多研究者认为,情绪管理方法或技能的选择,依赖于个人所体验到的情绪。例如,对于愤怒和羞愧,解决问题是最好的情绪调节方法;对于悲伤,寻求支持是最好的情绪调节方法;而对于创伤,远离创伤源是最好的情绪调节方法。二是情绪管理对认知评价的依赖性。按照沙赫特-辛格理论,情绪源于个体对生理变化与刺激性质两方面的认知,有效管理情绪的一个必要前提是正确认识或评价相应的外界刺激。人们的很多情绪困扰是由缺乏情绪管理方法所引起的,因此我们有必要掌握一些行之有效的情绪管理方法,根据自己的情绪状态选择适合的、有效的策略。

1. 认知调整法

认知调整法是非常有效的情绪调节方法,该方法在心理治疗中的效果已经得到越来越多实证研究的支持。以抑郁症为例,该疗法的效果堪比抗抑郁药物,已经逐渐成为北欧国家和英美首选的治疗方法。

认知调整法的理论基础是理性情绪理论,它是由心理学家亚伯·埃利斯发展出来的心理理论。这一理论认为:人的认知分为两种,理性认知与非理性认知。理性认知是指人们对客观真实世界的正确认识;非理性认知是指人们对客观世界持有的不正确的想法与信念。认知是人在事物与情绪行为反应中间的重要变量,人的理性或非理性认知影响着情绪和行为。情绪并不完全是我们对环境状况的反应,同时还深受我们对环境的看法、解释、态度及信念的影响。

理性情绪理论强调用"认知"来管理情绪,用理论来改变我们对事实的解释并且了解我们受挫的原因,以此来增强情绪管理能力。理性情绪理论认为,情绪宣泄可能会使我们一时的感觉好一点。但从长期来看,情绪宣泄并不能使我们下次面临同样的情形时情绪有所改善,反而还可能产生负性情绪。所以,要从根本上管理好自己的情绪,我们就得反思自己的想法,与不合理的信念进行辩论,进而调整自己的不合理的信念使之变成合理的。辩论的步骤为:接受已产生的情绪,接受拥有这些情绪的自己,确定需要改变的认知并进行辩论,改变自己的认知并转换为合理的想法。我们的想法经过理性情绪理论分析和处理后,负面情绪的强度会大大降低。

举例来说,张同学的室友用粗鲁的态度对待他,他觉得室友不尊重自己,这让他很不高兴。他生气了,发了很大的脾气。张同学用理性情绪理论来分析:我不喜欢自己发脾气,如果可以的话那我宁愿自己不生气,但我又是一个免不了有情绪的人(接受已产生的情绪);虽然我生气了、发脾气了,但并不表示我是一个糟糕的人,只能说明我是一个平凡的人,只要我不十分介意自己发脾气,这对我不会有太大的影响(接受拥有这些情绪的自己);室友的态度确实不好,但他对其他室友也是这样,我希望室友改变态度但他也不一定会改变,用什么样的态度是室友自己的选择,他不一定会考虑我的感受或者他也不一定会意识到他的态度伤害了我,如果我坚持室友一定要尊重我,那也不一定能使室友改变,这样的坚持对我也不一定有帮助(确定需要改变的认知并进行辩论);室友不一定就是不尊重我,室友不会因为我生气就尊重我,我继续生气对自己一点好处都没有(改变自己的认知并转换为合理的想法)。理性情绪理论正是通过这样的步骤,逐步改变自己对情绪的认识,以达到对消极情绪的控制。

扫描学习

微课:《情绪 ABC 理论》

扫描学习

成长练习:《改变不合理的想法》

2. 注意转移法

注意转移法是我们大部分人在遇到一时无法消化的情绪时常用的方法,该方法是指将我们的注意力暂时从困扰我们的事件中转移,去从事一些让我们感到轻松快乐的事情。比如:吃点美食、看场电影、听首歌、刷个搞笑视频等。因为这类方法本身简单易操作,所以有着很高的使用率。有同学提出异议:"这不是逃避吗? 问题没有解决,我去吃东西/看电影/听歌/刷视频⋯⋯有什么用呢?"我们在这里解释一下这类方法背后的心理学原理,也许可以解答上述疑问。

我们之所以推荐使用注意转移法来调节情绪,主要有以下两方面原因:

(1)注意转移法有助于减少我们对负面情绪的"反刍"

什么是"反刍"? 反刍,原本指那些具有反刍胃的动物(比如牛)进食一段时间以后,还会将半消化的食物从反刍胃里返回嘴里再次咀嚼。心理学家用反刍来比喻我们对于经历过的某些事情或思维中的某些想法的反复思考。从某种意义上来说,人虽然没有反刍胃,但人也是一种"反刍"动物,因为人倾向于反刍那些消极的情绪和感受。

人在伤心难过时，往往容易陷入反复、不断深入的思考。比如失恋后，大脑会不停地思索，"为什么那个人不再爱我了?""我到底做错了什么?""为什么会变成这样?""为什么被甩的总是我?"……这种现象在心理学中被称为"反刍"。很多心理学研究发现：对负性事件的过度思考和纠结，即反刍，不但会加深痛苦，还会延长痛苦的时间。回到失恋的例子，对于在失恋后陷入反刍状态中无法自拔的人来说，即使感情本身不是很深，但只要反复纠结，失恋后的痛苦也会超过那些感情浓烈但分手后不纠结的人。在难过时，过度思考将导致更多负面记忆和想法，形成恶性循环。所以，越反刍往往越痛苦。

这个时候，即使只是十分钟的注意转移也非常有利于我们打破反刍的恶性循环。下次，当你发现自己又陷入反刍时，试着让脑袋里的所有想法先停下来，去做一些让自己放松和愉悦的事情吧!

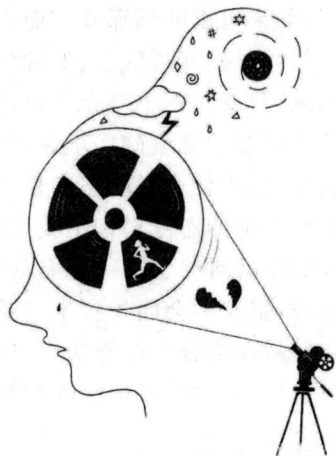

反刍思维

(2)注意转移法有助于增加我们的积极情绪，从而帮助我们更好地面对问题

注意转移法的关键是当面对情绪困扰时，先停下来去做一些让你能感受到轻松快乐的事情。在这个过程中，诸如愉悦、快乐、喜悦、平和、放松等积极情绪就被激发出来了。事实上，情绪心理学的很多研究都证实了这一现象：积极情绪有助于我们开拓视野、打开思路、增加创造性，从而提高我们的问题解决能力和挫折应对能力。这一现象被称为"积极情绪的拓展－建构理论"。因此，当我们在平时生活中，面对一时无法排遣的情绪，有意无意地先去做一些看似不相关但却能让我们开心起来的事情时，其实恰恰是一个积攒能量的过程，将积极情绪激发出来，十分有助于我们更好地去解决原先的问题。

【知识拓展】

积极情绪的拓展—建构理论

心理学家弗里德克森(Fredrickson)是研究积极情绪的专家，积极情绪的拓展—建构理论就是由她提出的。为了验证积极情绪的拓展—建构功能，她做过一系列的实验。

其中有一个实验是这样做的：她和另一位心理学家布兰妮根(Branigan,2001)选录了一些含有喜悦(joy)、满意(contentment)、害怕(fear)和愤怒(anger)等情感的视频，为了进行比较，还同时准备了一组不含任何情感镜头的视频，每组视频持续的时间约为15分钟。

当被试看完一组视频后，要求被试想象自己也正处在那样的情境中(被试可以回忆自己过去具有同样情绪的一些生活场景)，以此来确保被试也沉浸在相同的情绪体验中。然后让被试根据自己当时的想法，把"我想要_____"句子补充完整，共20条。

结果表明：在喜悦情绪状态下，被试平均列出14.4条；在满意情绪状态下，被试平均列出13.5条；在害怕情绪状态下，被试平均列出9.8条；在愤怒情绪状态下，被试平均列出8.5条；在没有任何积极或消极的情绪状态下，被试平均列出11.9条。

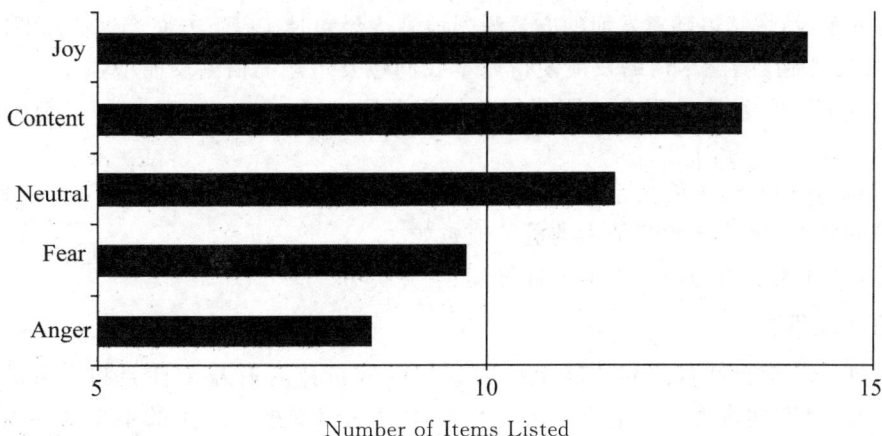

Number of Items Listed

　　这一实验结果说明：积极情绪能扩展个体即时的思维行动空间，而消极情绪则会缩小个体的思维行动空间。而且这一实验结果还表明，积极情绪和消极情绪本身的不同强度（即唤醒水平的高低）对个体思维行动空间的扩展或缩小程度也有着一定影响：积极情绪的强度越大，其扩展功能越大；同样，消极情绪的强度越大，其收缩功能也越大。

　　当然，注意转移法并不是鼓励大家借机逃避问题。通过为自己创造各种"小确幸"，我们跳出了"反刍"的恶性循环，也积累了积极情绪带给我们的拓展—建构力量。这个时候，请再试着回过来梳理、面对原本的问题吧，也许会有一片新的天空等我们去发现！

　　（资料来源：芭芭拉·弗里德克森，《积极情绪的力量》，中国人民大学出版社，2010）

3. 适度宣泄法

　　负性情绪会在体内积蓄能量，这些能量如果不能得到及时恰当的疏泄，长期积压在心头就会产生破坏力量。因此，学会及时地把负性能量宣泄出来是非常重要的。当你感到愤怒时，可以到空旷无人的地方大喊几声，或者像俄国作家屠格涅夫一样："在开口前把舌头在嘴里转上十圈，怒气也就减了一半"，或者进行运动锻炼，例如跑步和扔铅球。当你感到悲伤时，放声痛哭要比强忍泪水好。在亲人或挚友面前痛哭流涕，是一种真实情感的流露，可以得到对方的理解和支持，自己内心的痛苦也会减轻许多。其他能量宣泄的方法还有向人倾诉、书写日记、绘画唱歌、换个发型等。

　　值得注意的是，情绪的宣泄需要适度。研究发现，完全不受限制地立即释放情绪、尽情发泄情绪非但不利于情绪的平复，还会产生诸多副作用。以愤怒为例，当研究对象被要求尽可能激烈地表达自己的愤怒时，他们却在发泄之后变得更加易怒，一遇到挫折便会更快地用愤怒进行回应。尽情地表达愤怒似乎非但没有让他们平静下来，反而使他们习惯于愤怒，发怒的频率比原先更高，越来越频繁地以愤怒来回应眼前的沮丧情况，这一现象被称为"愤怒的自我补给功能"。

　　专家的研究结果同样不建议我们过于放任自己的眼泪。哭泣会让悲伤的感觉进一步加深，也会使心率变快、血压上升。然而，几乎每个人都经历过"嚎啕大哭"之后感觉变好的情况。这又如何解释呢？事实上，专家指出哭泣对于情绪的释放作用，在它吸引了另一位颇具善意的人前来表达同情和安慰之后才会发挥出来。若非如此，一个人独自哭泣陷入自怜自艾中，或哭泣时面对几位显得尴尬或不那么友善的人士，就很容易造成该个体在悲伤中越陷

越深。总的来说,情绪以随意发泄的方式激烈地表达会同时在以下方面产生负面的后果:

(1)影响心情:随意尽情的发泄使得原本我们想要平息的情绪反而增强;

(2)影响健康:发泄过程会加剧我们的生理反应,血压上升、心率加快,心血管系统承受巨大压力;

(3)影响我们与他人的关系:比如,若我们过于开放地表达喜悦,完全不顾及他人的感受和周围的状况,可能会激起他人的羡慕或嫉妒。

因此,在宣泄情绪的过程中请把握好度:

4.理性升华法

理性升华法指将情绪激起的能量投射到战胜挫折或者有益于社会和个人的活动中去,使其变得具有建设性和创造性。大学生应学习把因受挫而产生的不良情绪引向崇高的境界,将其强大的心理能量加以疏导,转移到学习、工作和生活中去。例如,著名大文豪歌德在失恋后,把失恋的情绪能量升华到文学写作中,写出了名著《少年维特之烦恼》;居里夫人在丈夫横遭车祸之后化悲痛为力量,用努力工作来克制自己的悲痛而完成了镭的提取。

5.环境调节法

环境对人的情绪调节能起到一定的作用。一个干净整洁、光线充足的房间,一个风景优美、空气清新的地方,会让人感到舒服、愉快。大学生在有消极情绪的状态下不妨到外面走走,呼吸一下新鲜的空气,欣赏美丽的校园景色,或者做一次短途旅行,让紧张压抑的心情松弛一下。大自然的广阔可能会让你感到自身的渺小,烦恼也变得微不足道了。也可以试着变换一下床单或服装的颜色,买一两盆绿色的植物,养几条可爱的小鱼,这些小小的改变或许也可改变你的心情。

6.身心放松法

当我们的身体处于一种完全放松的状态,即肌肉松弛、呼吸均匀而缓慢时,我们的心理或精神也能相应地达到自然放松。同样的,当我们的心理很放松时,身体也会产生松弛的现象。当我们的心理平静下来,我们就可以进一步客观地体验、分析我们的情绪和想法了。身体放松的方法很多,生理放松方法如呼吸调整、笑的体验、肌肉放松等;心理放松方法如想象放松、音乐放松等。

扫描学习

微课:《情绪调节方法》

【成长练习】

笑的体验

请你在安静舒适的环境里，静心来做这样一个练习：

笔直坐在椅子上，两腿分开与臀部同宽。双脚平放在地上，双手舒服地放在大腿上。闭上双眼，正常地呼吸。

放松面部所有的肌肉，想象自己在一个非常舒适的地方，看到自己的微笑从面部露出来，并感觉那种微笑的力量，感觉它放松了你面部所有的皮肤，感觉它进入了你的面部肌肉，放松、温暖着你的整个面部。

让微笑滑进你的嘴里，轻轻抬起你的嘴角；继续微笑，携带卷起的能量进入你的腭，放松；让微笑下行，进入你的脖颈和喉咙，感觉微笑融化了那里的任何紧张。

让微笑进入你的左侧心脏，对心脏微笑并感谢它从事不间断的重要工作——输送血液到你的全身，让微笑的能量充满快乐的心房。

让微笑进入肺部，感谢它不断地为你供应氧气，当你呼吸空气进入肺部时，感觉它充满了善良和勇气。

现在微笑进入了你的肝脏和肾，感谢它们帮助消化、清洁血液，你能感觉到自己排除了任何可能出现的愤怒和恐惧。

微笑开始进入胃部，感谢它消化你吃进去的食物，并继续送微笑进入肠部，感谢它从食物中吸收营养送入你的身体。

现在，微笑正一步一步走进你的臀部和大腿，并感觉到你微笑、温暖的能量放松了那里所有的肌肉。此时，微笑已经扩展到了你的小腿和脚。

啊，多么美妙的感觉，你的整个身体都沉浸在爱和感激中……

（资料来源：约翰·桑特洛克，《心理调适》，高等教育出版社，2008）

让自己开心，请多多微笑

三、提升情绪智力

古希腊哲学家亚里士多德有一个保持人际关系顺畅的秘诀："你如果要发怒，就必须选择正确的对象，把握正确的程度，确定正确的时间，为了正确的目的，并通过正确的方式。"心理学家彼得·塞维尔和约翰·梅耶把这种自我控制的能力称为情绪智力（emotional intelligence）。情绪智力也被俗称为"情商"，在一些通俗读物中，也常常用"情商"来代替情绪智力的概念。情绪智力是一种综合能力，包含有移情、自我控制和自我意识。这些能力能让我们更灵活、适应性更强，且情感上更为成熟。美国心理学家丹尼尔·戈尔曼出版了《情绪智力》一书，情绪智力因此得到了普遍的关注。戈尔曼认为情绪智力包括五个方面的内容：①觉察自己情绪状况的能力；②控制自己情绪的能力；③情绪低潮时能自我激励的能力;④理解别人情绪的能力;⑤与别人建立并维持深厚感情的能力。戈尔曼认为:在人们取得的成绩中,只有 20％可以归结为智商,80％受其他因素的影响,而情绪智力在其中可以起到重要作用。

扫描学习

视频:《什么是情商》

有哪些特别的能力组成了情绪智力? 具体来说,情绪智力包含以下五种能力。

1. 认识自己情绪的能力

情绪智力高的人能够知道自己的感受,例如,他们很快能意识到自己在生气、嫉妒或感到内疚、抑郁等。很多有着糟糕情绪的人无法理解为什么他们会这么不舒服,而那些有着高自我意识的人能够对自己的感受很敏感。

2. 调控自己情绪的能力

善于调整自己情绪的人,可以通过多种途径有效摆脱焦虑、沮丧、愤怒、烦恼等情绪困扰,使自己不陷入情绪低潮中。例如,当你生气时你知道如何冷静下来,并知道如何让他人冷静下来。情绪智力高的人能够根据环境控制自己的情绪。

3. 认知他人情绪的能力

认知他人情绪的能力即有共情的能力,是指能够设身处地体验他人的情绪处理;能够敏锐地感受到他人的需要和期望;能够体会到他人的情感,并且能够保持理性,客观地理解、分析他人的情感。他们善于"读懂"面部表情、声音语调和其他情绪特征。

4. 使用情绪的能力

情绪智力还包括运用情绪促进个人成长和改善与他人的关系,例如,你会知道帮助别人能给你带来快乐。同样,当好运来临,情绪智力高的人懂得与他人分享。总体来说,这么做能增强人际关系并增进情绪健康。

5. 自我激励能力

自我激励能力指能将精力专注于某项目标上,为达到目标而调动、指挥情绪的能力。任何方面的成功都必须有情绪的自我控制——延迟满足、控制冲动、统揽全局。拥有这种能力的人能够集中注意力、自我把握、发挥创造力、积极热情地投入工作。

【自我测试】

你的情绪智力有多高?

通过回答下列问题,你可以对自己的情绪智力有一定的了解。请根据自身情况为每一题打分,从 1 分(最不符合我的情况)到 5 分(最符合我的情况):

	1	2	3	4	5
情绪的自我认知					
1.我善于识别自己的情绪。					
2.我善于理解自己产生各种感觉的原因。	—	—	—	—	—
3.我善于将自己的感受从行为中分离出来。	—	—	—	—	—
管理情绪	—	—	—	—	—
4.我善于承受挫折。					
5.我善于控制自己的脾气。	—	—	—	—	—
6.我对自己的感觉是积极的。	—	—	—	—	—
7.我很善于应对压力。	—	—	—	—	—
8.我的情绪不会影响到我集中精力达到目标的能力。	—	—	—	—	—
9.我有很好的自控能力且不易冲动。	—	—	—	—	—
了解他人的情绪	—	—	—	—	—
10.我善于接受他人的观点(例如同学和家长)。					
11.我能理解和感觉到他人的感受。	—	—	—	—	—
12.我很善于倾听别人的讲话。	—	—	—	—	—
处理人际关系	—	—	—	—	—
13.我很善于分析和理解人际关系。					
14.我很善于解决人际关系中的难题。	—	—	—	—	—
15.我在人际关系方面是有主见的。	—	—	—	—	—
16.我有一个或多个亲密朋友。	—	—	—	—	—
17.我很善于分享和合作。	—	—	—	—	—

评分与解释：

将所有题目的得分加起来，就得到了你的情绪智力总分。

如果你的情绪智力总分为 75～85，那么也许你有高的情绪智力，这样的人能准确把握情绪，能有效管理情绪，知道如何理解别人的情绪，并能处理好人际关系。

如果你的情绪智力总分为 65～74，那么你可能有比较高的情绪智力，但你还有很多地方需要提高，查看一下你选了"3"或"3"以下的题目，看看还有哪些方面需要去改进。

如果你的总分为 45～64，那么你的情绪智力可能只处于平均水平，仔细考虑一下你的感情生活，检查你的情绪弱点并努力改进它们。

如果你的得分低于 45，那么你的情绪智力可能低于平均水平，检查一下有助于提高你情绪智力的资源。

第四节　掌握压力的管理策略

加拿大生理学家汉斯·塞利说："只有死人才没有压力。"压力是我们在日常生活中都要面对的问题。你的身体和头脑一直在经受着不同程度的压力，需要不断进行调整才能适应社会生存的需要。积极的压力既可以帮助我们对紧急状态做出迅速反应,也可以帮助我们在重要情境中表现出色,更可以帮助我们突破极限实现自我成长。然而事实上,压力在通常情况下是具有负面意义的,是一种令人感到不适或不快的感觉。我们将周围环境中能够引发压力的事件称为应激源(stressor),例如亲人的离世、考试的失败。人们对这些事件的反应被称为应激反应,例如焦虑、紧张或抑郁。所以,我们可以将压力(stress)定义为,当应激源引发应激反应时,个体生理和心理的一般状态。那么,压力的表现有哪些? 我们又该如何管理好我们的压力呢?

一、压力反应有哪些

1994 年哈佛大学心理学家沃尔特·坎农首次提出"战或逃反应"(Fight-or-flight response)来描述面对威胁时身体生理唤醒的动力性。坎农在一系列的动物实验中发现,身体面对压力的立即反应有两种模式:要么攻击以保护自己,要么逃走以躲避危险。他观察到的这一面对压力的身体反应,现在被统称为压力反应。战斗反应通常是由愤怒或侵犯引发的,通常在保护自己的势力范围或者攻击比自己弱小的侵犯者时出现。逃跑反应是由恐惧引发的,在很多情况下,不仅仅指逃之夭夭,还包括藏起来或退缩反应(在创伤后产生压力障碍的案例中常常可以看到,在巨大的威胁下人们愣在那里、呆若木鸡)。事实上,人们的身体会在同一时间为这两种反应做好准备。从进化的角度来讲,这一机制十分有利于生存。那么,面对压力我们的机体反应机制是什么呢?

【心理百科】

一般适应性综合征

汉斯·塞利报告了实验动物对一些伤害事件,如暴露于持续光照、特大噪声、反复被淹等危险的压力源之下,机体出现一系列复杂的生理反应,来适应这些外部环境变化的要求。压力源带来的反应被塞利称为一般适应综合征(GAS)。它包括三个阶段:警戒阶段、抵抗阶段和衰竭阶段。

警戒阶段是指一旦接触到压力源,我们就会调动能量来面对压力源的需要,并在身体上表现出肌肉紧张、心跳加快、血压上升、呼吸急促、一身冷汗等一系列特定变化,这表明我们的身体已经为立刻行动(自卫或者夺路而逃)做好了准备。如果压力源继续下去,身体就会进入抵抗期。

在抵抗阶段,身体的器官和腺体会产生各种激素、盐分、糖分来给予抵抗压力源所需要的能量,并试图恢复身体的平静状态。但由于知觉到的威胁依然存在,因此没办法达到完全的体内平衡。相反,由于身体持续激活,新陈代谢逐渐加快,一些器官慢慢地无法负荷,继而进入下面一个阶段。

头皮：头皮绷紧，使得毛发竖立起来

瞳孔：放大以便于收集光线

耳：听觉更加敏锐

心：心率加快，心输出量增加

血管：血压升高，凝血时间缩短

肺：呼吸频率加快

肝：肝糖原转化为葡萄糖，便于供能

汗腺：排汗增加，便于散热、保持体温

手和足：四肢末端冰冷，血液回流至重要器官

大脑-中心：杏仁核激活，触发应激情绪反应如恐惧、愤怒

前部：额叶皮质受抑制（短期记忆和理性思维受抑制）有助于快速反应

嘴：唾液分泌减少，因为液体都在尽量向重要部位转移

胃肠：蠕动减慢甚至停止

肾上腺：分泌增加，产生应激反应

大肌肉：肌张力增加，因此力量和速度增加但协调性下降

压力带来的机体反应

衰竭阶段是指当一个或多个器官承受不了过快的新陈代谢的压力，无法正常工作时就会衰竭，继而引起器官坏死甚至机体死亡。例如，肌肉紧张会引起头痛，消化中断会导致消化失调，血压上升会变成慢性高血压。

1. 压力的生理反应

为了更好地理解压力给我们生理所带来的影响，请先回顾一下"解析情绪方程式"这一章的内容，因为有关情绪这一章的许多知识是我们理解压力的基础。

压力常常是诱导疾病并使其恶化的重要因素。常见的和压力相关的身心疾病通常有肌肉系统疾病、消化系统疾病、免疫系统疾病、心血管疾病、内分泌系统疾病。例如，眼部、前额、颈部和下颌的肌肉长期紧张，会导致紧张状态的头痛，使人感到痛苦不堪；长期的压力可以破坏消化和排泄过程，会导致腹泻、便秘、胃溃疡、食道和结肠痉挛等消化系统疾病；压力对于免疫系统也有影响。有研究表明，压力所产生的反应会影响带有炎症的疾病（如风湿性关节炎）；心率和血压的升高是身体由于需求增加而做出的反应，如果长时期地处于一种高压状态，就会形成心血管疾病发病的危险因素；慢性压力会导致性功能紊乱，对于女性还会造成经前期综合征。

综上所述，我们的压力状况直接关系到自己的生理健康程度。你的生理应激反应通常是自动的、可预期的、无法用意识加以控制的内置反应。然而许多心理反应却是后天习得的，它们依赖于个体对世界的知觉和解释。

2. 压力的心理反应

在心理方面，无论是急性、创伤性的伤害还是慢性的、低水平的困扰都可能成为各种各样心理疾病的致病因素。急性、创伤性的伤害可以导致急性压力综合征，这时的主要症状是典型性焦虑情绪快速发展，麻木或者情感冷漠、头晕、没有真实感、没有知觉、对创伤性事件的健忘等其他症状也会在经历极端的创伤后的一个月内发作，如果不能及时处理就会发展成为创伤后应激障碍。由于压力对于生物完整性和自我安全性的影响，恐慌、多疑、内疚和焦虑可能会结伴而来，导致轻度和重度的焦虑症，广泛性焦虑症患者会感到易怒、紧张并且出现注意力分散和注意范围缩小的情况；不能适应环境的状态，严重的话还会导致人的惊恐发作。各种产生压力的生活事件或者不能适应特殊环境的害怕会导致恐怖症,这时当特定的事物和情景出现时,患者会有虚弱、疲劳、恶心、战栗、心悸和恐慌等病态性的恐惧反应。压力对于人情绪状态的干扰,还会导致抑郁症、躁郁症等较为严重的精神障碍。还有一些人因为不能很好地应对现代生活的压力,甚至会消极地把自杀看作解决问题的唯一出路。据相关统计,青少年中20%的自杀事件都与过度的压力有关。

【自我测试】

测一测你现在的压力状况

适度的压力可以增强生活与学习的动力,过度的压力则会导致许多身心疾病,下面来测一测你现在的压力状况。

过去三个月的经历:

0=从来没有　　　1=偶尔　　　2=有时　　　3=经常　　　4=几乎总是

1. 对学习或工作没有热情。 （　　）
2. 即使睡眠充足,也感到劳累。 （　　）
3. 在学习或者工作中履行职责时感到沮丧。 （　　）
4. 遇到小的困难时,情绪低落,不理智或没耐心。 （　　）
5. 我需要更多的时间和精力去应对工作。 （　　）
6. 对学习或者工作感到悲观、无助或者沮丧。 （　　）
7. 做决定的能力比以前低。 （　　）
8. 我认为我的学习或工作效率不应该这么低。 （　　）
9. 学习或工作质量达不到期望值。 （　　）
10. 我感到身体、情感和精神上都很虚弱。 （　　）
11. 抵抗疾病的能力下降了。 （　　）
12. 对性爱的兴趣降低了。 （　　）
13. 饮食有改变。 （　　）
14. 感觉对别人的问题和需要很无情。 （　　）
15. 和同学、朋友、家人的关系似乎更紧张了。 （　　）
16. 健忘。 （　　）
17. 很难集中精力。 （　　）
18. 容易心烦。 （　　）
19. 有不满意、做错事或者丢了什么的感觉。 （　　）
20. 缺乏长远目标。 （　　）

评分与解释:

分数为0～25:处理学习或工作压力的能力很强;

分数为26～40:正在承受学习或者工作压力,适当的预防是较为明智的;

分数为41～55:学习或者工作压力很大,需要采取措施;

分数为56～80:正在走向崩溃,必须马上采取措施。

二、学会释放你的压力

1. 心理应对策略

心理学家提出了两种应对策略的分类方法,一种是将应对策略分为问题导向的应对方式和情绪导向的应对方式;另一种是将应对策略分成三类:积极认知策略、积极行为策略和逃避式策略。

(1)问题导向与情绪导向的应对方式

问题导向的应对方式是直接面对问题,并努力解决它们的一种应对策略。例如,你在某门功课上存在问题,你就可能去请教任课老师,还可能看更多的参考书、做更多的练习来巩固和掌握课堂所学的知识。这么做就意味着你直面问题,并且对此试图做出努力。

情绪导向的应对方式是以情绪方式来应对压力,尤其是使用防御机制的反应方式。情绪导向法包括逃避问题,否认事实,对发生的事情寻求合理解释,用笑来摆脱或者求助于信仰来支持信念。如果你使用情绪导向应对法,那么对于你认为比较难的课程,你也许会说,那门课程并不重要,否认你在这门课上的问题,和朋友们对此开玩笑,或者祈祷自己能做得好点儿。尽管这些并不是应对问题的必要的好方法,但有些时候,情绪导向的应对方式是适用的。例如,当面临无法改变的现实时,否认就是一种用来处理汹涌情绪的保护性机制。否认机制可以通过推迟你必须应对压力的时间来抵挡破坏性的冲击。而在另外一些情况下,情绪导向的应对方式就不适用了。例如,当你的交往对象变了心的时候,否认他已经不再爱你的现实就会让你的生活停滞不前。有许多人将这两种方法一起使用,成功地应对了高压力的环境。但是经过长期研究发现,问题导向的应对方式通常比情绪导向的应对方式更为有效。

最近,"重新赋予意义应对法"也引发了研究人员的兴趣。当压力极大时,将紧张性刺激整合为你对世界和自身信仰的一部分,是解决问题的关键。肯定的评价就是使用这种方式的一个实例,即以一种能确定个人价值、信仰和理想的方式重新解释一个事情。这种确认转而让你的注意力集中到你所在乎的、能产生积极情绪和便于解决的事情上来。例如,有人认为一门课程的考试失败恰巧给了他一个警示,使他重新审视自己的学习态度和学习方法,他把这次失败看成一个契机,不仅能正视这次失败,还能为今后找到正确的方向。

(2)积极的应对策略

①积极认知策略:采用积极认知策略的个体会对现状积极进行思考并努力使调节更有效。例如,如果你面临与男朋友或女朋友分手的问题,那么你处理问题的方法是分析为什么从长远来看你离开他或她对你更好。也许你会分析为何你们之间会关系紧张,并且运用这些分析来帮助你积累恋爱经验。

②积极行为策略:这是指个体采取一些行动来改善他们的处境的策略。我们继续以上面的恋爱难题为例,当事人可能会去咨询中心,在那里他们可能会受到提高约会技巧的培训。我们当中有许多人会同时面临不止一种压力。当多个紧张性刺激同时发生时,就会产生复合性的影响。最有价值的一种积极行为策略就是尽量去除至少一种压力。例如,一个大学生可能承受着沉重的课业负担、经济困难以及和身边人的关系紧张的三重压

力,这时去除其中一项压力如放弃一门课程,使课业负担达到正常水平,就很可能使面临这三重困难的学生的状况改善很多。

③逃避策略:这是指回避所面临的压力处境的一种反应。如果在恋爱问题上采用逃避策略,你就会既不考虑解决恋爱问题的更好的办法,也不采取任何行动。但逃避策略不利于调适。

♥【心理百科】

应对压力的策略小贴士

积极认知策略:

(1)祈祷获得指引或力量。

(2)做最坏的准备。

(3)努力去看事物积极的一面。

(4)考虑多种解决问题的方法。

(5)利用过去的经验。

(6)总有一天要处理这些事情。

(7)尝试从困境中退出来,并更加客观地看待它。

(8)在头脑中反复思考所面对的压力,从而努力理解它。

(9)对自己讲一些能让自己感觉好的事情。

(10)告诉自己事情下一次就会变好。

(11)接受现实,什么都不做。

积极的行为策略:

(1)努力找出有关情况的更多信息。

(2)与爱人或者其他亲人讨论这个问题。

(3)与朋友讨论这个问题。

(4)与专业人士探讨(例如咨询师)。

(5)使自己忙碌于其他事情从而分散注意力。

(6)做出行动计划并实施。

(7)不草率或跟着感觉行事。

(8)暂时不理会那些困难的事。

(9)了解什么是必须做的事情,而且更加努力让事情做得更好。

(10)不管怎样,先让感情宣泄出来。

(11)从相同经历的人或者群体那里寻求帮助。

(12)谈判或妥协以从中获得有利的东西。

(13)多多练习。

逃避的策略:

(1)当我生气或沮丧的时候,就发泄到别人身上。

(2)我的感受只留给自己。

(3)不肯接受现实。

（4）多喝酒来减轻压力。

（5）多吃食物来减轻压力。

（6）多抽烟来减轻压力。

（7）多吃镇静药来减轻压力。

（3）乐观的思维方式

积极地思考并避免消极的想法，几乎是任何条件下设法处理压力的好策略。为什么呢？积极的情绪能够提高我们处理信息的能力并增强我们的自尊心。乐观的人在生活中所遭受的挫折并不比悲观的人少，但是乐观的人能更好地应对生活中的困难。总体而言，乐观的人与悲观的人相比更不易得病，能够从疾病中更快地恢复过来，而且更加健康长寿。塞利格曼所进行的一系列研究显示，乐观的思维方式具有三大特点：

①乐观的思维方式会将不愉快的经历归因为具体的原因，而不是盲目地扩大归因范围。例如，"我除了头痛以外，其他一切都好。"

②乐观的思维方式倾向于将问题归因为外部原因，而不是内部原因。例如，"我很可能是因为长时间阅读而感到头疼的，我会记得以后每半个小时就休息活动一下。"

③乐观的思维方式会假设导致痛苦和疾病的原因只是暂时的。例如，"我很长时间都没有经常性头疼了，所以过不久我肯定会感觉好些的。"

乐观看待人生

塞利格曼相信乐观的思维方式是可以学习的。他认为，做到这点的一个办法就是在感到沮丧和无助的时候对自己进行积极的劝导，积极的自我对话应该聚焦在个人挫折的意义和原因之上。例如，如果一个正在控制饮食的人多吃了一块甜点，那么他就不应该这么想："反正我已经破了戒，那干脆就把整个蛋糕都吃了吧！"他应该这么想："好吧，我已经享受了美味，但我一定能够在大多数时候做到控制自己的饮食。"塞利格曼认为，本质上乐观是通过培养建设性的思维方式、自我评估及行为规划而习得的。

扫描学习

微电影：《过去的现在》

2. 生理应对策略

现代数字世界中的人，在电脑旁日复一日地度过不需要大量体力付出的生活，这对于身心健康是不利的。接下来让我们来看一看有哪些生理方法可以作为健康缓冲器来应对不良压力。

（1）有氧锻炼

经常锻炼身体对你的健康肯定是有好处的。锻炼不仅能够让你的肌肉变得更加结实，能够消除体内多余的脂肪，而且还能够帮助你放松，更好地与他人进行交往。此外，锻炼还能减少压力，或许还能延长你的寿命。

经常锻炼不仅对生理健康有好处，而且对心理健康也大有益处。一则有关抑郁症患者的研究发现，进行锻炼的一组被试与另一组只服用抗抑郁药物的被试比较，两者抑郁症减轻的程度虽然差不多，但前一组能让症状减轻持续更长的时间。另一项研究发现，有规律的有氧健身项目能够让轻度抑郁女大学生的情绪状况得到明显改善。其他的研究也说明，为期 20 周的健身课程能够让久坐的女性有效降低焦虑水平。

爱上跑步，爱上自己，爱上生活

（2）坚持锻炼的窍门

虽然锻炼有这么多的好处，但是能够坚持锻炼的人比例却不高。人们总是很难维持锻炼身体的热情，但可以学会将锻炼变为生活的一部分。关于如何开始并坚持一项锻炼计划的窍门，以下几点建议可供你参考：

①找到你所喜欢的锻炼项目。兴趣是坚持锻炼的最大精神支柱，寻找一种适合你的锻炼形式，保证每周至少进行三次、每次至少 20 分钟的锻炼。

②制订一周的计划。例如，在星期天晚上睡觉前，把你对下周的打算写下来。

③学会心平气和、循序渐进和耐心。增进健康并不意味着痛苦。例如，从散步开始，而不是跑步。像这样逐渐地增加锻炼量，会将气馁、疲劳和伤病的可能性最小化。

④如果有帮助的话，就同朋友或小组一起锻炼，同伴关系可以增加快乐。当然，你喜欢独处也很好。

⑤当你不想做时，坚持做下去。很多时候，你感觉疲惫更多的是心理上的而不是生理上的。这时你可以开始跳舞、游泳或骑自行车，锻炼后你会重新感到精神焕发。

⑥现在就行动。任何方式的锻炼都比不锻炼好。但就压力控制而言，最有效的活动类型是有氧锻炼，意思是"活动时充分地吸入氧气"。一些我们平时最常见的活动，如跑步、快走、游泳、跳绳、骑自行车、有氧健身操甚至爬楼梯都是有氧锻炼的形式。听起来这些方法都很平常，尝试一次似乎也不难，但只有坚持才能真正获益。

扫描学习

自我测试:《你的锻炼剖析》

3. 饮食与营养

除了有氧锻炼外,健康的饮食习惯与良好的营养搭配也是一种健康缓冲器。关于应对生活诸多压力最基本的常识,应该是吸收足够的能量来满足压力的需要。

(1)营养与压力

现代生活中,无规律的饮食习惯是营养方面存在的主要问题。一些人终日疲惫不堪,这种感觉有时是由不吃饭、吃快餐或在日常生活压力下的食欲缺乏所导致的。个体所需要的热量是根据其体型和活动而变化的。当热量摄入过度时,自然会导致体重增加。肥胖不仅会增加患心血管病的概率,还会损伤自尊心。过量的胆固醇会增加患心脏病的风险,并且会导致极度的恐惧、焦虑、无力感和悲伤。吃糖上瘾的人会随着血糖高低的交替变化而带来情绪的上下波动。维生素和矿物质的摄入量不足会导致精力不足、易怒、失眠和焦虑。酗酒导致的过量酒精摄入会带来很多危险:对肝脏和大脑的危害、危险驾驶、酒精成瘾、营养不良、情绪依赖和判断力受损。上述这些都是营养与压力相关的例证。

(2)平衡的膳食

要保证营养,平衡的膳食是唯一的途径。尽管电视或网络广告充斥着各种减肥产品,但也有众多节目指导你如何获取合理的饮食。幸运的是,有太多美味的东西可供你选择,如果摄入合理就都对你的健康有利。平衡的膳食包括多种食物,如谷物、米饭、蔬菜、水果、牛奶、肉、禽、鱼、干豆、鸡蛋、坚果等。但如果对某些食品吃得过多或过少,或者摄入营养物的量不适当,那么将会造成机体营养不良。下面的几点建议有助于减少人体对压力的唤醒水平,并促进人体机能到达最佳状态。

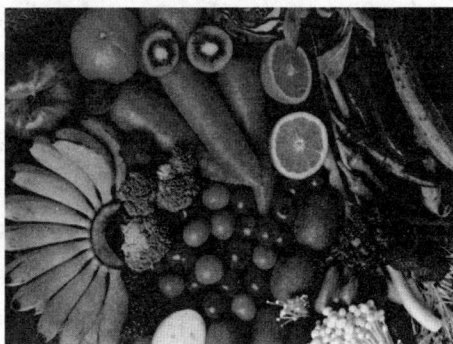

最好的维生素资源是未加工的食物。那些缺乏必要营养物质的人可以服用维生素补充品,但不可以完全依赖或把它们当饭来食用

①饮食要平衡。在你每日的饮食中要有合理的蛋白质、脂肪和碳水化合物的比例。

②避免或减少咖啡因及糖的摄入。过度摄入咖啡因,在短期内会引起头痛、兴奋易怒、紧张、失眠和肠胃不适等症状。

③饮食中要含有足量的维生素和矿物质以抵抗压力。平衡的饮食应该包含丰富且新鲜的食物,并配有一定量的维生素补充品。

④选择含盐量比较少的食物。

⑤早餐要吃好而且进餐时间要安排得均匀。碳水化合物是给人提供能量的主要物质,而碳水化合物经常是早餐的组成成分:面包、谷类食物以及水果。如果不吃早餐,得不到碳水化合物提供的能量补给,就会产生注意力范围狭窄、易疲劳以及消沉等症状。一个新的理论认为,为了人体更好地代谢,人们每天应该吃六顿小餐而不是三顿大餐。不管数量是多少,进食时间应该均匀地间隔开,不规则的饮食会妨碍人体自身的节律。

如果你能根据自己的体型和活动的消耗来选择食物,那么你也不难做到在享受美味的同时保持健康。

食物的心理效应

很多人吃东西并不是为了填饱肚子，而是为了减轻焦虑、沮丧以及厌倦等消极情绪，以此慰藉我们的情感，填补我们的空虚。所以，吃东西经常是用来安抚我们情绪和心灵的一种方式，人类从婴儿喂乳头或奶嘴开始就已经习得了这种方式，就像很多成人为了控制情绪会不断地吃东西以填满自己的嘴。那些过度肥胖的人也许背后隐藏着一些严重的情绪问题。同样，像厌食和贪食这样的饮食障碍也并不是表面上的营养失调问题，而很可能是情绪问题的征兆。大多数人在感到沮丧或是孤独的时候会吃东西，特别是在身边没有其他朋友陪伴的时候，食物就充当了"朋友"的角色。虽然食物可以让人愉悦，但当偶然的欲望变成一种习惯，这种行为就会变成自我破坏，还很有可能导致饮食障碍。

贪食、厌食和暴食就是最典型的饮食障碍。我们的社会存在着对外表形象和体重过分关注的现象，在许多年轻人中，尤其是在女性中，这种关注已经变成了一种不良压力，它经常会导致神经性厌食和神经性贪食的饮食紊乱。神经性厌食症患者限制食物的摄入量，经常让自己饿着。厌食症患者有体相障碍，他们特别关注自己的体重，即使自己不胖也总觉得自己臃肿，不断想要把自己饿到苗条为止。厌食症患者除了体重急剧下降，还会有其他的症状，如失眠、强迫、没有欲望、完美主义、内向以及经常性的情绪压抑。厌食症在青春期的女孩中很普遍，且患上厌食症一般是因为情绪不稳定或来自具有肥胖史的家庭。神经性贪食症经常表现为贪食的形式，伴随着自发的呕吐行为，并用泻药或利尿剂来防止体重增加。剧烈的锻炼和扭曲的身体形象常伴随着贪食症。

对饮食紊乱的治疗需要多学科人员共同关注，包括医生、咨询师、营养专家和支持团队。患者有改变的意愿是取得成功的关键。在他人帮助下，学会管理紧张、焦虑、厌烦或抑郁可能对饮食紊乱会有所帮助。

4. 放松技术

如果你正处于慢性压力之中，那么你应该学习如何诱导放松反应。放松技术需要经常练习才能达到熟练。无论你选择何种放松技巧，也可能是多种技巧的组合，都必须要每天进行 20 分钟的练习，不仅会让你的生理状态恢复平静，也会帮助你的心理状态镇定平和。

（1）横膈膜呼吸法

在正常休息时，人类呼吸的平均频率大概是每分钟 14～16 次。在唤起状态下，呼吸急促而简短，并伴有明显的胸腔收缩。在剧烈运动时，呼吸加快到每分钟 60 次，以满足人体需氧量的激增。在放松状态下，机体新陈代谢显著下降，才可能产生缓慢而深长的呼吸循环。由此可见，呼吸训练可以帮助我们达到放松状态。横膈膜呼吸法是最简单的放松训练，是指有意识控制的

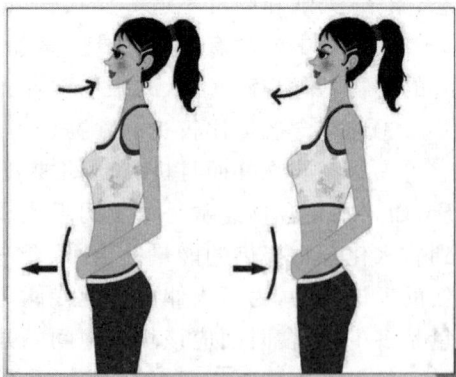

横膈膜呼吸法

深度呼吸。普通深呼吸强调胸腔的扩张，而横膈膜呼吸包括腹部的运动。横膈膜呼吸通常还与其他技术相融合起到放松作用，例如心理意向和渐进式肌肉放松等。

横膈膜呼吸的步骤：

①采取一种舒适的姿势：练习横膈膜呼吸最好采取舒适的姿势，或坐或躺，闭上双眼。第一次练习时，最好把手放在腹部，感觉每次呼吸时腹部的起伏。一旦掌握熟练，在排队、等人时或其他间隙就都可以实施。咨询师或治疗师建议，在练习横膈膜呼吸的同时，可以将呼吸和心理意向结合，想象疼痛和不适被"呼"出体外。

②集中注意力：练习横膈膜呼吸时，需要集中注意力。外界噪声和内部思维很容易打断注意力，所以你最好找一个安静舒适的环境训练。刚开始学习这些放松技巧时要全神贯注，但你会发现自己经常会走神。你一旦察觉到杂念，就要努力学会摒弃它们，重新把注意力放在呼吸上，让它们随呼气排出体外。

横膈膜呼吸有意识地引导注意力集中在基本的生理功能上，并关闭了控制呼吸的正常功能。进入更深层次意识状态的途径之一，是让精神随着气流进入身体，到达下肺叶然后再返回。每次呼吸包括四个独特的阶段：a. 吸气，通过鼻子或嘴巴将空气从肺部吸入，感受腹部的隆起；b. 呼气之前暂停；c. 呼气，通过鼻子或嘴巴将空气从肺部释放，感受腹部的收缩；d. 在下一个呼吸循环开始之前的暂停。请记住在每个阶段都不要憋气，学着控制呼吸循环的各个步骤。

你可以想象任何一个让你舒适的场景

③呼吸云技术：在练习横膈膜呼吸的同时，想象你吸入肺部的是新鲜干净并充满能量的空气，这些空气能清洁和治愈我们的身体和心理。当你呼气的时候，想象离开身体的空气是污浊的——浊气象征着你体内的压力、疲劳和毒素。随着压力和紧张的排出，身体变得越来越放松，呼气的颜色从灰色逐渐变白，象征着身体变得洁净轻松。

（2）心理意象

试着闭上眼睛去想象，脸上感到温暖的阳光，耳边响起海浪的声音，脚底踩着金黄的沙子，此时的你体会到完全的放松。想象力具有十分强大的力量，想象力可以征服内心的压力。如果以积极方法使用心理想象，就会使身体和心理恢复和谐与平静。

心理意象可以分为三种类型：

①安静的自然场景：想象自己置身于一个平和而放松的场景之中，如海滩、山峦或森林。在日出或日落时，遥望宽广的海平线；或者仰望深蓝色的天空，璀璨星辰触手可及；或者在蜿蜒曲折的山峦中沉思，所有的问题都变得渺小了，更何况是压力呢。当然，这并不会使问题真正地消失，而是使其缩减到能够容忍的范围，最终可以让它们得到管理和解决。

②行为变化：很多心理学家坚信，改变消极习惯的关键是改变行为。心理意象所做的是增强积极行为，如可以使用心理意象技术克服恐惧。例如，假设你害怕在公共场合演讲，而很快你就要面对 300 人发表演讲。你可以想象，你站在讲台上，底下空无一人，然后

试着练习演讲（进行想象时注意结合横膈膜呼吸法）。经过几次练习之后，开始想象你面对亲密的朋友进行演讲，这些观众也非常欢迎你的演讲。重复几次想象并感到舒服后，继续想象你可以成功地面对100人演讲并受到极大的欢迎。通过这样的训练，心理意象就会使压力反应减少。

③内部的身体意象：心理意象的第三个类型是通过意象关注身体的某个部位（损伤的或病变的），从而导致身体生理功能的直接变化。如果与压力有关的思想能够导致生理疾病的话，那么是否能用心理修补身体呢？等到有研究者对癌症病人教授包括心理意象在内的放松技术时，这种类型的心理意象技术才开始进入医学领域。这种技术要求病人想象免疫系统的白细胞正与癌变细胞战斗。通过这种心理意象，很多病人感

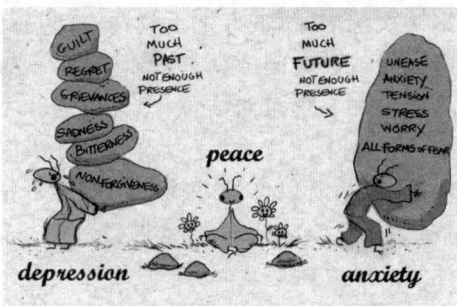

不纠结过去，不焦虑未来，只体会现在

觉自己的疾病逐渐消失。当然，心理意象并不是单独起作用的，它作为医学治疗的一种辅助技术，与其他传统医学结合起来使用时效果最好。关键问题是病人必须认识到他们自己应该对自己的健康负责任。

运用心理意象技术有三个步骤：

①寻找一个舒服的地方：和横膈膜呼吸法一样，心理意象在任何地方都可以进行。这个地方能让你舒服地坐着或躺着，同时使你很快地闭上眼睛，能够让你想象中的环境更加放松。

②注意集中和自信的态度：和其他放松技术一样，在心理意象中集中注意力很重要。应该找一个安静的地方，尽量减少外界的干扰。并且要坚信想象是有用的。希望、信念或信心等是意象产生的基础和成分。

③想象的主题：首先要确定想象的目的，是想清理一下你的思想，还是为了身体的康复？心理意象目的一旦确定，接下来就要选择一个合适的意象以解决问题。你要根据自己的情况创造一个属于自己的特定意象。

掌握心理意象技术后，也可以在压力情境中进行心理意象活动。例如，演讲前、考试前和排队中，都可以进行心理意象。心理意象既可以驱散"恐惧"的乌云，又可以熄灭"愤怒"的火焰。

（3）渐进式肌肉放松训练

身体肌肉会对感知到的威胁做出紧张或收缩的反应。肌肉紧张被认为是压力导致的一种最常见的症状，它的累积效应会导致僵硬、疼痛和不适。渐进式肌肉放松法就是一种专门用来帮助个体减少肌肉紧张的技术。

渐进式肌肉放松训练的练习步骤：

①姿势：找一个舒服的姿势，最好是让自己舒适地躺着。闭上双眼，集中注意力。收缩肌肉的时候吸气，释放紧张的时候呼气。释放紧张与放松膈膜相互协调，这会导致全身更深层的放松感。

②面部：绷紧前额、眼部和脸部，保持一段时间并感受这些肌肉的紧张，然后放松肌肉

并呼出气体,接下来感受肌肉紧张离开身体,体会肌肉松弛和内心平和;收缩同样的肌肉,这次用 50% 的强度保持与感受,放松和呼气后再次感受放松,对比之后会使肌肉更进一步放松;最后轻轻收缩同样的肌肉,即这次只用 5% 的强度,保持然后放松,舒适地深呼吸,体验你的放松。

③用与面部肌肉放松相同的方法和步骤放松下巴、颈部、肩部、胸部、手臂(包括手)、腹部、背部、臀部和腿部(包括脚)。

除了上面提到的方法外,还有很多可以采用的放松方法,而且每个人都有属于自己的放松策略。例如,听舒缓的音乐、在美景中散步,或是与宠物一起玩耍。无论是何种方法,只要是积极的并且适合自己就是最好的,会让你的每一天都尽量远离压力和保持平和。

扫描学习

视频:《情绪、压力与健康 1/2》

扫描学习

测验:《小节测验 20 题》

【电影心赏】

头脑特工队(*Inside Out*)(2015)

某莉出生在美国明尼苏达州一个平凡的家庭,从小她在父母的呵护下长大,脑海中保存着无数美好甜蜜的回忆。当然这些记忆还与几个某莉未曾谋面的伙伴息息相关,他们就是人类的五种主要情绪:乐乐、忧忧、怕怕、厌厌和怒怒。乐乐作为团队的领导,她协同其他伙伴致力于为小主人营造更多美好的珍贵回忆。某天,某莉随同父母搬到了旧金山,肮脏的公寓、陌生的校园环境、逐渐失落的友情都让某莉感到无所适从,她的负面情绪逐渐累积,内心美好的世界渐渐崩塌。为了保护这一切,乐乐只有行动起来……

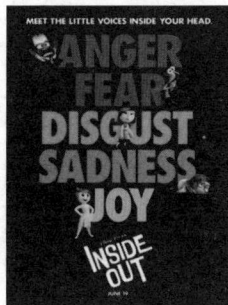

【推荐阅读】

弗朗索瓦·勒洛尔,克里斯托夫·安德烈.我们与生俱来的七情[M].王资,译.北京:生活·读书·新知三联书店,2018.

芭芭拉·弗雷德里克.积极情绪的力量[M].王珺,译.北京:中国人民大学出版社,2010.

丹尼尔·戈尔曼.情商:为什么情商比智商更重要[M].杨春晓,译.北京:中信出版社,2010.

戴维·麦克米兰.我的情绪我做主——你每天可做的情绪调节练习[M].聂晶,杨寅,译.北京:中国轻工业出版社,2011.

伊夫·阿达姆松.压力管理[M].方蕾,译.哈尔滨:黑龙江科学技术出版社,2008.

杰拉尔德·S·格林伯格.化解压力的艺术[M].张璇,译.北京:机械工业出版社,2013.

凯利·麦格尼格尔.自控力:和压力做朋友[M].王鹏程,译.北京:北京联合出版公司,2016.

第七章　了解心灵的痛苦

【案例导读】

"我很好"与"救救我"

2017 年 6 月,英国东米德兰兹的诺丁汉郡,笑容甜美且成绩优异的梅奇以自杀的方式草草结束了自己美丽的生命。她没留下一句遗言,也没写下一封遗书,一切发生得太突然了。她的家人悲痛欲绝不愿接受事实,直到她姐姐艾美在整理遗物时,发现梅奇的一张手写纸条……

在周围所有人眼中,梅奇是个特别开朗活泼的姑娘,而且学习方面根本不需要父母操心,因为她几乎门门功课都是 A＋或 A,绝对是人人羡慕的"别人家的孩子"。在家中的她可爱乖巧、善良懂事,是妈妈贴心的小棉袄;在学校的她大方友善、团结助人,和同学相处得很开心;在平日的她拥有朋友,说话投机、交往融洽,与朋友经常聚会旅行。她笑起来"没心没肺",总是展露出最可爱的样子。

悲剧发生前没有人觉得她哪里不对或者行为诡异。因为就在前不久,她还兴致勃勃地和家人讨论 8 月去希腊旅行的计划,眼中满满是期待。可是,就在 6 月 19 日的清晨,梅奇与往常一样,一边吃早餐一边看着妈妈海伦做着出门上班前的准备。就在海伦推门而出没几步时,梅奇还突然探出头对着她大喊了一句"再见"。一切看起来都那么平常,只是这句"再见"变成了永别。6 月 20 日凌晨,警察在梅奇家附近的森林中,找到了这个彻夜未归的姑娘,

不过此时的她已经变得冰冷。

经过一段时间的仔细调查,警方确认梅奇生前患有一定程度的抑郁症,而这正是她自杀的原因。梅奇的家人和朋友对这一调查结论无论如何都不能接受,那么开朗活泼、与人为善的姑娘怎么可能患有抑郁症呢?直到姐姐艾美在整理妹妹遗物时,发现一张手写纸条,乍看这张纸条很普通,上面写着"I'm fine"(我很好)。可当姐姐仔细端详这张纸条,将它不经意间倒过来的时候,她发现的秘密瞬间让家人心碎流泪,这纸条上分明写着:"help me"(救救我)。原来梅奇一直把笑容当作伪装,把"我很好"展示给身边的人,却把自己最痛苦的一面隐藏起来,没人知道她内心的折磨与苦痛。

有句网络流行语是这样说的:"现代人的崩溃是默不作声的"。因为对"精神病"的污名化,还有其他种种主客观原因,很多人即便出现了心理问题也不愿意及时求助。生命是属于我们自己的,它需要我们好好地爱护。所以,当我们遇到自己无法解决的心理问题时,请相信我们的身边真的有人愿意帮助我们!

(1)如何定义与诊断精神障碍?

(2)你了解哪些比较常见的精神障碍?

(3)我们怎么帮助和治疗精神障碍患者?

在我们的世界里,大部分人被定义为正常,但也有极少部分人因为生理、心理和社会等原因被列入了"异常",他们的言行举止往往与正常人不一致,我们会认为他们可能存在某种精神问题。本章将向你介绍一些典型精神疾病的症状表现,来帮助你认识一些常见的心理障碍,以便你更好地了解来自人类心灵深处的痛苦。

第一节 如何判定精神障碍

【经典实验】

不要乱贴"精神病"标签

1973 年,心理学家戴维·罗森汉在《科学》杂志上发表了一篇标题为《在疯狂的地方保持头脑清醒》的论文。在这项研究中,罗森汉招募了 8 名被试(包括他自己)来做假病人。这 8 个假病人由 1 名研究生、3 名心理学家、1 名儿科医生、1 名精神病学家、1 名画家和 1 名家庭主妇组成。他们的主要任务是把自己送进遍布美国东海岸五个州的 12 家精神病院。

所有假病人都遵照相同的指示:他们打电话到医院并预约精神科医生,然后在见到医生后都说能听到"无意义的"(empty)、"空洞的"(hollow)和"砰的"(thud)之类的声音。除了这一症状以外,所有被试的言行完全正常,并且给医生的信息都是真实的(除了他们改变了姓名和职业)。结果所有被试均被收入不同的医院,且除 1 人外都被诊断为精神分裂症。

所有被试进入医院后不再表现任何症状而且行为正常。最初,他们偷偷记录自己在医院的经历,但不久就发现这种隐藏是没有必要的,因为"记录行为"本身就被认为是一个症状。他们都非常希望尽早出院,所以他们模仿病人并积极配合医务人员的治疗,而且接受所有的药物治疗(但并不是真的吃下药物,而是偷偷扔到厕所冲掉)。

这些假病人的平均住院时间为 19 天(有一位患者在住院 52 天之后才被允许出院)。在此项研究中关键的发现是:没有一个假病人被医务人员识破。即使在出院后,他们的心理状况仍被认为是"精神分裂症缓解期"并记录在病历中。另外一个特别有趣的发现是,当医院的医生、护士和其他医务人员都没能鉴别出假病人时,真病人却不那么容易被欺骗。在 3 个假病人所在的医院,118 个真病人中的 35 人对被试表示怀疑。他们这样评论:"你不是真疯子!你是记者或编辑,你是来检查医院的!"

罗森汉的研究发现,过于强大的精神病院环境影响了医务人员对个体行为的判断。

一旦精神病人进入这种场合,看待他们就有了一种很强的定式,进而忽略了病人本身的个体性。当一个病人被贴上"精神分裂症"的标签后,精神分裂症就成为他的核心特征或人格特质。在谈论或阅读精神疾病的相关书籍时,也希望你不要给自己或他人贴标签,精神疾病诊断是一个专业而复杂的过程。

(资料来源:罗杰·霍克,《改变心理学的四十项研究》,人民邮电出版社,2010)

在生活中人们习惯于把不正常的行为(偏离正常的行为)当成精神疾病或心理障碍。一个人的行为表现可能在统计学上比较少见(例如有人喜欢收集拖鞋),但这个人并非有某种精神障碍;某些精神障碍(例如抑郁症和焦虑症)却在现实生活中普遍存在。我们该如何定义和诊断精神障碍呢?

一、定义的两难

第一个定义强调文化的作用,即精神障碍违反文化的标准。每个社会都建立了标准,让生活在其中的人们去遵守,而那些打破标准的人通常被认为是心理有问题的或是精神不正常的。但是有些社会标准只存在于特定的时间或地点,例如,中国古代要求女子裹小脚,这在现代社会是不能被接受的;再如,在泰国北部与缅甸边界的一个少数民族——"长颈族",这一族里的女人一直都保持着在颈项套上铜环的传统习俗。

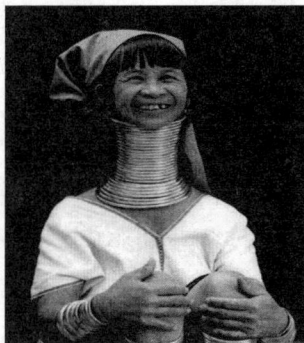

长颈族的女人

第二种识别精神障碍的方法是根据个体所遭受的痛苦程度,像来自抑郁症、强迫症、恐惧症等疾病带来的内心痛苦。但是,某一行为对于一些人来说是不可理喻的或无法忍受的,但对于其他人来说却是可以接受并认为是正常的。

精神障碍在行为上存在自我破坏或伤害他人的现象,第三个定义强调个体行为的消极结果。例如重度抑郁症的患者可能会出现自伤或自残的消极行为;再如,反社会人格障碍的患者可能杀人纵火,但他自己可能报告自我感觉良好。

综上所述,我们给出一个宽泛的定义:精神障碍是指导致个体遭受痛苦的情绪上或行为上的状态,并带来具有自我破坏或者伤害他人的消极影响。根据这个定义,很多人会觉得自己或他人存在精神健康上的问题。在实际生活中,的确会有很多人因为各种情况会暂时性地产生类精神障碍表现。

二、诊断的两难

目前诊断精神障碍所使用的标准参考手册是由美国精神病学会出版的《精神障碍诊断与统计手册》(DSM)。DSM 的首要目标是提供比较清晰的诊断类别,以便临床医生和研究者明确他们面临的是哪一个障碍,并对这一障碍进行研究和治疗(见表 7-1)。

DSM 列出每一种障碍的症状,并且在任何可能的情况下,给出关于发作的典型年龄、发病诱因、障碍过程、障碍患病率、受到影响的性别比例,以及可能影响诊断的文化问题等信息。它鼓励临床医生根据五个维度去评估每位患者:

1.最先诊断的问题,例如,以抑郁症为例,先诊断是不是抑郁症;

2.要治疗可能影响患者的根深蒂固的人格方面,例如,若是抑郁症,则是否存在负性

情绪性(一种悲观的倾向);

    3.可能影响症状的身体状况或治疗药物;

    4.会使障碍变得更糟的社会和环境因素,例如,抑郁症的原因可能是生活遇到了烦恼;

    5.对患者整体功能的总体评估,例如,抑郁症是最近发生还是长期持续,以及它使个体失去正常社会功能的严重程度。

表 7-1　DSM-IV 中主要的诊断类别

首次诊断障碍	通常在婴儿期、童年期或青年期,包括智力发育迟缓、注意力缺陷障碍(比如多动症或注意缺陷)以及发展问题
谵妄、痴呆、遗忘以及其他认知障碍	起因于大脑损伤、退行性疾病如梅毒或老年痴呆症、有毒物质或药物
与物质有关的障碍	与酒精、安非他命、咖啡因、可卡因、致幻剂、尼古丁、阿片或其他药物的过度使用或戒断相关的问题
精神分裂症和其他精神病性障碍	是以妄想、幻觉或严重的思维和情绪干扰为特点的障碍
心境障碍	包括主要的抑郁症、躁狂症、双向障碍(狂躁抑郁症)以及心境恶劣障碍(慢性抑郁障碍)
焦虑症	包括广泛性焦虑障碍、恐惧症、惊恐发作、伴有或不伴有广场恐惧、创伤后应激障碍以及强迫性思维或强迫性仪式
进食障碍	包括神经性厌食症(因为不理性地恐惧肥胖或恐惧变得肥胖导致自我饥饿)和神经性贪食症(阶段性大吃大喝和呕吐)
分离性精神障碍	包括分离性遗忘(在创伤后不能回忆起重要的事件)和分离性身份识别障碍,以存在两个或更多不同的身份或人格为特点
性及性身份识别障碍	包括性(性别身份)的认同问题,例如异性认同癖(想成为另一性别的人)和性反常行为(性唤起的需要不寻常或古怪的意向或行动)
冲动控制障碍	包括不能忍住某些对个人或其他人有害的行动的冲动,例如病理性赌博、偷窃(盗窃癖)、纵火(纵火癖)或暴力虐待
人格障碍	顽固而适应不良,导致个体苦恼或功能损害的模式,包括偏执型、自恋型、边缘型和反社会型人格障碍
附加条件	可能是一个临床上注意的焦点,包括"生活中的问题",例如丧失亲人、学习困难、精神问题和文化适应问题

    DSM 在世界范围内已经产生了巨大的影响,所有心理学和精神病学对精神障碍的讨论都建立在 DSM 的基础之上,就连司法体系也常常需要参考这一手册。随着手册每一版本的问世(现在已经到第五版),精神障碍的数量也在不断增长。什么原因导致了精神障

碍的爆炸性增长？支持者的答案是：为了正确地治疗，精确地分类是有必要的；批评者的答案则是：精神病学为了某些原因在创造疾病。

因为 DSM 在国际范围内的巨大影响力，还有批评者指出其自身的一些问题：①存在过度诊断的危险。例如按照"注意缺陷/多动障碍（ADHD）"的症状描述，正常的男孩子气的行为，包括喧闹、顽皮、拒绝午睡、在学校里不听话等都可能被看作异常行为。②就像前面提到的罗森汉的实验一样，如果按照 DSM 的症状描述给某些人贴上标签，这些人的正常行为或行为变化可能会被他人所忽视。③DSM 的每个版本里都添加了越来越多的日常问题，包括"数学障碍"（数学上表现不好）、"书写表达障碍"（有书写不清楚的烦恼）、"咖啡因诱导的睡眠障碍"（只要换成脱咖啡因咖啡就比较容易入睡）等，而这些普通的正常问题都不应该与严重的精神障碍相混淆。④还有批评者对 DSM 的科学性提出质疑，因为很多障碍并不是建立在实验的基础上。⑤在 DSM 中还存在着一些偏见，例如，DSM 中保留着情绪问题与月经有关的说法，但与睾丸酮有关的行为问题却没有被考虑。

精神诊断与统计手册

事实上，"正常问题"与"精神障碍"之间的界线是模糊的，而且常常是难以确定的。如果 DSM 被正确地使用，诊断是从客观的有效测验得出，那么它是可以提高诊断的可靠性的。DSM-IV 自发行以来，包括遗传学、神经科学和行为科学的研究发现，可以进一步提高诊断的可靠性和有效性。

三、测量的两难

临床心理学家和精神病学家通常通过与患者进行面谈，并且观察此人到达医院或诊所时的行为做出诊断，也会采用心理测量的方法来帮助自己确定诊断。测量的方法也会被广泛应用于学校，例如大一新生入校时的心理测量。

（1）投射测验

投射测验是由模糊不清的图片、句子或故事组成，让受试者解释或完成。这一方法假设人们会将自己潜意识里面的想法和感觉投射到测验上面。这一方法有助于医生与患者间建立密切的关系，鼓励患者展示自己羞于表达的冲突。但也有很多证据说明这一方法缺乏可靠性和有效性，例如，不同医生对同一患者的测验结果存在

罗夏墨迹测验

不同解读。临床上应用较多的投射测验是罗夏墨迹测验，它由 10 张卡片组成，上面有对称的抽象图案，最初在纸上溅上墨水然后对折而成。这一测验是让患者报告他在墨迹中看到的内容，然后医生根据符号意义的说明对回答进行解释。

（2）客观测量

在临床上也会使用客观测量，通过标准化的问卷了解受试者的行为和感觉。例如，应用最广泛的、用于评估人格和情绪障碍的量表——明尼苏达多相人格量表（MMPI），评估

范围覆盖抑郁症、偏执狂、精神分裂症等多个方面的精神障碍。再如,贝克抑郁问卷(BDI)、贝克焦虑问卷(BAI)则是用于评估特定障碍的量表。与投射测试方法相比,量表在一般情况下会显得更可靠。量表同样也会存在错误率和不适性,所以我们要谨慎地看待问卷所得的结论。

第二节　常见精神障碍的表现

这一节我们来了解几种常见的精神障碍。当你在阅读这些内容的时候,要注意避免"医学院学生综合征"。医学院学生综合征并非一个专业诊断,而是对一种现象的描述,是指人们在学习某种疾病或障碍时往往会认为自己也患有这种疾病或障碍。你自己或周围人可能偶尔会出现轻微的表现,但绝对不能轻易地就被定义为精神障碍。

一、抑郁障碍

抑郁在现代社会十分普遍,以至于被称为"心理感冒"。一些专家认为,我们现在正处于一个"抑郁的时代"。多数人在人生的某个时点上都会经历一定程度的情绪低落或者忧郁,这时整个生活似乎都是灰色的,似乎什么都不值得去做。这种情况通常表现为悲伤,它是对令人痛苦的境遇(例如经济损失、关系的破裂或者失去亲人和工作)所做出的正常反应。然而,这种忧郁的情绪如果持续数周或数月,就可能变成抑郁症。

一个人在抑郁状态下通常会出现的情绪包括悲伤、内疚和失望。处于抑郁状态下的人也会经常有过度的兴奋、激动和焦虑的情绪。遭受抑郁之苦的人会感觉到缺乏参加各种活动的动力,或者失去自己对先前所喜欢的东西的兴趣。当抑郁变得更加严重时,这些人可能会不想吃饭、不去工作或者不在意自己的表现。严重的抑郁症有时会使人们不想再生活下去,他们将陷入沉思,甚至会自杀。

抑郁症对人的思想的影响包括让人犹豫不决、注意力不集中和思考速度减慢。处于抑郁之中的人经常会有消极的想法,包括自我批评(即认为自己是失败者)、认为其他人并不理解他们或者正在惩罚他们(例如朋友们在应该打电话的时候没有给他们打),而且对未来不抱任何期望,结果导致意志瘫痪。

抑郁症也会导致一个人精神活动发生变化。抑郁通常可以从一个人的运动行为和身体姿态上直接"读出来"。迟滞的抑郁是最常见的模式,这种模式的患者似乎因为疲乏而没了活力。身体蜷曲、运动缓慢且小心翼翼,手势少得不能再少,说话缓慢且犹豫不决,回答问题前有很长时间的停顿。在严重的情况下,患者可能还会陷入沉默恍惚的状态。

抑郁症会使生理机能发生一系列的变化,例如食欲增加或减少、疲劳或者过度疲劳以及性欲下降。失眠也是抑郁一个极为常见的特征。醒得过早,然后又难以入睡,或者会在夜间不断地醒来。估计有 90% 处于抑郁状态的人会受到睡眠混乱的困扰。

请注意:如果某个人的忧郁情绪所持续的时间超过了两个星期,且一天中的大部分时间总是感到深深的悲伤(或完全没有感觉),并且感到非常沮丧,那么可能要考虑重度抑郁障碍的可能性。

扫描学习

微课:《你了解抑郁症吗》

扫描学习

微电影:《你好吗》

【自我测试】

抑郁症自查

大多数人认为,抑郁症以表现出来的悲伤作为特征,然而,抑郁症还有其他思维和行为迹象。为了迅速检查你的抑郁倾向,请对下列问题回答"是"或者"否"。这些问题改编自 DSM-V:

1.在一天的大多数时间里,你是否觉得自己非常抑郁、悲伤和绝望?　　　　　(　　)

2.你是否觉得对大多数活动都失去了兴趣?　　　　　(　　)

3.你的胃口或体重是否发生了很大的变化(并非由节食引起)?　　　　　(　　)

4.你的睡眠习惯是否发生了显著的变化?　　　　　(　　)

5.你是否觉得比平时更加心绪不宁或反应迟缓?　　　　　(　　)

6.你是否觉得不寻常的疲劳?　　　　　(　　)

7.你是否一直觉得没有希望?　　　　　(　　)

8.你是否觉得越来越难以思考或集中精力?　　　　　(　　)

9.你的头脑中是否反复出现死亡或自杀的想法?　　　　　(　　)

你对于这些问题的回答,并不能构成可以证明你患有或没有患抑郁症的可靠证据,也不存在一个判定你是否患有抑郁症的具体标准。但是,如果你给出了一些肯定的回答且担心自己的心理状况,那么你可以向专业人士征求意见。

二、焦虑障碍

每个人在面对压力时,都有过担心、不安或害怕,但这类情绪往往在较短的时间后就能平息。焦虑障碍却不同于正常的、偶尔的担心、不安或害怕的感受。有这类障碍的个体有过度的害怕或担心,以致损害到他们的生命功能,超过了与他们的年龄和环境相匹配的正常程度。

焦虑障碍是比较普遍的,甚至比抑郁症还普遍。我们在这里将介绍三种以焦虑为主要特征的精神障碍:广泛性焦虑障碍、惊恐障碍、恐惧障碍。这些障碍之间的差别在于焦虑的持续时间与关注点。也就是说,焦虑是偶尔发生的还是经常发生? 焦虑是来自具体原因,还是与个人的环境和行为无关?

1. 广泛性焦虑障碍

广泛性焦虑障碍的关键特征是:在多数日子里过分地焦虑和担心不可控制的事件,例如学校或工作中的表现、健康状况、经济状况等;伴随焦虑和担心会出现易疲劳、易激动、坐立不安、肌肉紧张、注意力难以集中和睡眠问题(难以入睡或睡眠不深);至少持续6个月。广泛性焦虑障碍患者不能忍受不确定性,认为担心可以使自己避开或阻止消极结果,还常常伴有至少一种其他精神障碍,通常是另一种焦虑障碍或严重抑郁。

大多数人都可能经历过广泛性焦虑障碍,成年人要多于儿童且不存在性别差异。考虑到社会文化因素,广泛性焦虑障碍在少数族裔和社会经济地位低的人群中更为常见。例如,低社会经济地位的人可能会遇到更多令自己担忧的事情,包括低收入水平、不安全的生活条件和医疗需求得不到保障。

【自我测试】

广泛性焦虑障碍

根据过去两周的状况,请你回答自己是否存在下列描述的状况及频率,请在符合的选项下面画"√",见表7-2。

表7-2 广泛性焦虑障碍问卷(GAP-7)

	完全没有	有几天	超过一半时间	几乎每天
觉得紧张、焦虑或者烦躁	0	1	2	3
不能够抑制或控制担心	0	1	2	3
过于担心各种事情	0	1	2	3
很难放松	0	1	2	3
由于烦躁而无法安静坐着	0	1	2	3
容易感到烦恼和愤怒	0	1	2	3
担心不好的事情会发生	0	1	2	3

评分与解释:

(1)评分:每个条目0~3分,总分是将7个条目的分值相加,总分值范围为0~21分。其中,0~4分表示没有广泛性焦虑;5~9分表示存在轻度广泛性焦虑;10~14分表示存在中度广泛性焦虑;15~21分表示存在重度广泛性焦虑。

(2)解释:轻度广泛性焦虑者,做好自我调节和心理保健,如有需要也可寻求心理咨询或精神科医生的专业帮助;中度广泛性焦虑者,建议寻求专业帮助;重度广泛性焦虑者,请一定要寻求专业帮助。

2. 惊恐障碍

假如你正在地铁上刷着手机,一阵意料之外的惊恐突然袭来,但你并不知道它到底为何发生。然后你假如感到心跳加速、身体颤抖、头晕目眩、两眼发黑、手心冒汗，就像心脏病发作一样，随时可能会死掉，几分钟后消退了。这一现象就是惊恐发作，很多人都有过这种体验，但这不是惊恐障碍。

惊恐发作是两种焦虑障碍即不伴随场所的惊恐障碍和伴有场所的惊恐障碍的典型症状。不伴随场所的惊恐障碍的患者在反复出现难以预料的惊恐发作后的一个月内会有以下特征：持续担心再次发作；担心发作的意义和结果（例如担心发疯、得心脏病或失去控制）；与发作有关的行为改变（例如去看医生）。伴随场所的惊恐障碍的患者则是在反复出现难以预料的惊恐发作后的一个月内会有以下至少一项特征：持续担心再次发作；担心发作的意义和结果；与发作有关的行为改变并伴有场所恐惧（例如害怕人多的场所）。女性比男性更容易经历惊恐发作和惊恐障碍。

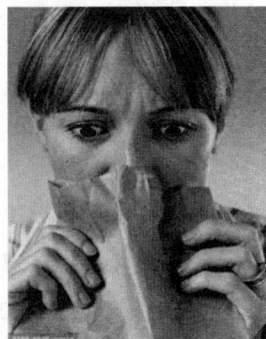

纸袋呼吸法是缓解惊恐发作的一种方法

3. 恐惧障碍

与惊恐障碍不同，恐惧障碍是人们对具体事物、活动和情境的持续的不理性的恐惧体验，而且这一恐惧体验已经超出了合理的范围。常见的特定恐惧症包括四种：动物恐惧症（害怕动物或昆虫）；自然环境恐惧症（害怕打雷或高空）；鲜血、注射、创伤恐惧症（害怕见血、打针或受伤）以及情境恐惧症（害怕飞行、隧道或电梯）。

在生活中还有一种最常见的恐惧障碍是社交恐惧症，比如电影《国王的演讲》中的主人公就是社交恐惧症患者。社交恐惧症是人们对社交或展示情境的严重恐惧，引起痛苦的社交情景包括在他人面前说话、吃喝、写作，或者参加聚会或会议、发起或维持对话，当焦虑变得很严重甚至还会导致惊恐发作。社会恐惧症更像是一种慢性疾病，它对人们的影响越来越普遍，所带来的损害也越来越严重。它一般发源于儿童期，如果儿童害怕与他人交往就很难学会适当的社交行为，还可能回避他人以致被他人所忽视或排斥，从而陷入一个恶性循环。

三、强迫障碍

强迫障碍涉及频繁的害怕、担心、冲动或想法（强迫思维），它能使患有这些疾病的个体分心和感到痛苦。强迫思维往往与仪式化的行为（强迫行为）相结合，强迫行为被不断重复，以应对那些不想要的强迫思维。

强迫障碍包括强迫症、躯体变形障碍、囤积障碍和其他强迫障碍（拔毛癖和皮肤搔抓障碍）。尽管焦虑是这些障碍中常见的症状，但强迫观念

极端的囤积是强迫症的一种形式。患者不能丢失任何一件物品，他们无法控制自己的这种行为

和行为才是其独有的特征，从而将这些障碍聚合到同一类目下。

强迫障碍的特点是有强迫思维、强迫行为或二者都有。强迫思维是指反复持久的想法、冲动或表象，具有闯入的、不恰当的、会引起明显焦虑或痛苦的特点，个体尝试用其他

想法或行动去忽视、压制或抵消却往往无效。强迫行为是指不断重复的外在行为(例如洗手、检查)或心理活动(例如计数或默默重复字词),个体认为这样做可以减少痛苦或阻止不幸。

强迫障碍患者知道自己的强迫性想法或行为是不合理的,他们会竭尽所能地掩饰自己的想法或行为以避免被他人发现。超过一半的强迫障碍患者还伴有其他障碍,例如抑郁症、惊恐障碍、特定恐惧症、社交恐惧症和广泛性障碍等。而且,强迫障碍不经治疗难以自行康复。

四、双相障碍

双相障碍以情绪异常低落或异常高涨为主要表现形式。情绪异常低落是抑郁,而情绪异常高涨是躁狂。躁狂是一种明显过分的情绪高涨,比平常话多或急于持续说话,自尊心膨大且自我感觉良好,存在思维奔逸或思维飞奔的主观体验,易怒并通常伴有潜在的或不当的危险行为。躁狂症似乎总是与抑郁发作前后相随,只有一次躁狂发作的患者也很容易抑郁。当既有抑郁又有躁狂发作时,这被称为双相障碍。

双相障碍是脑障碍,导致一个人心境、能量和功能的显著改变。有这些障碍的个体在明显的心境发作期间有极端而强烈的情绪状态,这不同于日常生活中正常的心境起落。它的症状可破坏关系,带来职业或学业问题,甚至可能导致自杀。患有这些障碍的个体可能感到失控,或被他们极端的心境和行为所控制。尽管他们也可能有心境正常的时期,但如果不治疗,有双相障碍的个体就会经常持续有这些心境发作。

双相障碍通常被分为双相 I 型障碍和双相 II 型障碍,两者主要的区别在于躁狂的程度。前者是完全的躁狂与严重的抑郁交替发作,也包括含有或不含有抑郁期的单次躁狂发作;后者则是轻度躁狂与严重抑郁交替进行。轻度躁狂虽然也表现出情绪高涨,但并没有严重到导致功能损害或必须住院治疗的程度。有些患者一年内只发作一次,而有些患者一年内发作两次或多次,还有些患者在一天之内就发作多次。

患有双相障碍的梵高之画作
《星光灿烂的夜空》

纵观人类历史上许多有才华的艺术家,他们一直在情绪困扰中挣扎,例如梵高、海明威、狄金森、费雯丽、柴可夫斯基和米开朗琪罗等。虽然直到现在也没有足够的证据来说明创造力和心境障碍之间的关系,但是在许多情况下,他们的个体体验会变成其艺术灵感的来源。

扫描学习

音乐欣赏:《Vincent——梵高人生谁人懂》

五、精神分裂症

精神分裂症是精神疾病的癌症:难以琢磨、复杂多变。这一障碍包含以下显著症状:

(1)诡异的妄想:一些患者具有身份妄想,他们相信自己是耶稣、摩西或释迦牟尼;还有一些患者存在被害妄想,他们坚信有人要谋害自己或企图谋害自己;还有一种常见的妄想是影响妄想,即相信自己的思想或行为被他人控制,例如思维被夺、思维散播和思维被植入。

(2)幻觉:患者在无人说话的时候听到他人的声音,或看到他人看不见的图像。幻听是最为常见的幻觉,患者可能听到的是单纯的噪声,也可能是一个或多个人的声音。大多数情况下,这些声音在性质和内容上是负面的。除了幻听,还有幻视,通常出现在严重精神分裂症患者身上,常表现为看到魔鬼、已故的亲人或朋友。

(3)言语异常:精神分裂症患者的语言是混乱的、不合逻辑的、没有任何意义的,这一表现也说明其认知功能的退化。下面这段话就是精神分裂症患者说的:"狮子必须从狗变成猫,知道我能够与我的父母相遇,我们会把一些老鼠分开。"

除上述三者之外,精神分裂症的症状还会包括情感迟钝、快感缺乏、意志减退、情感淡漠、精神运动迟滞和认知功能受损(如视觉及言语学习和记忆力功能障碍、注意力或抽象推理障碍、信息加工速度下降)。

英国画家路易斯·韦恩从正常到精神分裂期间画的各种猫,
复杂而抽象的"万花筒猫"是他的独特创作

精神分裂症具有生物、心理和社会文化的原因。目前,大多数研究重点都在生物因素方面,研究发现遗传的易感性和大脑结构与神经递质的异常与这个破坏性的障碍有关。精神分裂患者会分泌出高出常量的神经递质多巴胺。患者的大脑中也发现有两处异常:大脑成像显示室扩大,脑室是充满脑脊液的脑腔;患者前额叶(负责思考、计划和决策的区域)较小,活动水平较低。一些心理学研究认为,早期家庭教养环境的不稳定和生活的压力可能导致精神分裂症的发生。目前大学生中这类患者的病因多为有家族病史和早年生活的不稳定,频繁更换照顾者和生活环境,没有建立稳定的亲密关系,没有被恰当和及时地社会化,主观和客观、个人和他人没有建立起清晰的界限等。

精神分裂症是一种严重的、使人衰弱的精神障碍。在精神病院中,约有一半的病人是精神分裂症患者。与过去相比,精神分裂症患者现今很多已回归社会,并定期返回精神病院接受治疗。对精神分裂症患者的治疗有一个"1/4"原则:1/4 的人可以康复并且不再发病;1/4 的人需要服药,情况也相对还好,并能够独立生活;另有 1/4 的患者可以住在一个群体型家庭中;最后 1/4 的人情况较差,他们的生活往往一塌糊涂,很多住在精神病院或疗养院里。

【心理百科】

精神病人会暴力伤人吗?

精神疾病分为轻性与重性两类,轻性的如抑郁症、焦虑症、强迫症和神经衰弱等,而有暴力倾向的一般是重性精神疾病患者(如精神分裂症)。这些患者不知道自己有病,不能控制自己的行为,就可能会做出暴力伤人行为。

暴力行为的出现,约一半是因为现实中发生了激烈争执,约三分之一是在幻觉妄想的支配下做出来的。但并不是所有的精神病人都会伤人,如果能得到及时有效的治疗,攻击伤人行为就会明显降低。据相关统计,16.6%的精神病患者出现严重攻击行为是因为发病后未经治疗。

他们的暴力行为也是可以预测的,如病情波动、自行停药、与人冲突,且曾经有过暴力行为的患者再次实施暴力的可能性更大。除了伤人,还可能伤己。精神病人在疾病症状的支配下会出现自伤或自杀行为,如著名的蓝可儿死亡事件,法医给出的结论是意外溺亡,并认为她生前患有躁郁症,这是造成其死亡的重大因素。精神病人的自伤或自杀行为比伤害他人的行为更常见,这也是他们的平均寿命比正常人少 20 年的原因之一。

对待精神病人,我们不应该谈虎色变。其实,正常人暴力伤人的比例远远高于患有重性精神疾病的患者。精神病人需要全社会的理解、接纳和帮助,而不要等他们到了法庭上才去重视。

(资料来源:飞碟说,《为什么精神病人会暴力伤人》,2016)

六、人格障碍

DSM 将人格障碍分为三类集群:A 群人格障碍是"古怪或怪癖人格障碍";B 群人格障碍是"戏剧化的、情绪化的或是不稳定人格障碍";C 群人格障碍是"焦虑或恐惧人格障碍"。

1.A 群人格障碍

这类人格障碍包括偏执型、分裂样和分裂型。从这三种人格障碍的特点来看,类似于精神分裂症患者身上的一些精神病性症状。接下来,我们主要介绍偏执型人格障碍与分裂样人格障碍。

(1)偏执型人格障碍

偏执型人格障碍患者对他人表现出普遍的猜疑和不信任,以至于将他人的动机解释为不怀好意。其主要特征如下:没有足够依据地猜疑他人在利用、伤害或欺骗他;不公正地怀疑他的同事或者朋友不忠于他;信任他人很困难,总是毫无根据地害怕一些信息会被别人用来对付自己;善意的谈论或是事件都容易被他认为是有威胁性的;不能原谅他人的侮辱、伤害或贬低;感到他的人格或名誉受到打击,但周围其他人却没有明显感觉到,往往以愤怒作回应;对配偶的忠贞程度总是怀疑,虽然没有确切的证据。

(2)分裂样人格障碍

分裂样人格障碍患者通常表现为"独来独往"和"与世隔绝"。在最严重的情况下,他们似乎患有"缺乐症",完全没有体验喜悦、幸福、欢乐这些正面情绪的能力。其主要特征如下:既不想要也不享受亲密的人际关系,包括成为家庭的一部分;几乎总是选择独自活动;很少与他人发生亲密的关系;很少或几乎没有活动能够让他感到有乐趣;除了家庭成员外,缺少亲密或知心的朋友;对他人的赞扬或批评都显得无所谓;表现为情绪冷淡、疏离或情感平淡。

【心理百科】

人格分裂——分裂性身份障碍

《24 重人格》是一本纪实性的文学作品,又是一部具有学术价值的著作。作家将他自己的人格分裂的痛苦经历以及心灵治疗的全部过程展现在读者的面前。已有很多著名的影视作品,例如《一级恐惧》《致命 ID》和《搏击俱乐部》等也对人格分裂进行了描述,这也反映了人们对这一障碍的好奇与兴趣。

人格分裂属于分裂性身份障碍,而且并不属于人格障碍。一般认为,当个体遭受过极端的外界伤害,例如在童年期曾遭遇严重的虐待,很可能出现分裂性身份障碍。其特点是:在同一个人的身上出现两种或多种人格;至少有两种人格反复控制个体的行为;每种人格都有各自对自我和环境的感知方式和思维方式;每种人格都可能会知道其他人格的存在。该障碍患者趋向于具有丰富的幻想,也更容易接受催眠。女性更容易患有分裂性身份障碍。

随着各种媒体的大量报道,报告自己患病的人数也在增多,虽然已有不少关于该病的描述性文章,但相关的定量研究与实证研究少之又少,所以许多人对该障碍的存在提出了疑问,例如,易受暗示的人容易被误诊成人格分裂。换句话说,人格分裂这一障碍作为诊断范畴的科学地位并未被很好地确立。

扫描学习

微电影:《*Four Ever*》

2. B群人格障碍

这类人格障碍包括反社会型、自恋型、边缘型和表演型。接下来,我们主要介绍反社会型人格障碍、自恋型人格障碍和边缘型人格障碍。

(1)反社会型人格障碍

由于反社会型人格障碍常常涉及犯罪行为,所以有人简单地给某些犯罪者贴标签。其主要特征如下:在15岁之前开始并且在成年期继续违法或有社会不支持行为的历史,即通常反社会行为模式在青春期比较明显,其形式有逃学、行为不良、偷窃、恣意破坏公物、离家出走等;常常会抛弃工作、配偶和孩子,在工作、性关系、亲子关系中没有忠诚和责任感;容易被激怒并具有攻击性,常常还会对配偶和孩子进行虐待;与"一般的犯罪"不一样,很少进行计划而是常常采取没有目标的、寻求刺激的方式;漠视真理,容易撒谎。

(2)自恋型人格障碍

自恋型人格障碍的基本特征是对自我价值感的夸大和缺乏对他人的共感性。他们会毫无根据地夸大自己的成就和才干,认为自己应当被他人视作"特殊人才",认为自己的想法是独一无二的,而且只有特殊人物才能理解。在实际中,他们稍不如意,就又体会到自我无价值感。他们幻想自己很有成就,自己拥有权力、聪明和美貌,遇到比他们更成功的人就产生强烈的嫉妒心。他们的自尊很脆弱,过分关心别人的评价,要求别人持续的注意和赞美;对批评则感到发自内心的愤怒和羞辱,但外表以冷淡和无动于衷的反应来掩饰。他们对别人的要求很多,而自己对他人的回报又很少,而且通常表现出极度缺乏同情。如果一个朋友打电话说自己生病了,晚上没有办法过来参加聚会,那么自恋型人格障碍患者会更关注于朋友

希腊神话中的纳喀索斯,因爱上自己在水中的倒影郁郁而终,并化作水仙花

没有来参加聚会而非关注朋友的状况,因此他们往往难以获得友谊和爱。他们还常有特权感,期望自己能够得到特殊的待遇,其友谊多是从利益出发的。

(3)边缘型人格障碍

边缘型人格障碍是一种在人际关系、自我意象以及情绪方面具有不稳定特征的人格障碍类型,具有显著的冲动性,如极力避免真实或想象自己被遗弃。边缘型人格障碍患者可能具有以下特征:人际关系紧张,在极端理想与极端自我贬斥之间波动;伴有明显的、长期的、不稳定的自我知觉;至少在两种潜在自我毁坏的环境下容易冲动(除了自杀或者自残行为);经常发生自杀行为、自杀姿态、自杀威胁或者自残行为;由于显著的心境反应而

情绪不稳定;长期的空虚感;不恰当的易激惹或愤怒;应激相关的偏执信念或严重的解离症状。

🐸 扫描学习

视频:《边缘型人格障碍的七大表现》

[二维码]

---

3. C群人格障碍

这类人格障碍包括回避型、依赖型和强迫型。

(1)回避型人格障碍

回避型人格障碍患者要么一开始就回避人际关系,要么无条件地接受他人的意见。他们在生活中虽有与人交往的心理需要,但却很难同别人进行深入的感情交流。回避型人格障碍和分裂样人格障碍一样具有明显的社交退缩,但回避型人格障碍的退缩是由于害怕遭到拒绝,而非由于不能体验到人与人之间的温暖和亲近。其主要特征是:很容易因他人的批评或不赞同而受到伤害;除了至亲之外,没有好朋友或知心人(或仅有一个);行为退缩,对需要人际交往的社会活动或工作总是尽量回避;心理自卑,在社交场合总是缄默无语,怕惹人笑话而避不回答问题;敏感羞涩,害怕在别人面前露出窘态;在做那些普通的但不在自己常规范围内的事时,总是夸大潜在的困难、危险或可能的冒险。

(2)依赖型人格障碍

依赖型人格障碍患者如果没有别人的劝告和支持,自己就根本不敢做出任何决定和选择,而且经常自愿做一些别人看来不太舒服或降低身份的事情以求得别人的赞许。其主要特点是:难以做决定以及对他人过分保证的需要;其生活的许多方面需要他人承担责任;因害怕被遗弃和拒绝而难以表达反对意见;由于缺乏自信而难以开始自主活动;因未获得他人的照顾和认可而走极端;自己独处时会感觉不适和无助;当一段亲密关系结束时迫切寻求新关系;沉浸于对独立的恐惧。依赖型人格障碍还会常常伴有抑郁。

(3)强迫型人格障碍

强迫型人格障碍主要具有以下特征:沉湎于细节、规则、条目、次序、组织和日程,以至于忽略了活动的要点;表现为妨碍任务完成的完美主义,所以往

有人说这幅图是"逼死强迫症",但喜欢排列整齐可能只是一种个人习惯,不要乱贴标签

往会因出现不符合自己过分严格的标准而不能完成一个项目;过度投入工作或追求绩效,以至于无法顾及娱乐活动和朋友关系;对道德、伦理或价值观念过度在意、小心谨慎和缺乏弹性;不情愿丢弃用坏的或无价值的物品;不情愿将任务委托给他人或与他人共同工作,除非他人能精确地按照自己的方式行事;对自己和他人都采取吝啬的消费方式,把金

钱视作可以囤积起来以应对未来灾难的东西;表现为僵化和固执。

强迫型人格障碍患者总是"工作第一",因此有很多人在职业上都相当成功,并且会为成功而牺牲自己的个人生活。应当注意的是,我们不能把强迫型人格障碍与强迫症相混淆。尽管都强调仪式和行为规范,但这两种障碍相当不同。在人格障碍中,强迫性并不限于不断洗手这种单一的奇怪行为,而是更微弱、更具弥散性,影响了生活许多方面。进一步说,尽管强迫症并不常见,但强迫型人格障碍相当常见(在男性中更是如此),强迫症患者一般也不会表现出强迫型人格障碍。

扫描学习

美文欣赏:《徐凯文,一个资深心理咨询师的反思》

第三节　治疗精神障碍的方法

精神障碍的治疗方法主要包括医学药物治疗、心理治疗(谈话治疗)或二者的联合治疗。特定情况下,也可以考虑电抽搐治疗(ECT)和经颅磁刺激(TMS)。每种治疗方法都是建立在对于精神障碍的不同假设上,其中的大多数治疗过程都涉及以下几个步骤,即诊断问题的性质、找出问题的原因、预测问题的发展以及对问题实施治疗。

一、为什么要接受心理治疗

1. 精神障碍是可被治愈的

精神障碍像其他躯体疾病一样是可以被成功治愈的。专业治疗可以减轻痛苦、改善症状、更好地应对问题,而且最重要的是提供希望和支持。上节中所述的精神障碍都可以使用本节将要介绍的治疗方法中的一种或多种来治疗。

以抑郁症为例,经过治疗后,80%～90%的抑郁患者的某些症状都可以得到减轻。治疗包括药物治疗、心理治疗(谈话治疗)或二者的联合治疗。对许多患者来说,两种方法的联合治疗要比单独任意一种更有效。对患者来说,在采取药物治疗时,可能需要尝试几种不同的药物才能发现对他们最有效的药物。

2. 精神障碍需要有效治疗

1984 年 10 月 12 日,英国内阁成员和他们的配偶在布莱顿大饭店参加保守党大会。快到下午三点的时候,发生了大爆炸,爱尔兰共和军的恐怖分子引爆了炸弹。饭店大楼的绝大部分在爆炸中被炸毁。其中一位受害者是玛格丽特·泰比特(Margret Tebbit),英国时任贸易大臣的妻子。因为这次事故,她身体的大部分都终身瘫痪了。在这次不幸之前,她患过产后抑郁症,她坚持认为,产后抑郁症比瘫痪对她的伤害更大。

丹尼斯·史蒂文森(Dennis Stevenson)是一位英国知名的商界人物,他的抑郁症不时发作。他这样描述抑郁症给他带来的痛苦:"我的腿曾经有10处骨折,当我被送往医院的时候,有人关门的时候还夹到了我的腿。你可以想象当时有多疼。但是我要告诉你的是,抑郁的痛苦比骨折的痛苦还要强烈几倍,简直是苦不堪言。"

精神障碍带给当事人巨大的痛苦,这种痛苦往往是正常人难以想象的。心理痛苦和肉体痛苦一样都是真实的感受。感知这两种痛苦的大脑区域是相同的,并且前者要比后者给人带来的破坏力更大。然而,人们对这两种痛苦的应对方式却大不相同。几乎每个有身体疾病的人都会求医问药,但是有心理疾病的人当中,竟有2/3不会进行治疗。如果我们骨折了,人们马上就会实施相应的医学救助;但如果我们精神受伤了,这种情况就会复杂很多。

改革开放以来,我国卫生部一共进行过三次大样本的精神障碍流行病调查,最近一次的调查结果是在2017年4月发布。此次调查发现,除精神分裂症及其他精神病性障碍患者外,各类精神障碍患者均存在低咨询率和低治疗率的现象。心境障碍(包括抑郁症)患者中因为最接近的症状而寻求咨询的比例不足1/5,而实际接受治疗的比例仅1/10左右。并且,他们的求医行为均存在很大误区,在非精神科和心理科的机构接受治疗的比例高于3/4,这就说明多数精神障碍患者未选择正确的医疗机构就诊。

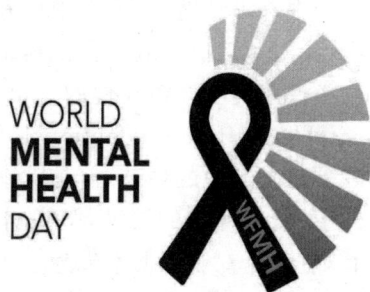

每年的10月10日是"世界精神卫生日",世界各国每年都为"精神卫生日"准备丰富而周密的各类活动,旨在呼吁民众提高对精神健康的重视。

扫描学习

视频:《世界精神卫生日》

3. 心理咨询师或精神科医生提供专业帮助

每当出现心理问题时,很多人最初倾向于向熟人寻求帮助,例如会向家人、朋友或老师寻求支持、帮助和咨询。有一些人可能会从其他愿意倾听他们烦恼的人那里得到帮助。这些非正式的"咨询师"或"治疗师"承担了人们释放大量日常生活负担、挫折和冲突的功能。当人们在生活中遇到的心理问题在一般范围内,那么这些非正式的"咨询师"或"治疗师"常常能够对人有所帮助。

但是,朋友和家人有自己的生活需要和日程安排,他们也无法为你提供专业和及时的帮助。其实,有时他们自己甚至也正遭遇着心理问题。无论出于什么理由,当亲近的人无法为你提供帮助、满足你需要的时候,向受过专业训练的治疗师寻求帮助都是恰如其分的。如果你不想让别人知道自己的问题,那么也可以求助于心理咨询专业人士。不仅如此,专业的治疗师还有你的朋友所不具备的优势,比如他们具有发现精神障碍以及进行治疗的专业技术。

4. 求助行为本身是一种能力和智慧

寻求帮助本身就是一种能力。一个人知道自己出了问题,这是一种觉察能力;能够付诸行动去寻求帮助,需要自制力和行动力;心理咨询和心理治疗对于绝大多数人而言是新事物,我们还需要有敢于尝试新事物的勇气。

小说家村上春树在他的作品《当我谈跑步时,我谈些什么》里引用过一句话"Pain is inevitable. Suffering is optional."这句话放在这里也颇为合适:患有精神障碍这件事本身也许是无法避免的痛苦,但是默默咬牙、独自承担,以致病情恶化错失人生,还是求助于专业人士、借助专业的帮助,坚强勇敢地走出疾病阴霾,却是我们可以主动做出的选择。面对磨难,选择专业帮助不失为一种智慧。

二、何时需要接受治疗

何时需要接受治疗? 首要法则是:考虑某个问题已给自己带来了多少麻烦,或困扰自身的程度如何以及持续了多长时间。当这些问题导致了巨大的痛苦,或破坏了学业、职业、社交或其他重要的生活功能时,那么寻求帮助是明智的做法。精神障碍有别于正常问题的是:它们有多么极端以及它们持续了多长时间。一个人越快了解到自己有获得他人帮助、寻求正确治疗的需求,他的症状就可以越快地改善、越快地康复。如果我们不确定自己或身边的人是否有精神健康问题,下列一种或更多的感觉或行为可作为某个问题的早期警示迹象:

(1)进食或睡觉太多或太少;

(2)与人疏远或通常的活动减少;

(3)低能量或没有能量;

(4)感到麻木或什么都无所谓;

(5)有无法解释的不适和疼痛;

(6)感到无助或无望;

(7)比通常更多地吸烟、饮酒或使用毒品;

(8)感到不寻常的混沌、遗忘、焦虑、愤怒、不安、担心或恐惧;

(9)与家人和朋友打架;

(10)有严重的心境转移,导致关系问题;

(11)有持续的想法和记忆,不能将其赶出大脑;

(12)听到不存在的声音或相信不真实的事物;

(13)想伤害自己或他人;

(14)不能从事日常事务,如上学、上班。

扫描学习

视频:《为什么情绪急救势在必行?》

三、谁来实施心理治疗

与过去相比,现在更多的人遇到问题会寻求治疗。但只有在心理问题变得严重时,人们才会向受过训练的心理健康专业人士寻求帮助。这些需要帮助的人往往可以从几种主要的专业人士那里得到帮助,即咨询心理学家、临床心理学家、精神科医生、临床社会工作者和精神分析师,每一类专家都有自己的专长。

咨询心理学家(counselingp sychologist)至少要获得心理学硕士学位,一般情况下需要获得心理学博士学位。他们帮助人们处置正常生活中的普通问题,如人际关系问题、职业选择问题、学校里的问题、药物滥用和婚姻冲突等问题。这些咨询师常常在学校、企业、监狱、诊所等机构工作。他们所采用的方法有会谈、测验、辅导或提供忠告,以帮助个体解决特定的问题或帮助个体对未来的选择做出决定。

临床心理学家(clinicalp sychologist)必须完成研究生的训练,其训练包括对心理问题的测量与治疗,还要有见习训练并接受督导,取得心理学博士的学位。与精神病学家相比,这类心理学家具有广博的心理学、测量学和研究方面的知识。他们所受的训练主要用来治疗严重的心理障碍。通常自己开办诊所或受雇于心理健康机构和医院,一般没有处方权。

精神科医生(psychiatrist)必须接受取得医学博士学位所必需的所有医学院的训练,还需要完成某些心理和情绪障碍方面特殊的博士后训练。精神科医生所得到的训练更多集中于心理问题的生物医学基础,通常为严重的精神障碍患者开药进行治疗。他们是目前唯一可以进行医学的或药物干预的治疗师。往往受雇于诊所或精神病院。

临床社会工作者(clinical social worker)是心理卫生领域的专业人员。他们接受过精神病学和临床心理学方面的特殊训练。与精神病学家和临床心理学家不同的是,这类咨询师更关注人们问题产生的社会环境,所以他们的工作可能会涉及对家庭其他成员的治疗或至少要与患者的家庭及工作单位取得联系。

精神分析师(psychoanalyst)具有医学博士学位或心理学博士学位,但大多数都是接受过额外精神分析训练的精神科医生。他们主要使用弗洛伊德的理论,了解心理障碍并知道如何进行分析性治疗。

不同的治疗在不同的场所进行着临床实践工作:医院、诊所、学校和私人办公室。某些人本主义的治疗师更愿意把小组治疗安排在他们的家中进行,以便使治疗情境更为自然。以社会治疗为主的治疗师可能将治疗安排在现场,他们会和患者一起到与患者问题相关的场所中进行工作,例如,他们会和具有飞行恐惧症的患者一起坐在飞机里,或和具有社交恐怖症的患者一起去大型购物中心。

四、心理治疗的常用方法

目前,治疗精神障碍的方法主要包括医学药物治疗和心理治疗(谈话治疗)两大类,具体可见表 7-3:

表 7-3　精神障碍的治疗方法

医学药物治疗	心理治疗(谈话治疗)
精神活性药物	精神分析疗法
抗抑郁药	行为主义疗法
抗精神病性药物	认知主义疗法
镇静剂、催眠药、抗焦虑药	人本主义疗法
心境稳定剂和抗癫痫药物	家庭治疗
兴奋剂	后现代治疗(短期焦点解决治疗、叙事治疗)
电抽搐治疗(ECT)	团体治疗
经颅磁刺激(TMS)	等等

【心理百科】

电抽搐治疗(ECT)和经颅磁刺激(TMS)

1. 电抽搐治疗(ECT)

ECT 通过给大脑控制的电流来诱发短暂的癫痫,它是严重的精神障碍,特别是严重的抑郁障碍较好的治疗方法之一。使用 ECT 的抑郁人群中有 $80\% \sim 85\%$ 的个体有所改善。

ECT 是那些想自杀的、严重抑郁的、有精神病性症状的,或那些有可能因为拒绝进食和饮水而威胁生命的障碍的个体的治疗选择。

2. 经颅磁刺激(TMS)

TMS 是一种新的治疗抑郁的方法,用于在试用两三种抗抑郁药后,症状没有改善的个体。此治疗使用一种装置,产生一种电脉冲,发送到脑部特定区域。脉冲通过置于头皮的电极发送。个体报告很少有副作用。相较于 ECT,它不诱发癫痫。

医学药物治疗由完成了医学院学习,具有诊断和处方权的精神科医生开展,在精神疾病专科医院和综合医院的精神科或心理科可以找到他们。需要注意的是:在药物治疗的过程中一定要遵从医嘱服药,千万不要未与医生商量就突然自行停药或减少药量。如果突然停药或减药,就可能导致不舒服的症状,更严重的后果是导致精神障碍的恶化。如果对药物有任何问题或担心,那么请与医生及时取得沟通。

心理治疗(谈话治疗)指的是在独特关系的情境下,基于语言交流的任何类型的咨询,这种独特关系是在精神卫生专业工作者与寻求帮助的来访者之间发展起来的。谈话和倾听的过程可带来新的自知力,减轻导致痛苦的症状,改变不健康或不适应的行为,带来应对世界的更为有效的方式。

下面着重介绍四种主要的心理治疗方法：精神分析法、行为疗法、认知疗法和人本主义治疗。

1. 精神分析法：探索无意识

精神分析学派认为，神经症性是由个体内部的未能解决的创伤和冲突造成的。精神分析学派的治疗师采用"谈话疗法"来治疗心理障碍，他们帮助个体把外显症状与内部未能解决的冲突联系起来并引导其产生领悟。

弗洛伊德创立了精神分析法，它是第一种正式的心理治疗方法。弗洛伊德理论的基本假设是：我们的许多行为来自无意识过程。情感上的疼痛感觉、记忆和愿望都可以使人变得压抑，也就是说它们可以转变成无意识。已经变

精神分析学派创始人：
弗洛伊德

成无意识的思想和冲动，可以通过伪装的方式变成有意识的，这些伪装的方式包括梦、非理性行为和仪式行为。心理分析的目的在于使人们把被压抑的恐惧说出来，并使来源于无意识的东西转变成有意识的，从而使人们能够以更加理性和现实的方式解决自己所遇到的问题。弗洛伊德主要通过四种技术去发现神经症的潜意识病因，包括自由联想、梦的解析、阻抗分析和移情分析。

（1）自由联想：心理治疗中使用的自由联想方法就是要求病人想到什么就说什么，不要顾及说出的话是否让人痛苦和难堪、是否合乎逻辑。思想可以自由地从一个念头跳到另一个念头而无须自我审视。自由联想的目的是使患者降低自我防御意识，从而使潜意识中的东西能够释放出来。

（2）梦的解析：弗洛伊德认为，梦是一种难得的揭露潜意识的途径，他把梦称为"通向潜意识的皇家大道"。因为在梦中可以自由地表达受禁锢的欲望和潜意识中的情感，而且那些欲望和情感一般出现在隐性梦境之中，即一些隐藏的、有象征意义的内容，而不是反映在我们通常能够记住的清晰可见的显性梦境之中。

（3）阻抗分析：在自由联想或梦境描述的过程中，病人可能会对谈论或思考某些主题有抗拒心理。阻抗指病人试图阻断思想的流露，同时也暴露出潜意识中特别重要的冲突。如果心理医生意识到了病人阻抗的存在，就要帮助病人也意识到自己的阻抗，这样才能找到现实的解决办法。因此，病人的阻抗不但不会妨碍精神分析，反而对治疗具有挑战和指导作用。

（4）移情分析：移情指病人会将他对过去生活中一些重要人物的情感"转移"到心理医生身上的倾向。病人会把心理医生当成抛弃了自己的父亲、不爱自己或过度保护自己的母亲、昔日的情人等，这都是经常出现的情况。当病人重新体验到了受压抑的情绪时，心理医生即可帮助他去认识和理解这些情绪。有心理问题的人言行时常会引发他人的消极反应，如愤怒、拒绝、厌恶、指责等，但职业的心理医生会避免像常人那样带给病人任何消极的反应，或者跟病人玩他们已经习惯的"心理游戏"，这同样也会带来治疗性的改变。

2. 行为疗法：通过学习治愈

行为疗法是运用学习的原则使行为发生结构性的变化，具体包括行为矫正、厌恶疗

法、脱敏疗法、代币物奖惩法以及其他相关技术。

(1)行为矫正:行为治疗专家假设,人们的行为方式是通过学习获得的,心理问题是不适应的条件反射造成的,那么也可以通过对更适当行为的再学习来替代以前的行为。一般来说,行为矫正是通过运用经典条件反射或操作性条件反射作用直接改变人的行为。

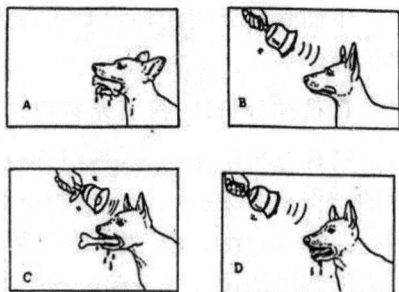
巴甫洛夫的条件反射实验

(2)厌恶疗法:在厌恶疗法中,你要学习将一个你非常厌恶的事物与一种想戒除的不良习惯联系在一起,如吸烟、喝酒或赌博。厌恶疗法被广泛应用于治疗打嗝、打喷嚏、口吃、呕吐、咬指甲、尿床、强迫性拔头发、酗酒、吸烟以及吸食大麻或可卡因,也被用于治疗恋物癖、异装癖、恋童癖以及其他不适当的性行为。事实上,厌恶条件反射就发生在日常生活中。例如,治疗肺癌的医生多数是不吸烟的,急救室的医生也没有几个是开车时不系安全带的,这些无疑都是厌恶条件反射的作用。

(3)脱敏疗法:脱敏疗法以经典条件反射为基础,它可以被看作对已经变得敏感的人所实行的"去条件反射"的过程。敏感化是一种学习方式,也就是说,如果某个微弱的刺激导致另外一个危险或痛苦的刺激出现,那么某个人将会学会增强自身对这个微弱刺激所做出的反应。脱敏疗法对治疗恐怖症非常有效。如系统脱敏疗法通过强化某种相反的反应(比如当靠近蜘蛛时保持放松)来弱化某种已经形成的反应(比如对蜘蛛的恐惧)。这个治疗过程以下面的事实为基础:我们不能同时产生两种完全相反的感觉,比如没有谁能够同时感觉到焦虑和放松。因此,对人们进行系统脱敏的一种方法是,使他们在想象某个恐怖的环境或者向他们出示一幅恐怖图片之前保持放松。临床医生有时会使用药物和催眠术来帮助那些不能放松的人达到放松的目的。

3. 认知疗法:形成积极思考

认知疗法以下面的原则为基础:人们并不是被事件本身所困扰,而是被他们对这个世界的看法所困扰。因此认知疗法主要是通过改变我们对自己、对这个世界以及未来的看法达到治疗的目的。使用认知疗法的临床医生把注意力放在人们如何进行思考上,他们强调我们是如何看待自己本身和这个世界的。认知疗法可用于许多问题的治疗,但对抑郁症尤其有效。

(1)抑郁症的认知疗法:治疗者要一步一步地改变抑郁症患者总是用消极的眼光观看待自己、世界和未来的思考模式。首先,要告诉来访者应如何认识和驾驭自己的思想,然后共同寻找那些引起抑郁、愤怒、逃避的想法和信念。其次,治疗者要求来访者收集一些信息来检验他们的信念,并指导来访者学会通过改善心境、行为和与外界的关系来改变思想。在很多治疗抑郁症的案例中,认知疗法可以达到跟抗抑郁药同样好的治疗效果。更重要的是,人们在学会新的思维方式后一般不会再次陷入抑郁,而这种效果是抗抑郁药无法达到的。

(2)理性情绪疗法:理性情绪疗法在认知疗法中占有非常重要的地位。美国临床心理学家艾里斯认为,许多情感障碍都是由人们对自己的经历所持有的不理智的观念引起的。

大多数不理智的信念来自三种不切实际的观念:第一,我必须表现出色并得到重要他人的赞赏,否则就相当糟糕,我会变得一无是处,那是我不能忍受的;第二你必须公平地对待我,否则后果不堪设想,这是我绝不能容忍的;第三,关于外部条件,我想怎么样就得怎么样,否则我就无法在如此恶劣的世界里生活。在这个还不够完美的世界上,上述信念显然会导致很多痛苦和伤害。理性情绪治疗师在改变来访者的那些不合理信念和"自我对话"时是非常直接和有指导性的,治疗的做法包括指出来访者的逻辑错误,批判他们的思想,用反面事例证明他们信念的不合理,使他们提高自我接纳的程度和对日常烦心事的耐受力。

(3)认知行为疗法:认知行为疗法是以问题为核心的治疗方法,它把认知、行为和情感变化都纳入了考虑的范围。认知行为疗法承认思想对行为所产生的影响,但它不仅仅关注行为的变化,还关注认知的变化以及当事人对自身问题的领悟。由于认知行为疗法以认知模型为基础,因此它通过改变人们的思维方式来改变不适应的行为。认知和行为变化的结合可以被用来对诸如恐惧障碍之类的心理障碍进行治疗。同时,认知行为疗法已经被广泛应用于情感障碍治疗中,包括抑郁症和焦虑症。此外,认知行为疗法也可能会为具有明显焦虑症状的焦虑障碍(例如惊恐障碍、强迫障碍和广泛性焦虑障碍等)的治疗提供帮助。

4. 人本主义治疗:重塑人类潜能

当大多数人描绘临床心理学家时,可能会认为他们都是做洞悉治疗的,也就是帮助来访者对自己的思想、情感、行为有更深层次的理解。人本主义的本质是治疗师通过治疗,能够使有心理问题人感到生活丰富和有意义,并充分发挥他们的潜能。

心理学家卡尔·罗杰斯发现,探索人的有意识的思想和情感比关注无意识更有益。精神分析学家倾向于以一种权威的姿态出现,陈述病人的梦、思想或记忆内容的"实际意义"。而罗杰斯认为,治疗者认为正确的和有价值的,对来访者可能恰恰相反,所以在治疗的每一阶段讨论什么主题应由来访者决定。罗杰斯更喜欢使用"来访者"这个术语,因为来访者不都是有"病"并需要接受治疗的"病人"。他提出的来访者中心治疗也称为"以人为中心的治疗",是非指导性的、以洞察有意识的思想和情感为基础的心理治疗方法。如果由来访者自己处理问题,那么治疗者做什么?治疗者的任务是营造一种安全的"成长气氛",并给来访者提供改变的机会,来访者也必须主动地抓住机会,积极地去解决自己所存在的问题。

除了一对一的治疗形式,治疗师还会采用小组治疗法。在小组治疗中,来访者可以把心理问题表演出来,或直接去体验问题,这样常常可以产生意想不到的洞悉。除此之外,小组中有相似问题的其他成员也可以提出建议并提供支持。

如果你身边有人正与严重的心理问题作斗争,你应该鼓励他积极寻求专业人士的帮助,尽快接受专业的诊断与治疗。最重要的是,我们要了解人类内心深处的痛苦,调整自己对精神障碍的看法,对精神障碍患者表示理解和尊重。

五、治疗期间和治疗后的自我保健

从精神卫生专业人员那里获得帮助是变得更好的开端。治疗需要时间来起作用,治疗本身并不能保证提供完全的治愈。能否治愈依赖于选择的治疗方法和专业工作者的技能,但更重要的是寻求帮助的个体自身的努力及其亲友的支持。治愈需要时间,也需要勇气,更需要每天持续努力、不能放弃。以下是些一个人可以做的事,它们可有效改善个体的健康和提升治疗效果:

(1)积极锻炼。锻炼已被证明,不仅对躯体有好处,而且对精神、心理也有好处。它对抑郁特别有好处,也是一种缓解焦虑的有效方法。锻炼还可以减轻紧张,增进幸福感和整体健康。

(2)培养健康、平衡的饮食习惯。日常食物应包括蔬菜、水果、豆制品、瘦肉、鱼类和五谷杂粮。不良的饮食习惯(例如:不吃正餐,进食太快,或吃太多垃圾食品、大量的糖、快餐)会令个体身体不适,心理感受不好。健康平衡的饮食可改善健康,有助于个体感觉良好。

(3)避免悲观负性的自我对话。聚焦于你喜欢的、有关你自己和那些你做得好的事情。

(4)培养积极的观点。当坏事发生在那些有乐观想法的个体身上,他们经常把许多挫折或丧失看成特定和暂时的事件——而不是对他们自己或整个生活的评判。改变的关键是清除可能冲击大脑的自动负性想法。用积极的事实取代它们。给自己列一个清单,囊括你的优势和生命中你认为重要的事,提醒自己多想那些重要的事。

(5)学会幽默。幽默常常允许我们表达恐惧和其他负性感受而不给自己或他人带来痛苦。它还能促进躯体健康。由于我们经常与他人一起大笑,幽默帮助我们建立支持性的关系。

(6)建立友谊,给予和获得支持。在关系中,个体可以发现,一些问题更容易被全面看待。重要的是与他人建立联系。

(7)做好事。这可以提升自尊,还可以减轻躯体和精神压力。找到你喜欢的或与你的爱好有关的帮助他人的方法。

(8)寻找或加入面临类似问题的同伴或同伴支持团体。这样可以提供同情或共情,提升士气,为正在应对类似问题的个体,创造一个新的社交世界。与有类似问题的个体或团体交谈,对于那些有精神障碍的个体非常有用。医院、社区健康中心和当地精神卫生组织,经常会创建或支持这样的同伴团体。通过参与其中,个体与有类似问题的他人发展出一种相互联结的感觉。

扫描学习

心理百科:《自杀信号的识别》

扫描学习

测验:《小节测验20题》

【电影心赏】

飞越疯人院(*One Flew Over the Cuckoo's Nest*)(1975)

墨菲为了逃避监狱里的强制劳动,装成精神异常的病人,于是被送进了精神病院。他的到来给死气沉沉的精神病院带来了剧烈的冲击。

墨菲要求看棒球比赛的电视转播,这挑战了医院严格的管理制度,受到护士长瑞秋的百般阻挠;墨菲带领病人出海捕鱼,这大大振奋了他们的精神,却让院方感到头痛不已……院方为了惩处墨菲的胆大妄为、屡犯院规,决定将他永远留在疯人院。生性自由的墨菲再也无法忍受疯人院的生活,他联合病友——高大的印第安人"酋长",开始自己的"飞越疯人院"计划……

【推荐阅读】

沙伦·L·约翰逊.心理诊断和治疗手册[M].卢宁,译.北京:中国轻工业出版社,2008.

赵志明.我亲爱的精神病患者[M].北京:中国华侨出版社,2013.

德博拉·C·贝德尔,辛西娅·M·布利克,梅琳达·斯坦利.变态心理学[M].袁立壮,译.北京:机械工业出版社,2013.

美国精神医学学会.精神障碍诊断与统计手册[M].5版.张道龙等,译.北京:北京大学出版社出版,2015.

第八章　成为一个幸福的人

幸福在何方

英子从小就被教导：今天不努力，明天徒伤悲。自上小学那天起，父母和老师就经常告诫她，上学的目的就是取得好成绩，这样才能考上好大学、找到好工作、获得好生活。从此，学校作业和课外补习成为英子生活中的主题，考试分数和班级排名是能否得到父母奖励的依据。英子很听话也很努力，学习成绩一直不错，班级里的排名总是数一数二的。英子是父母和老师心目中的好孩子、好学生，在其他父母眼中也属于"别人家的孩子"。大家都理所当然地认为，英子一定能考上重点大学并会很有前途。英子经常害怕自己成绩不好，那样既辜负父母和老师对自己的期望，也不能实现自己对幸福生活的向往。她不允许自己有一点松懈，平时所有的空余时间都用来复习功课，很少会有兴趣爱好和娱乐活动。她不允许自己做错一点功课，因此每次考试都很紧张，对分数和排名尤其看重。

升入高中时，她已经深信，牺牲现在是为了换取未来的幸福，没有苦中苦，就没有甜上甜。随着高考临近，压力越来越大，但她安慰自己说"考上大学后一切都会变好的"。收到大学录取通知书的时候，她着实激动兴奋了好几天，以为自己的一切努力都得到了认可，终于可以轻松地生活了。但是事与愿违，大学生活没过几天，那种熟悉的压力和焦虑感又卷土重来了。她担心不能在和大学同学的竞争中取胜，将来就得不到理想的工作和幸福的生活。大学四年，英子认识到除了学习成绩好以外，其他的能力提高也很重要。她开始奔波忙于参加社团活动、做义工及上各种各样的选修课……大学毕业后，英子被一家著名公司录用，她又一次兴奋地告诉自己可以幸福生活了。可是，她很快发现这份高薪工作充满了压力，她必须努力地工作才能换取更快的晋升……其实，不仅英子是这样的，我们很多人一直在努力追求幸福但却生活得不开心，焦虑沮丧、压力重重。

我们如何才能获得幸福呢？物质生活越来越丰富，人们对幸福也越来越关注。往前追溯一点，有已经连续多年推出的"幸福城市排行榜"；再往前追溯，有一首大家耳熟能详的少儿歌曲《幸福在哪里》；追溯到源头，会发现我国春秋中叶以前的《尚书·洪范》一书最早对"什么是幸福"做出了比较系统的论述。接下来，就让我们一同探讨"幸福"这个话题。

问题思考

(1)幸福到底是什么？

(2)人们对幸福有哪些误解？

(3)我们怎样使自己变得更加幸福？

英国空想社会主义者欧文说："人类一切努力的目的在于获得幸福。"美国哲学家梭罗则说："任何人都是自己幸福的工匠。"在本章，我们将通过介绍泰勒·本-沙哈尔博士提出的幸福的"汉堡模式"，来解析为什么幸福是快乐和意义的结合，探讨人们对幸福来源的错误理解，并为你提供一些如何做好自己的幸福功课的建议。

第一节　幸福是什么

什么是幸福？有成功的事业？有美满的爱情？有很多的财富？有健康的身体？有自由的时间？有长久的友谊？有高尚的思想？事业、爱情、财富、健康、时间、友谊、理想……这都是人们所谓的幸福。不同的人对幸福的理解和诠释不同。每个人都在按照自己的方式追求幸福。生活拮据时觉得丰衣足食是幸福；病魔缠身时觉得无病无灾是幸福；然而，当你身强体壮地过着衣食无忧的生活时，你仍然觉得幸福不够……

扫描学习

视频：《走基层·百姓心声特别调查：幸福是什么》

1. 幸福＝积极情感∶消极情感

这是 1969 年布赖德布恩构建"情感平衡理论说"时提出的，他认为幸福是由积极情感和消极情感两个成分构成。幸福感其实就是人们将积极情感和消极情感相比较而得到的整体判断。所以要想获得幸福可以尽可能地增加积极情感、减少消极情感，这样我们的幸福感就能增加。

2. 幸福＝设定点＋生活环境＋意志活动

这个公式是柳博米斯基、谢尔登和施拉德三位心理学研究者提出的，这里的设定点指的是人们与生俱来的幸福水平，生活环境更多地指使我们生活变得美好的体验和条件（例如，不一定是更多的钱，可以是家人的关爱、美丽的晚霞或者可爱的小花等），而意志活动则是最有趣的一个部分，它的意思是主观幸福感或者说一个人发现和关注生活中美好的心理能力，它可以解释为什么在同样的环境中有人感到知足而有人牢骚满腹。幸福不是意志活动（心理）的唯一产物，但意志活动（心理）至少能够让我们做些事情来增加而不是减少幸福。

3. 幸福＝P＋(5×E)＋(3×H)

请你平心静气地开始回答下面四个问题：①你是否充满活力，能以灵活和开放的心态面对变化？②你是否有积极的心态，可以快速地从挫折中恢复过来，感到自己有力量掌控生活？③你是否实现生活中的基本自由，例如健康的身心、不错的财务状况、个人安全感和选择的自由？④你是否有亲密的朋友在自己需要的时候给予有力的支持？你能否达到对自己期望的水平并鼓励自己义无反顾地去实现目标？你是否可以沉浸其中而不受其他事情的干扰？

英国心理学家卡尔和皮特设计了上面四个问题，在走访了一千多人的基础上得出这个公式。P代表个性，包括世界观、适应能力及应变能力；E代表生存，包括健康状况、财务状况和交友情况；H代表更高层次的需要，包括自尊、理想、幽默和对生活的期望。这三个内容是不平衡的，彼此拥有着不同的加权，生存的需要大于高层次的需要。

研究者发现，大多数人不知道幸福是什么，他们认为只要有钱、有车、有别墅就是幸福。当这一切都变成现实后，人们却发现原来自己并不比其他人更开心。这不禁让我们联想到曾报道过的一些彩票中奖者最后过着凄凉余生的新闻。这些中奖者并没有因为一夜暴富获得幸福人生，潦倒收场的结局不能不让人唏嘘感慨。幸福的人应该学会积极享受生命，同时需要弄清自己到底想要什么，以及通过什么手段能达到这一目的。

4.幸福＝效用/欲望

这个公式的提出者是著名的经济学家保罗·萨缪尔森，他是美国第一个诺贝尔经济学奖获得者。他提出的边际效用递减规律是非常著名的一个理论，而且幸福感在一定程度上也遵循这个理论。效用表示个体从消费物品中获得的满足程度，比如，有人喜欢燕窝鱼翅，有人喜欢萝卜青菜。欲望表示个体想要达到的目标，比如，有人希望自己一夜暴富，有人希望自己一生平安，这两者都属于主观心理感受。我们想要获得所谓的幸福，就是要过上"令人满意"的生活。当欲望不变时，幸福取决于效用，这时效用越大我们就越幸福；而当效用不变时，幸福就取决于欲望，这时欲望越小我们就越幸福。总之，效用越大越幸福，欲望越小越幸福。

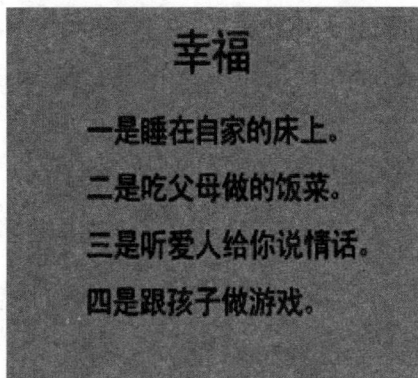
林语堂对幸福的看法

这个公式生动地体现了中国古代"知足常乐"的智慧。当我们实现欲望的能力，也就是效用既定的时候，欲望越大就会越不幸福。我们想要更加幸福，可以通过两种途径：增加效用或减少欲望。所以，想要获得幸福，要么提升自己的能力来满足欲望，要么控制自己的欲望而学会放下。我们需要有自知之明，学会用思考来叩问内心的需求，积极确立并实现属于自己的生活目标。这个公式也很好地向我们揭示了金钱、名声、成功等影响幸福的路径。

5.幸福＝积极情绪＋投入＋意义＋成就＋人际关系

美国积极心理学之父塞利格曼认为，一个人想要获得幸福，就必须有积极情绪、投入、意义、成就和人际关系。第一个元素积极情绪是指我们的主观感受：愉悦、狂喜、入迷、温暖、舒适等，建立在积极情绪元素上的成功人生称为"愉悦的人生"。例如，有些人收入不高但每天都很快乐，这就是愉悦的人生；而有些人很有钱却每天愁眉苦脸，这就不是愉悦的人生。

第二个元素是投入。积极心理学奠基人米哈里·契克森米哈赖在《心流——最优体验心理学》一书中写道:"全力以赴、忘我投入地做一件事情是一种'心流(flow)'"。当我们在画画、打排球、公开演讲、攀岩等具有挑战性且需要技术的活动中时,常常有这样的体验:时间好像停止,自我意识消失。处于心流状态之时,可以达到人物合一,完全忘掉周围一切。由于心流需要集中全部的注意力,因此动用了我们全部的认知和情感资源,让我们逃脱世俗的烦恼而进入投入的快乐。

第三个因素意义是指归属和致力于某种自认为超越自我的东西,它不是单纯的主观感受,而是一种对他人、对社会、对自己有价值的行为。例如,日本著名实业家稻盛和夫认为自己工作就是在修行,不是单纯为了工作而工作。充满意义和价值的工作才能带来快乐,仅仅为了赚钱的工作是无法带来幸福感的。从事一份自己喜欢的工作,通过工作去帮助更多的人,能为社会和人类创造价值,我们将获得有意义的人生。

第四个元素成就往往是一项终极追求,哪怕它不能带来任何积极情绪、意义、关系。例如,有些人为了赚钱而赚钱,而有些人为了实现自我价值和获得成就感而赚钱。我们作为社会的一分子,每个人的成就有大有小。能拥有属于自己的成就,我们会感到人生的幸福。

第五个元素是人际关系。积极的人际关系是获得幸福感的重要条件,建立良好的人际关系就是要学会去帮助别人。研究者发现,帮助别人是提升幸福感最可靠的方法。

扫描学习

自我测试:《正性与负性情感量表(PNAS)》

6. 幸福＝快乐＋意义

哈佛幸福课的主讲人泰勒·本-沙哈尔认为,幸福应该是"意义和快乐的结合"。真正快乐的人能够在自己觉得有意义的生活方式里享受点点滴滴。

如果要幸福,我们就必须体验积极的情绪或情感,因为快乐是幸福生活的先决条件。正如心理学家纳撒尼尔·布兰登所说:"快乐不是奢侈品,而是一种深层次的心理需要。"在完全没有快乐只能感受痛苦的生活中,我们是无法获得幸福的。幸福不需要持续高涨的情绪状态。我们都会经历情绪上的起伏,因为生命中不可避免地会发生失败或经历失去,但我们依然可以获得幸福。事实上,期盼无时无刻的快乐只会带来失望,最终会导致负面情绪的产生。只要我们整体上保持一种积极的人生态度,快乐是常态而痛苦只是生活小插曲,那我们就是幸福的。事实上,我们都应该为活着本身而感到由衷的快乐和感恩。

哲学家罗伯特·诺奇克在《无政府主义、国家与乌托邦》中描述了一个假想实验,如果有这样一个机器,它可以让我们得到任何快感、感受到真实的爱,而且我们完全不会察觉到这是机器的作用。如果可以的话,我们会不会一生都选择这部机器?绝大多数人的答案都是不会。因为我们所关心的不仅是个人的内在感受,我们还希望周围的环境与自己的感受是一致的。也就是说,我们需要证实自己的行为确实能够改变世界,而不仅仅是自己的主观感受。这正是人与动物的本质区别,人活着是需要"意义"的。当谈到有意义的生活时,我们经常谈到目标,目标感要比设定目标更有意义,而且我们需要那些让我们从内心深处感到有意义的目标。真正有意义的生活目标必须是自发的,它是我们为了实现自我的价值,而不是为了迎合他人的期待或满足社会标准。当我们拥有这种目标感时,这种感觉就像是听到了"真我的呼唤"。当然,这些目标不能脱离现实,并且可以挖掘自己的潜力。

扫描学习

微课:《幸福的含义》

【成长练习】

幸福日记

如果可以的话,你可以尝试每天抽出一点时间,按照自己体验到的真情实感,写下你现在或曾经所感受到的某一类型的经历。

如果属于忙碌奔波型,就写下你不停奔波,活得像忙碌奔波型的经历:为什么曾经是那样?你是否在其中得到了很多?你损失的又是什么?

如果属于享乐主义型,解释一下你只顾享乐的时刻与经历:你是否在其中得到了很多?你损失的又是什么?

如果属于虚无主义型,可以写下有关那个特别痛苦的时刻与经历,那个你感到绝望、无助的时刻,并解释你对它最深刻的感觉和想法,还有你之前或是现在仍有的感受。

如果属于幸福型,说明一下你经历的某个特别快乐的时刻或是某个经历。用你的想象力,让自己再次回到那个时候,重新感受一下当时的感觉,然后把那个感觉写下来。只要真实开放地去写,并记得定期回去翻看回顾,可以是三个月、一年甚至两年,你一定会受益匪浅。

第二节 幸福的误区

在我们的周围,不难发现,经常会有人把"累""心塞""无聊""郁闷""空虚"等词汇挂在嘴边。英国广播公司电视台曾经推出一部纪录片——《幸福公式》,开篇提出了三个问题:"我们更有钱了,更健康了,智商提高了三倍,为什么没有变得更幸福?什么偷走了我们这一代人的幸福,我们的幸福又去了哪里呢?"接下来,我们来看看人们对幸福理解的三大误区。

一、幸福是实现目标？

第一节的内容讲述了我们想要获得幸福需要设定有意义的生活目标。总的来说，有目标的人其成功概率要比没有目标的人大得多。具有挑战性的确切目标（即设定了相对时限和具体成果的目标）通常会带来更好的表现。设定目标就是给自己一个决心，而决心会让我们对自己抱有自信，从而让我们对未来抱有更积极的态度。所以，我们需要目标，设定目标可以让我们产生使命感、集中注意力，帮助我们找到实现目标的路线，而不是被动地应对现实生活。由此可见，目标与成功之间存在着高相关，但是目标与幸福之间却没有那么明显的相关性。

还记得前面英子的故事吗？她一直生活在"只要……，我就幸福了"的假设中，却似乎从来没有享受过今天的日子，而一直生活在对明天的期盼中。英子就属于泰勒·本-沙哈尔所提到的"忙碌奔波型"的人。现实生活中这一类型的人特别常见，最主要的原因是我们所受社会环境和文化背景的影响：如果成绩优秀，家长和老师会给奖励；如果工作努力，公司会给奖金……我们习惯性地去关注目标，却常常忽略了眼前的事情，最后导致终身的盲目追求。我们从不会因为过程而受到奖励，能否达到目标成了衡量一切的唯一标准。社会只褒奖成功的人，而不是正在努力的人，也就是只看终点而无视过程。

罗伯特·M.波西格在《禅与摩托车维修艺术》一书中也记载了类似的故事：波西格与一群老僧人一起攀登喜马拉雅山，虽然他是最年轻的成员，但与所有老僧人相比，他反而是最辛苦的。因为他只把注意力放在尽快登顶上，总是被眼前的山路影响，无法享受攀登的乐趣，最终失去了攀登的愿望与毅力。对于老僧人来说，登顶很重要但却不是第一要务，他们在确定目标后就开始愉快地享受旅途，而不曾被眼前的崎岖山路所困扰。所以当确立了目标后，我们就可以开始享受旅途。

为实现目标的奋斗过程，比达到目标更能带来幸福和积极的情绪影响。目标是为了让我们能专注当下、享受眼前，因此它是意义而不是结局。如果我们要保持幸福感，就必须改变我们对目标的期望：与其把它当成一种结局（相信我们在未来会幸福），不如把它作为意义（相信它可以加强我们在人生旅途中的快乐感受）。因此，目标是获得幸福的必需品，但绝不是生活的全部。另外，对于追求幸福的人来说，更建议去追求包括成长、人际关系和对社会有贡献的目标，而不是金钱、美貌和

幸福是奋斗出来的

声望。因为很多人对金钱、美貌和声望的追求是出于必须或压力的心态，而这样的心态是无法积极享受生命的过程的。

扫描学习

视频：《苍蝇的一分钟生命》

二、幸福总在别人家？

人们大部分的生活是以社会比较为中心的，正如那个有关两个徒步旅行者遭遇熊的笑话所说的那样。一个徒步旅行者从他的背包中拿出一双运动鞋。另一个旅行者问："为什么要穿上运动鞋？你不可能比一只熊跑得还快！"那个人却说："我不需要比那只熊跑得还快，我只需要比你跑得快就够了。"我们感觉到幸福或不幸福依赖于我们和谁相比较。当人们进行向上比较时，可能会产生一种相对剥夺感：期望与实际所得之间的差距会产生挫折感。特别是在社交网络日益发达的今天，人们常常会接触到他人发送的各种信息，当人们意识到其他人拥有自己没有的东西或经历时，自身的欲望诉求就会不断上升而使自己变得越来越不满意和不幸福。

相对来说，向下比较似乎是人们天生就有的倾向。心理学研究者曾经做过实验发现：与那些在实验中完成以"我希望我是……"开头的句子的被试相比，那些完成"我很高兴我不是……"句子的被试在之后的测验中，表现出更少的抑郁迹象并表示更多的生活满意。在面临困境或挫折时、在遭遇不快乐或不幸福时，人们总是试图在黑暗中寻找一线光明，通过与那些比自己不幸福的人进行比较来获得心理平衡。在了解到他人的遭遇更糟糕时我们会更加看重自己的幸福，并意识到自己也许并不需要那些"东西"。一则波斯谚语如是说："我因为没有鞋穿而感到沮丧，直到我发现还有人没有脚。"

在生活中，当看到身边的人赚钱了、拿奖了、升迁了、换房了、买车了……有的人可能会暗暗地羡慕嫉妒恨，暗暗地想：为什么幸福总是围绕在别人身边？人们总是艳羡别处的风光而错过眼前的美景。每个人都有属于自己的美好与幸福，每个人也同时会有痛苦与无奈。当你在羡慕别人的时候，你怎么知道对方是不是也在羡慕你呢？诗人卞之琳有一首著名的诗歌《断章》就很好地说明了这个道理："你站在桥上看风景，看风景的人在楼上看你，明月装饰了你的窗子，你装饰了别人的梦。"

不要盲目羡慕别人，幸福就在你的身边

所以，幸福是个比较级，知足才能常乐。但是，幸福又不是比较级，快乐源于内心。人生的意义在于发现自我，然后通过与外界即世界建立一种联系而认识自我，再从这种联系中跳脱出来，实现自我价值，完善自我。幸福是一种抽象的唯心的东西，是在自我的世界里感受而形成的。我们不能仅仅依赖比较去维系一种感官上的优越感，那会把幸福变成一种自欺欺人的把戏。抛弃心中浮躁,敞开心扉感受,用充满爱的眼睛,随时随地去发现幸福。

【成长练习】

你生命中重要的五样幸福

首先请你全身放松,排除杂念,保持一个平和的心情。然后开始吧。

第一步:请你仔细思考下你生命中重要的五样幸福并在纸上记录下来。这五样幸福可以是你拥有的实在物体,例如食物、水、金钱;也可以是让你感觉在一起幸福的人或动物,例如父母、朋友、爱人或狗;还可以是精神上的幸福,例如爱情、亲情、理想;还可以是你所做过的幸福的事,拥有的幸福瞬间,例如旅游、听音乐、和朋友一起玩游戏等。反正就是到现在为止让你感到最幸福的东西、事件。

第二步:你写好了吗?也许现在你已经发现你生活中的美好点滴。但是人生总有很多意外,假如有一天,发生了出乎意料的灾难,五样宝贵的幸福之中的一个不得不离你而去,你会选择划掉哪一个?删除就代表它将不会再出现在你的生命里,你永远地失去了它。你现在有什么感受?你的心情如何?这一失去会对你的生活带来什么影响?请你写下自己的感受。

第三步:假如灾难还在继续,你又要失去一样宝贵的幸福,你需要再一次划掉一个条目。你要再次问一下你的内心,并把自己的感受进行记录。然后,请你继续进行删除并去内省。就这样,真的很难为你,但你不得不继续做出选择,直到只剩最后一样幸福。

艰难的选择到此结束了。现在请你看一下剩下的最后一样幸福。这应该就是你内心中感到最幸福、最重要的东西。请你再回想一下,在这一过程中的你所做出的选择,还有你体验到的心情与感受,例如挣扎、无奈与痛苦。幸运的是,这些幸福还在你的身边,希望你从今以后重视、珍惜与善待。

三、幸福来自完美吗?

假想一下,如果生活中只有晴空万里而没有乌云笼罩,只有幸福而没有悲哀,只有快乐而没有痛苦,那么这将不是人的生活。幸福是由悲伤和喜悦缠绕在一起的密线,快乐也需要悲伤来显现,在生活的法则中,不幸和幸运总是交织在一起。

作家三毛说:"人类往往少年老成,青年迷茫,中年喜欢将别人的成就与自己比较,因而很受挫。好不容易活到老年,仍是一个没有成长的笨孩子。我们一直粗糙地活着,而人的一生,便也这样过去了。"智慧丰富的人们都明白这个道理:追求从来没有的东西,根本就不存在的东西,只会令自己徒增烦恼罢了。所以,一个人要想让自己幸福、快乐一点,就不应处处苛求自己,不如把自己的瑕疵当作自己进步的突破口。

生命与生活,一个是有限的,另一个是无限的。至于每一个有生命的个体,从他出生的那一刻,直到他死亡的那个瞬间,生活都不曾离开过他的左右。造物主是吝啬的,他不会给一个人太多。有句话如是说:"每个人都是被上帝咬掉一口的苹果。"如果每个人都能够懂得这一点,心态就会变得平和,就会明白生命其实就是一种心境。所以,我们要用不过分追求完美的、平和的心去尽力做好每一件事,你定会感觉到生活是如此的轻松与惬意,并很容易发现,生活中许多美好的事物就在我们身边。生活给了你明亮的眼睛,让你去寻找光明与希望、快乐与幸福。

完美在很多时候都是人们所追求的最高理想和最高境界,可等你真的向那个目标进发时,你会发现现实并不是你所期望的那样美好。完美本身其实就是一种不完美,因为过多地苛求自己不但会影响到自己的发展,而且会使自己过于劳累,心灵过于疲惫。那些追求完美生活的人常会感到不安,根源在于他们用一种不正确且不合乎逻辑的态度看待人生。他们最为普遍的错误想法就是,不完美的事物是没有任何价值可言的。例如,若在考试中考了 99 分,剩余的那 1 分会变成他们心中长时间的痛。追求完美的人还存在一个心理误区:"自己永远不可能再把这件事情做好了。"他们可能会自怨自艾,无休止地责备自己,内心不断感受到受挫和内疚,而从此快乐难寻。

有的人总是不断地苛责自己,例如,要求自己的言谈举止时刻保持高雅而优美,遇到发言时就拼命克制自己的紧张,工作时要求自己做到最完美,旅游前总要计划好每天的活动和每条线路……完美主义是一种枷锁。不要奢望"鱼和熊掌兼得"的完美,有时候完美并不等同于美丽,却恰恰是缺憾的验证。有句谚语说:"世上没有不生杂草的花园。"完美主义让我们不能接受事实,也不能满足于现状,以致减少了很多成功的机会,因此我们要解除这种枷锁,把一个真实的自我释放出来,这样才是真正改变了自己,这样才能真正做一个幸福的人。

【哲理故事】

世上不存在完美

以前,一位技艺精湛的老玉匠希望有人能接自己的班。不久,他招了三个徒弟。经过五年细致耐心地传授,老玉匠想考察一下三个徒弟,他把三个人叫来并交代道:"在这个世界上,有一块无价之宝,它没有任何缺陷且存在于崇山峻岭深处。你们已经学艺多年,也是检验你们学习成果的时候了。你们都去找那块美玉吧,找不到就不要回来见我。"

第二天清晨,三人便向深山出发,踏上了寻找绝世美玉之路。大徒弟是一个执着而又注重生活实际的人。他在途中偶尔会发现有些许瑕疵的玉石,也会发现成色质地粗糙但形状特别的玉石。每每于此,他都会很细心地将各种玉石归类并一一放到包裹里面。四年后,尽管他并没有找到那块美玉,但也拾得了满满一行囊的玉石,自己也有一种满足感。而且他很想念自己的恩师,决定即使被师傅训诫也要回去。在他看来,这些玉石也很美,虽然没有达到极致的完美。

学会接纳不完美

路上,他遇到了两手空空的师弟们。两个师弟认为:"你这些东西根本不是师傅所说的那块美玉,师傅是不会满意的。我们不回去,我们要继续寻找那块绝世的美玉。"大徒弟便一个人带着他的那些玉石回去见师傅了。当他把自己的成果交给师傅时,师傅脸上露出了欣慰的笑容。

他把两位师弟说的话传达给师傅,师傅听后叹气道:"他们不会回来了,他们俩都是不合格的探险家。如果他们幸运的话,能够中途醒悟,明白至善至美是不存在的这个道理,那是他们的福气。如果他们不能醒悟,便只能付出一生的代价了。"

又过了三年,二徒弟也回来了,他只找到了几颗玉石,但是却费了他很多的心力,师傅见过后,面带笑容,为他的醒悟感到庆幸,同时也为小徒弟深感惋惜。

又过了很多年,师傅的生命已经奄奄一息了。大徒弟和二徒弟对师傅说要派人去寻找师弟。师傅说:"不用去找了,经过这么长的时间和那么多的失败都不能够使他醒悟,这样执迷不悟的人,即使回来了又能够做什么事情呢?"世界上并没有完美的玉,也没有完美的人,为追求这种东西而耗费生命,只会落入"白了头,空悲切"的境地。

🐱 扫描学习

微课:《有钱就幸福吗》

第三节　努力获得幸福

一种幸福的生活,需要内在的价值观支撑,也需要为幸福而努力奋斗。寻找一条适合自己的路去追求幸福是最明智的。如何才能使自己变得更幸福?下面的一些建议也许能帮助你做好自己的幸福功课。

一、健康的生活方式

先请你回顾一下第一章中"健康生活方式的评估"。我们知道,一种健康的生活方式是在以下各个方面彼此强化的积极的习惯:环境方面、智力方面、情感方面、精神方面、生理方面、社会方面和时间方面。健康的生活方式会渗透到我们的所有生活中,渗透到工作、学习和家庭中并会影响他人。我们不断面对的问题是,如何在每一领域中最大限度地挖掘我们的健康潜力。当我们在某一方面取得进步时,其他方面也会自动受益,因为健康的各个维度是相互联系且相互促进的。而且,每个人都有能力对自己的生活方式做出独立的选择。

1. 探索自我

马斯洛说过:"人如果不能时刻倾听自己的心声,就无法明智选择人生的道路。"虽然内心和思想都很难度量,但我们还是可以对自己的幸福做出评估,并思考如何才能变得更幸福。我们可以从记录每天的事项开始,并且写下它们带给我们的快乐和意义。

每天用一点时间,记录下当天的生活,可以帮助我们找到自己的模式(如表 8-1)。比如,我们可能会发现,我们的大部分时间都用在那些在未来可能获益,但我们并不享受的事情上,或是做了太多既没有意义也不快乐的事。据此,我们就可以为自己的生活做出更好的规划。

虽然有一些可以帮助人们获得美好生活的基本原则(比如说找寻快乐与意义),但绝对没有任何统一的方法。人类是多元化的、复杂而各不相同的;每个人都是独特的,都是活在自己的世界里。通过记录自己的生活,我们可以看见自己独特的需要。

用一两个星期的时间,把自己的日常作息记录下来。在每天结束前,写下你是怎么使用时间的,从花五分钟回复电子邮件到看两小时的电视都可以。这个练习不需要特别精确的回忆,它所提供给你的仅是一个整体的回顾。

在每个星期结束时,画出一张表格,如表 8-1 所示,上面要包括你所做的事情,它们带来了多少意义和快乐,以及你所花的时间。你可以为它们评分,看看它们所带给你的快乐与意义。比如,说"-5"分是最低分,而"5"分为最高分。在所用时间旁边,注明你希望以后用更多还是较少的时间在这件事情上。如果希望用更多的时间,就写个"+";很多时间的话就写"++";减少就用"-";保持用"="。

表 8-1 幸福表格

活动	意义	快乐	时间/周	
与家人相处	5	4	2.2 小时	++
看电视	2	4	8.5 小时	-
做运动	4	4	2 小时	=
…	…	…	…	…

这个练习就像我们生活的镜子,可以帮助我们对自己保持诚实,在日常生活中体现自己的最高价值。更高的自我一致性可以带来更多的幸福感。其实我们知道很多对我们重要的事情,但却在"知"和"行"上经常会有很大的出入,在做这个练习的时候,最好能和一个熟悉自己、关心自己的人一起完成,让对方来帮助你更坦诚地面对自己的内心。

在我们觉得有价值的事情上花多少时间,完全取决于个人的观点和可行性。比如家庭对我来说最重要,但并不代表要放弃自己的爱好把所有的空闲时间都用来陪伴家人。对于一个需要做两份工作来维持生计的人,虽然他陪孩子的时间不多,但他却在生活中实现了他的最大价值。

2. 设定和谐目标

当我们感到并追随生命的喜悦时,我们不只可以享受人生,也会更加成功;反之,如果内心没有一个清楚的方向,我们很容易陷入漫无目的的游荡,也很容易从真我的道路上被拉开。当我们知道自己的方向时——意识到那是自己非常想达成的目标时——我们就不容易迷路,我们也会对自己诚恳。我们可以轻松地对外界那些强加到我们身上的东西说"不",而对自己内心的声音说"是"。时间是一个"零和游戏",是非常有限的资源。生命如此短暂,连做我们想做的事情都来不及,怎么能只用来做不得不做的事情呢?

所以,一定要为自己设定一个自我和谐的目标。自我和谐的目标是指与个体的兴趣、爱好及核心价值、信仰相一致的目标(like to do)。相反,自我不和谐的目标是指个体并不真正喜欢、愿意去追求的目标(have to do)。追求自我和谐目标的人,通常不但更成功,而且比别人更幸福。自问一下,哪些是自己在生活的各个方面真正想做的事——诸如与其他人的关系或工作,等等。

自我和谐目标的设定包括:①长期目标:这也就是地基型的目标,从 1 年到 30 年的都可以。这应该是一些有挑战性的目标,让你发挥潜能的那种。目标是为了让我们能享受旅途上的快乐,激发我们自身的潜力,实现与否倒在其次。②短期目标:这部分是针对分类消化的长期目标。对于自己的长期计划,你在未来的一段时期要怎么做。③行动计划:在未来的日子里,你需要做些什么来帮助目标的实现呢? 给自己拟定一套行程表,无论是每日的还是每周的(这些就是你即将养成的习惯)或是一次性的。

当我们不为自己设定明确的目标时,我们很容易就会被外界所影响——转而追求那些很难达到自我和谐状态的目标。我们常常会面临两种选择,被动地被外来因素所影响,或是主动地去创造属于我们自己的生活。做出属于你自己的选择吧。

【成长练习】

幸福董事会

建立属于你的"幸福董事会"。董事会成员是那些关心你和你的幸福并对你的幸福有重要影响的人。你可以邀请他们监督你的目标和计划并给予及时的建议。同时,你要和他们时常交流,讨论哪里进行得好,哪里还需要更多的努力以及哪些可能需要更改等。

坚持自己的目标不是一件容易的事。它需要花时间去建立习惯或者说惯性,这也是很多人会失败的原因。在行为心理学中有研究者把一个人的新习惯或理念的形成并得以巩固至少需要 21 天的现象称之为"21 天效应",换句话说一个人的动作或想法如果重复21 天就会变成一个习惯性的动作或想法。一个对改变很有帮助的事实(无论是开始一个计划还是克服困难)就是得到他人的协助。

除了建立自己的幸福董事会之外,你也可以成为他人幸福董事会的成员(例如互相鼓励的模式)。这样你不但可以帮助自己也可以帮助他人:在协助他人追求幸福的同时,其实就也在不知不觉中强化了你自己对幸福的追求。当我们把自己放在一个特定的位置上时,我们对于某个想法的立场会更坚定。比如,如果我们告诉他人有关幸福的重要性,以及提醒他们去追求有意义和快乐的活动时,我们自己本身就更有可能去做这样的事情。

(资料来源:泰勒・本-沙哈尔,《幸福的方法》,中信出版社,2008)

3. 简化生活

我国著名数学家陈省身有一个有趣的"数学人生原则",说数学的一个重要作用就是九九归一,化繁为简。我们的生活同样需要回归简单。生活在这个繁杂的世界,面对各种诱惑、陷阱、选择、关系等,我们的日常生活无意义地复杂化了。不适度的忙碌,加上日常的压力,导致了我们在生活中很多的不快乐。心理学家蒂姆・凯瑟认为,时间上的富裕比物质上的富裕,要能给人更多的幸福感。时间上的富裕,代表的是人们有更多的自由时间去追求对个人有意义的事情,有更多的时间去反思以及去享受快乐。相反,时间上的贫困,给人的感觉是惯性压力、忙碌奔波、工作过量以及生活落后。我们需要做的是看看周围(或通常是自身的),就可以发现在今日社会里普遍的时间短缺问题。

如果要解决时间短缺问题,那么除了简化生活之外,是没有任何其他方法的。这代表着去"保卫"我们的时间,学会怎么去说"不",以及选择自己真正想做的事,而在同时,我们也要学会放弃其他一些琐碎的事。幸运的是,做得少不代表就做得不好。

另外,对于那些带给你意义和快乐的事情,你要给予它们最大的注意力和努力:如和家人相处、致力工作上的某个任务、运动、冥想、看电影,等等。

简化生活,还要排解和别人的纷争。无论大小,去想象一个你和他人的纷争。把它写下来,看看它从你和对方身上所剥夺的幸福,想想看是否值得这样做?如果不值得,那就看看有没有任何方法可以解决这个问题,一个可以为你和对方带来幸福的处理方案。比如说,对一个让我失望的朋友,我是否应该对他记仇呢?这样做,可以为我或他带来任何幸福吗?或者我应该把问题提出来,与他好好沟通,然后恢复我们的友谊,继续追求友情中的幸福呢?对他人的行为感到生气不但不是错误的,而且反而是自然的,它甚至是一种正确的感觉。但在大部分的情况下,人们真的可以放下对家人、朋友或是任何人一些不必要的愤怒或是仇恨。在这个过程中,我们所要问自己的问题是:"怎样才能带给我更高的幸福感?"

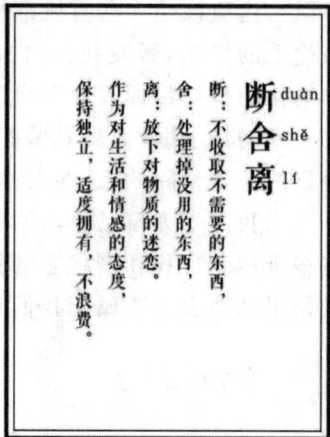

断舍离 duàn shě lí

断:不收取不需要的东西。
舍:处理掉没用的东西。
离:放下对物质的迷恋。

作为对生活和情感的态度,
保持独立,适度拥有,不浪费。

"断舍离"是由物到人的生活整理术:审视自己与物品的关系,学会真正地整理和舍取,从容面对生活中冗杂的物、事、人

扫描学习

自我测试:《通往幸福的途径》

二、积极的心理状态

我们不能改变世界,唯一能改变的只有我们自己。尽管生命无常、生活起伏,人生充满诸多不如意的地方,但是有不少的东西是完全可以把握的,那就是我们自己的心理状态。有人说,每个人身上都有一种看不见的法宝,它的一面写着"积极心态",另一面写着"消极心态"。积极的心态可以使你达到人生的顶峰,而消极的心态会使你一生贫苦和不幸。怎样才能拥有积极的心态呢?

1.快乐地学习

学生厌学的现象在高校中非常普遍。这可能与多种因素有关。当强调成果(实在的目标)高于建立学习的兴趣(无法衡量)时,学校其实已经是在鼓励忙碌奔波的信念,以及抑制孩子的情感成长了。"忙碌奔波型"所相信的就是成果比情感上的快乐更重要,因为他人会对成果做出赞赏,而情感只会影响获取成果,所以最好压制它或是根本不要去理会它。具有讽刺意味的是,情感不仅是追求至高财富——幸福的必需品,而且也是追求物质的必需品。美国心理学家戈尔曼指出,心理学家们一致同意,人类的智商(IQ)对于成功的帮助只有20%,其他80%则来自其他方面,其中包括情商(EQ)。"忙碌奔波型"的想法本身就和情商相冲突,更不要说既快乐又成功地生活了。

如果学习任务难度高而能力不足时,我们会感到焦虑;相反,如果能力强而任务太简单时,我们就会感到乏味。于是许多学生不是感到焦虑,就是觉得乏味,因此他们无法享受学习过程或是发挥出真正的潜力。

契克森米哈伊指出,人在12岁时,已经可以清楚地将工作和玩耍分类,这是一种跟随我们一生的分辨能力。孩子得到的一个明确信息是,教育就是做学校作业、家庭作业以及努力用功。但把做学校作业当成工作的话,很容易会使孩子们烦厌——因为只要是人,都不会喜欢"工作"。这种厌恶在社会文化中是根深蒂固的。

为了能让自己在工作和学习上得到更多的快乐,我们首先得改变我们的观点——改变对工作的偏见。加拿大心理学家赫布于1930年关于这一点的研究对我们很有帮助:

同样的半杯水,有的人看到的是缺少的那一半,有的人看到的是拥有的那一半

600名15岁的学生得到了这样的信息:他们不需要再做家庭作业。如果不听话,他们就会被罚出去玩;如果好好表现,他们会得到更多功课。赫布发现在这种情况下,在短短的一两天之内,学生们都选择了好好在课堂上表现(他们学到了更多的知识)。如果我们可以学会改变对工作的态度,把工作视为一种特权,而不是责任(对孩子们也一样),那么我们不但会感到更幸福,而且可以学到更多的东西,同时有更好的表现。

最成功的人,都是活到老、学到老的人。他们不停地发问,也会不停地去探索这个奇妙的世界。无论你是在生命里的哪一段(无论你是5岁或是95岁;无论你正处于人生的高峰还是低谷),你都可以为自己建立一套学习计划。你的计划可以包括以下这两个方面:个人成长和专业成长。在每类学习中,用心地去找寻快乐(如阅读并思考很快乐)和意义(书中的知识会促进你全面成长),学会把你的计划规律化、习惯化。

学习是一种特权,享受学习的快乐和意义。如果可能的话,就不要放弃任何情景下的学习机会。

2. 开心地工作

人们对待工作有三种态度:工作、事业或是使命感。如果只是把工作作为一种任务和赚钱的手段,而不是期待在其中有任何的个人实现,这种情况下,人们每天去上班是因为他必须去,而不是他想去;他所期盼的,除了薪水之外,就是节假日了。

把工作作为事业的人,除了注重财富的积累外,也会关注事业的发展——权力和声望等。他们所关注的是下一个升职的机会——从副教授到终身教授;从老师到校长;从编辑助理到总编辑……

对于把工作看成使命感的人来说,工作本身就是目标。薪水和机会固然重要,但他们工作是因为他们想要做这份工作。他们的力量源于内在,同时也在工作上感到了充实;而他们的目标,正是自我和谐的目标。他们对工作充满热情,在工作中达成自我实现:工作对他们来说是一种恩典,而不是打工。

我们对工作的定位——无论是工作、事业还是使命感——对我们在工作和其他生活方面的幸福感均有影响。

寻找适合的工作(可以发挥我们的优势和热情)通常是很有挑战性的。按照寻找意义(meaning)、快乐(pleasure)和优势(strengths)的方法(简称"MPS法"),我们用以下这三个关键问题来问自己:什么带给我意义? 什么带给我快乐? 我的优势是什么? 要注意顺序,然后看一下答案,去找出其中的交集,那个工作就是最能使你感到幸福的。

MPS法也可以帮助我们在其他生活领域中做出重要的决策。比如,在学校选修课程中,我们就可以去选择处在三者交集之中的课程,一个既可以为我们带来未来的意义,又可以使我们快乐而且还可以发挥我们优势的选择。

除了做出巨大变动来改变生活之外,另一个方法就是在现有的生活中,增加那些自己觉得喜欢、有意义和自己擅长的事情,或是在正在从事的事情中挖掘其中的幸福。而通常我们甚至不用挖掘得很深,就可以发现它们。

我们对于工作的偏见,或是对其意义的狭隘认识,经常让我们错过生活的真相,那就是我们随时都有获得更幸福的潜力。这个练习是为了帮助我们发现,并且找到那些隐秘的财宝。请描述一下你每天的日常活动,把它们填在前面提到的"生活记录"练习的时间表上面。在审视它们的同时,问自己两个问题:①你是否可以改变工作上的一些常规内容,增加让你感到有意义和快乐的工作,来替代不能激起你热情的那些任务? ②无论你是否可以做出改变,自问一下,在目前的工作中,有哪些未被发掘的潜在意义和快乐。

基于以上的两个问题,我们可以把"工作描述"改写为"使命描述"。把自己目前的工作重新描述一下,要写得足以令人向往。当然这并不是说要言过其实或者夸夸其谈,而是客观地发现并记录下这份工作潜在的意义和快乐。我们看待工作的方式,我们向他人介绍自己工作的方式,可以极大地影响我们在其中的体验。

3. 关爱自己和他人

做任何事,无论是和朋友相聚或是当志愿者,你需要考虑的最重要的因素是,它能否让你开心。这可能会让很多人感到不安,觉得这是自私的行为——以自己的幸福,自己的私利为所有举动的出发点。这种不安的来源是一种信念,这种信念是一种道德上的责任感。根据康德所说,如果一个人因为高兴而去帮助人(因为那样可以使他开心),那他所做的事是没有道德价值的。他们相信,持续的以私利为出发点,最终只会带来与别人利益的冲突。如果我们不与自私倾向斗争的话,那么我们将会去伤害他人,无视他们的需要。

世俗的眼光所看不到的是,我们并不需要在乐于助人和自助上做出选择。它们是可以共存的。事实上,就像美国哲学家爱默生所解释的那样:"人生最棒的补偿,就是世上没有任何人,可以在不顾自己的情况下衷心地去帮助他人。"自助与助人是分不开的,帮助别人越多,自己就越开心;自己越开心,就越容易去帮助别人。

为别人带来幸福,就是帮自己带来意义与快乐,也就是为什么乐于助人是幸福人生的一大要素。这并不能解释成我们要为了别人而活。如果我们不为自己的幸福打算,那么慢慢地我们就会伤害自己,连带着也会伤害我们乐于助人的心。一个不开心的人,就不太容易去善待别人，由此所带来的则是更多的不快乐。

要记住的是，想要做一个健康幸福的人，关心自己和关心他人一样重要。

4. 从当下开始

一般人对幸福的一个误解是，觉得某一样东西可以永远提升他们的幸福感，比如说一本书或是一个老师，一个梦中情人，某件事情的成功，一个奖品或一个伟大的发现。当然，以上的事情确实可以为我们带来很多快乐，但它们都不是永久的。如果去相信这些，就只会导致失望。任何幸福的生活，绝不是源于某一件重大的事情或改变。"happiness"有幸福之意，这个单词源自古英语里的"hap"，指机会或运气（不论好坏），意思就是人的遭遇（happens）。换句话说，按照词源上的解释，幸福或快乐应该是"所有当下的经历"。

美国存在主义心理治疗大师亚隆在对晚期癌症病人的治疗中发现，在与死亡抗争的过程中，许多病人进入了一种境界，而这种境界，要比他们在生病前丰富得多。许多病人对生命的看法有了重大的改变。他们不

小确幸源自村上春树的随笔集
《兰格汉斯岛的午后》

再重复琐碎的事情，重新找到了对生命的控制权，停止去做他们不愿意做的事情，加强了与家人和朋友之间的沟通，全然活在当下。当一个人的注意力从琐碎的假象里移出时，一个人对身边环境更加感激的心就诞生了：变换的季节、花草和树木、他人的关爱。病人们一直说："我们为什么等到现在，等到得了癌症之后，才能真正学会重视与感激生命？"

如果想要实现幸福的生活，想要发挥追求幸福这一至高财富的潜力，我们首先要做的是去接纳"活在当下"的理念，也就是去关注那些日常生活中的小东西，那些普通而平常的小事情。比如，我们可以从与亲人相处、学习新知识以及工作任务中获得意义与快乐。我们日常生活里这些快乐的事情越多，我们自然就会更幸福。

三、提高主观幸福感

幸福的生活是很多人的目标。幸福不是外在物质，而是主观体验，也就是说幸福取决于你怎么想，而不在于你有些什么。塞里格曼提出了一个影响主观幸福感（Subjective Well-Being，简称 SWB）的公式：

$$H = S + C + V$$

其中，H 是幸福的持久度，S 是幸福的范围，C 是生活环境，而 V 则是你可以控制的因素，包括对过去经验的感恩和宽恕，对未来的乐观和希望以及享受当下。

扫描学习

自我测试:《总体幸福感问卷》

1. 幸福范围

也许你曾经幻想过做成某件重要的事情,会给你的一生带来持久和巨大的幸福。但心理学家研究发现,无论是积极事件还是消极事件,它们对主观幸福感的影响很少是长期的。有研究追踪了 22 名中彩票大奖的人,发现经过一段时间后,这些人的幸福感又回到了中奖之前的水平。另一个针对车祸导致瘫痪的病人的研究发现,在车祸或意外发生后的 8 周内,这些人的积极情绪就开始超越消极情绪。84％的严重残障者认为,他们的幸福感处于平均值,甚至比平均值更高。一些遗传行为学家认为,人的幸福感和其他心理变量一样,有很大一部分是遗传因素决定的。你的基因为你的幸福感提供了一个范围,在这些幸运或者不幸的事情过去以后,你的幸福感很容易重新回到这个范围内。

2. 生活环境

如果让你来想象什么样的人最幸福,你可能会想象一个富有、年轻、已婚、健康、受过良好教育的人。我们通常认为,财富、年龄、婚姻、健康和教育状况决定了一个人幸福与否。事实上,金钱和幸福感的关系是复杂的。一般的规律是,当你处于基本生活得不到保障的贫困阶段时,收入的增加确实能够提高你的幸福感,而一旦超过了生活需要,财富增加所带来的幸福感就微乎其微了。另外,你对金钱的看法有时候比金钱本身更影响你的幸福。一个有趣的现象是,越看重钱的人,对他们的收入越不满意,对他们的生活也常常越不满意。婚姻确实和幸福感有密切的联系。一项调查发现,已婚者要比未婚者、离婚者、分居者或独居者有更多的幸福感。但尚不清楚是因为幸福的人本身更容易找到伴侣,还是因为婚姻给这些人带来了幸福。与婚姻相关,良好的人际关系和充实丰富的社交生活会给人带来幸福感。年龄并不是影响幸福感的因素。研究发现,随着年龄的增长,生活满意度略微上升,愉快的情绪略微下降,而不愉快的情绪则没有改变。健康当然是幸福的重要条件。但是研究发现,客观意义上的身体健康与幸福感之间的关系并不如我们想象的那么大,与幸福感相关更大的是我们主观上对自己健康状态的认知。另外,受教育程度、种族、所处地方的气候环境、性别等,和幸福感都没有直接的关系。

3. 感恩和宽恕

虽然以精神分析为代表的心理学家都强调过往经历,尤其是童年经历对我们当前心理的重要影响,但这种说法并没有绝对证据。相反,有研究发现,对过往的美好时光不能心存感激和欣赏,对过去的不幸耿耿于怀,是我们得不到平静、满足和满意的罪魁祸首。而对美好经历的感恩,对伤害的宽恕和遗忘,都能带给我们更多的幸福感。想想生活中值得我们感激的人和事,把它们详细地写下来,如果可能的话,向这些人当面表达你的感激之情,则,你会有不一样的感受。感恩能将过去生活中好的一面放大,同样,仇恨则会将过去生活中坏的一面放大,如果不能放下,仇恨很可能造成对心理的二次伤害。

4. 乐观和希望

如果说感恩和宽恕是面对过去,乐观和希望则面向未来。乐观和希望能够帮助你在遭受打击时对抗沮丧,面对挑战时表现良好,还能使你更健康和幸福。塞里格曼教授对悲观思维和乐观思维的特征进行了区分。对于发生在自己身上的不幸的事情,悲观的人总认为它们是永久的、必然的,而乐观的人则总是认为它们是暂时的、偶然的。相反,对于发生在自己身上的好事,悲观的人总认为是暂时的、偶然的,而乐观的人则认为是永久的、必然的。对坏事的永久性解释会造成长期的无助,而暂时性的解释则能帮助迅速恢复。必然性解释会把坏事带到生活的各个层面,而偶然性解释则会把坏事维持在原来的地方。

😊 今天不开心

一天就这么过了。

什么是活在当下? 那就是该吃饭的时候吃饭,该睡觉的时候睡觉

5. 享受当下

幸福的生活意味着既不沉溺于过去,也不沉溺于未来,而同时要珍惜现在,享受当下。当下的愉悦感觉是幸福感的来源之一。事实上,我们都有"找乐子"的经历,如看一个肥皂剧、享受美食、玩游戏。这些休闲活动能够为我们的感官带来愉悦的感觉。但是另一些更深、更强烈的感觉并非来自感官刺激,却与我们的幸福感有更密切的关系。比如,专注地沉溺于一件事情,只是感受事情本身。还记得之前提到的"心流"体验吗? 我们忘记了自己,没有情绪,也没有意识,只把注意力集中到我们正在做的事情上。那一刻,时间仿佛停止了。相比于感官的愉悦,心流所带来的是和成长息息相关的、更加深厚的幸福感。

为了达到幸福这一至高利益,你需要做好自己的幸福功课。可以从探索自我、设定和谐目标和简化生活开始培养健康的生活方式。努力去享受学习的快乐和意义,并寻找那些自己喜欢、觉得有意义和自己擅长的事情,感受工作带来的使命感。在帮助别人的同时,也不忘了照顾自己。在日常生活的点点滴滴中去积累幸福、体验幸福。

最后请记住,幸福取决于你怎么想,而不在于你有些什么。

🐸 扫描学习

美文欣赏:《为你的健康和幸福干杯》

扫描学习

测验:《小节测验20题》

【电影心赏】

土拨鼠日(*Groundhog Day*)(1993)

菲尔是个气象播报员,除了每天在摄像机前给观众做风趣幽默的天气预报外,每年的2月2日他还要前往一个名为普苏塔尼的边境小镇,报导当地的土拨鼠日庆典。事实上,菲尔对这一节日相当嗤之以鼻并开始对工作感到厌倦,当他例行公事完成今年的报导后,便急不可待地想重返家园,却因为一场突如其来的暴风雪耽搁了。第二天醒来后,菲尔意外地发现时间仍然停留在前一天的土拨鼠日,昨日的一切重新上演。惊讶、不信、刺激、狂喜、烦闷、焦虑、不安、绝望、倦怠等各种情绪轮流侵占菲尔的感官领域,可无论他如何选择度过这一天,他都始终无法再前进一步,开始了他重复的人生。

【推荐阅读】

奚恺元,王佳艺,陈景秋.撬动幸福[M].北京:中信出版社,2008.

泰勒·本-沙哈尔.幸福的方法[M].汪冰,刘骏杰,译.北京:中信出版社,2008.

马丁·塞利格曼.真实的幸福[M].洪兰,译.沈阳:万卷出版公司,2010.

周国平.智慧引领幸福[M].济南:山东人民出版社,2013.

芭芭拉·安吉丽思.活在当下[M].黎雅丽,译.北京:印刷工业出版社,2014.

参考文献

[1] 艾·弗洛姆.爱的艺术[M].李健鸣,译.上海:上海译文出版社,2008.

[2] 阿兰·卡尔.积极心理学:有关幸福和人类优势的科学[M].丁丹,等译.北京:中国轻工业出版社,2013.

[3] 阿伦森.社会性动物[M].邢占军,译.上海:华东师范大学出版社,2007.

[4] 芭芭拉·安吉丽思.活在当下[M].黎雅丽,译.北京:印刷工业出版社,2014.

[5] 保罗·艾克曼.情绪的解析[M].杨旭,译.海口:南海出版公司,2008.

[6] 巴斯.进化心理学[M].熊哲宏,等译.上海:华东师范大学出版社,2007.

[7] 程刚,黄黎,浦晓黎.大学生心理健康教育教程[M].杭州:浙江大学出版社,2018.

[8] 陈琦.教育心理学[M].北京:北京师范大学出版社,2009.

[9] 丹·艾瑞里.怪诞行为学——可预测的非理性[M].赵德亮,夏蓓洁,译.北京:中信出版社,2010.

[10] 德博拉·C.贝德尔,辛西娅·M.布利克,梅琳达·斯坦利.变态心理学[M].袁立壮,译.北京:机械工业出版社,2013.

[11] 戴维·麦克米兰.我的情绪我做主——你每天可做的情绪调节练习[M].聂晶,杨寅,译.北京:中国轻工业出版社,2011.

[12] 戴维·迈尔斯.社会心理学[M].侯玉波,等译.北京:人民邮电出版社,2016.

[13] 菲利普·津巴多,罗伯特·约翰逊,安·韦伯.普通心理学[M].王佳艺,译.北京:中国人民大学出版社,2010.

[14] 弗朗索瓦·勒洛尔,克里斯托夫·安德烈.我们与生俱来的七情[M].王资,译.北京:生活·读书·新知三联书店,2018.

[15] 郭芳,陆茜,赵贞卿.大学生心理健康教育[M].苏州:苏州大学出版社,2020.

[16] 简·博克,莱诺拉·袁.拖延心理学:向与生俱来的行为顽症宣战[M].蒋永强,陆正芳,译.北京:中国人民大学出版社,2009.

[17] 吉拉尔德·克里,玛丽安·克里.心理学与个人成长[M].胡佩诚,等译.北京:中国轻工业出版社,2007.

[18] 杰拉尔德·S·格林伯格.化解压力的艺术[M].张璇,译.北京:机械工业出版社,2013.

[19] 杰瑞·伯格.人格心理学[M].陈会昌,等译.北京:中国轻工业出版社,2010.

[20] 基思·斯坦诺维奇.这才是心理学:看穿伪心理学的本质[M].窦东徽,刘肖岑,译.北京:中国人民大学出版社,2015.

[21] 卡罗尔·韦德,卡罗尔·塔佛瑞斯.心理学的邀请:如何培养批判性思维和创造性思

维[M].王建红,等译.北京:机械工业出版社,2014.

[22] 克里斯托弗·彼得森.积极心理学[M].徐红,译.北京:群言出版社,2010.

[23] 罗伯特·博尔顿.人际关系学:如何保持自我、倾听他人并解决冲突[M].徐红,译.天津:天津社会科学院出版社,2012.

[24] 罗伯特·J.斯滕伯格.心理学:探索人类的心灵[M].李锐,等译.南京:江苏教育出版社,2005.

[25] 罗伯特·J·斯腾伯格,凯琳·斯腾伯格.爱情心理学[M].李朝旭,等译.北京:世界图书出版公司,2010.

[26] 理查德·格里格,菲利普·津巴多.心理学与生活[M].王垒,王更生,等译.北京:人民邮电出版社,2003.

[27] 理查德·莱亚德,戴维·克拉克.隐性繁荣:社会发展中被遗忘的心理学动力[M].曹理达,译.北京:机械工业出版社,2016.

[28] 兰迪·拉森,戴维·巴斯.人格心理学:人性的科学探索[M].郭永玉,译.北京:人民邮电出版社,2011.

[29] 罗杰·霍克.改变心理学的四十项研究[M].白学军,译.北京:人民邮电出版社,2010.

[30] 里克·M.加德纳.日常生活心理学[M].刘军,等译,北京:中国人民大学出版社,2008.

[31] 吕澜.大学心理健康教程[M].北京:中国社会科学出版社,2011.

[32] 劳伦·B.阿洛伊,约翰·H.雷斯金德,玛格丽特·J.马诺斯.变态心理学[M].汤震宇,等译.上海:上海社会科学院出版社,2005.

[33] 罗兰·米勒,丹尼尔·珀尔曼.亲密关系[M].王伟平,译.北京:人民邮电出版社,2011.

[34] 罗伊·鲍迈斯特,约翰·蒂尔尼.意志力:关于专注、自控与效率的心理学[M].丁丹,译.北京:中信出版社,2012.

[35] 马丁·塞利格曼.真实的幸福[M].洪兰,译.沈阳:万卷出版公司,2010.

[36] 美国精神医学学会.精神障碍诊断与统计手册[M].张道龙,等译.北京:北京大学出版社,2015.

[37] 美国精神医学学会.理解DSM-5精神障碍[M].夏雅俐,张道龙,译.北京:北京大学出版社,2016.

[38] 麦格劳-希尔.妙趣横生的心理学[M].王芳,译.北京:人民邮电出版社,2015.

[39] 迈克尔·蒂格,萨拉·麦肯齐,戴维·罗森塔尔.健康与心理[M].于坤,译.北京:中国人民大学出版社,2012.

[40] 梅勒妮·芬内尔.克服低自尊(第二版)[M].聂亚舫,译.上海:上海社会科学院出版社,2019.

[41] 米歇尔·N.施塔,詹姆斯·W.卡拉特.情绪心理学[M].周仁来,等译.北京:中国轻工业出版社,2015.

[42] 牧之,苏陌.哈佛教授讲述的300个心理学故事[M].上海:立信会计出版社,2011.

[43] 牧之,张震.心理学与你的生活[M].上海:立信会计出版社,2013.

[44] 彭聃龄.普通心理学[M].北京:北京师范大学出版社,2012.

[45] 彭凯平,闫伟.活出心花怒放的人生[M].北京:中信出版社,2020.

[46] 全国13所高等院校《社会心理学》编写组编著.社会心理学[M].天津:南开大学出版社,2008.

[47] 斯奈德,沙恩·洛佩斯.积极心理学:探索人类优势的科学与实践[M].王彦,等译.北京:人民邮电出版社,2013.

[48] 托德·卡什丹,罗伯特·比斯瓦斯-迪纳.消极情绪的力量[M].王索娅,王新宇,译.杭州:浙江人民出版社,2018.

[49] 泰勒·本-沙哈尔.幸福的方法[M].汪冰,刘骏杰,译.北京:中信出版社,2008.

[50] 王亚楠.大学心理健康教程[M].西安:西安电子科技大学出版社,2018.

[51] 伊夫·阿达姆松.压力管理[M].方蕾,译.哈尔滨:黑龙江科学技术出版社,2008.

[52] 约翰·佩里.拖拉一点也无妨:跟斯坦福萌教授学高效拖延术[M].苏西,译.杭州:浙江大学出版社,2013.

[53] 约翰·W·桑特洛克.心理调适[M].王建中,等译.北京:机械工业出版社,2015.

[54] 赵国秋.心理压力与应对策略.杭州:浙江大学出版社,2007.

[55] 郑小兰.改变一生的60个心理学效应[M].北京:中国青年出版社,2009.

大学生优秀心理剧集锦